法華經講義

——第六輯

——平實導師　述

ISBN 978-986-5655-79-2

執著離念靈知心爲實相心而不肯捨棄者，即是畏懼解脫境界者，即是畏懼無我境界者，即是凡夫之人。謂離念靈知心正是意識心故，若離**俱有依**（意根、法塵、五色根），即不能現起故；若離**因緣**（如來藏所執持之覺知心種子），即不能現起故；復於眠熟位、滅盡定位、無想定位（含無想天中）、正死位、悶絕位等五位中，必定斷滅故。夜夜眠熟斷滅已，必須依於**因緣**、**俱有依**緣等法，方能再於次晨重新現起故；夜夜斷滅後，已無離念靈知心存在，成爲無法，無法則不能再自己現起故；由是故言**離念靈知心是緣起法**、**是生滅法**。不能現觀離念靈知心是緣起法者，即是未斷我見之凡夫；不願斷除**離念靈知心常住不壞之見解**者，即是恐懼解脫無我境界者，當知即是凡夫。

—**平實導師**—

一切誤計**意識心為常**者，皆是佛門中之常見外道，皆是凡夫之屬。意識心境界，依層次高低，可略分爲十：一、處於欲界中，常與五欲相觸之離念靈知；二、未到初禪地之未到地定中，暗無覺知而不與欲界五塵相觸之離念靈知，常處於不明白一切境界之暗昧狀態中之離念靈知；三、住於初禪等至定境中，不與香塵、味塵相觸之離念靈知；四、住於二禪等至定境中，不與五塵相觸之離念靈知；五、住於三禪等至定境中，不與五塵相觸之離念靈知；六、住於四禪等至定境中，不與五塵相觸之離念靈知；七、住於空無邊處等至定境中，不與五塵相觸之離念靈知；八、住於識無邊處等至定境中，不與五塵相觸之離念靈知；九、住於無所有處等至定境中，不與五塵相觸之離念靈知；十、住於非想非非想處等至定境中，不與五塵相觸之離念靈知。如是十種境界相中之覺知心，皆是意識心，計此爲常者，皆屬常見外道所知所見，名爲佛門中之常見外道，不因出家、在家而有不同。

——**平實導師**——

如《解深密經》、《楞伽經》等聖教所言，成佛之道以親證阿賴耶識心體（如來藏）爲因，《華嚴經》亦說**證得阿賴耶識者獲得本覺智**，則可證實：證得阿賴耶識者方是大乘宗門之開悟者，方是大乘佛菩提之眞見道者。經中、論中又說：證得阿賴耶識而轉依**識上所顯真實性**、**如如性**，能安忍而不退失者即是**證真如**、即是大乘賢聖，在二乘法解脫道中至少爲初果聖人。由此聖教，當知親證阿賴耶識而確認不疑時即是開悟眞見道也；除此以外，別無大乘宗門之眞見道。若別以他法作爲大乘見道者，或堅執**離念靈知**亦是實相心者（堅持意識覺知心離念時亦可作爲明心見道者），則成爲實相般若之見道內涵有多種，則成爲實相有多種，則違實相絕待之聖教也！故知宗門之悟唯有一種：親證第八識如來藏而轉依如來藏所顯眞如性，除此別無悟處。此理正眞，放諸往世、後世亦皆準，無人能否定之，則堅持離念靈知意識心是眞心者，其言誠屬妄語也。

——**平實導師**——

目次

自序

大乘佛法勝妙極勝妙，深奧極深奧，廣大極廣大，富麗極富麗，謂此唯一佛乘妙法，意識思惟研究之所不解，非意識境界故，佛說為不可思議之大乘解脫境界，名為大乘菩提一切種智，函蓋大圓鏡智、成所作智、妙觀察智、平等性智；然而此等極勝妙乃至極富麗之佛果境界，要從因地之大乘眞見道始證，次第進修方得。然大乘見道依序有三個層次：眞見道、相見道、通達位。眞見道者位在第七住；相見道位始從第七住位之住心開始，終於第十迴向位滿心；通達位則是圓滿相見道位智慧與福德後，進修大乘慧解脫果，再依十無盡願的增上意樂而圓滿，名為初地入地心菩薩。眾生對佛、法、僧等三寶修習信心，十信位滿心後進入初住位中，始修菩薩六度萬行，皆屬外門六度之行；逮至開悟明心證眞如時，方入眞見道位中；次第進修相見道位諸法以後，直到通達而得入地時，歷時一大阿僧祇劫，故說大乘見道之難，難可思議。

大乘眞見道之實證，即是證得第八識如來藏，能現觀其眞實而如如之自性，般若不退而繼續進修之第七住位始住菩薩，轉入相見道位中，歷經第一大阿僧祇劫中三十分之二十有四的長劫修行，同時觀行三界萬法悉由此如來藏之妙眞如性所生所顯，證實《華嚴經》所說「三界唯心、萬法唯識」正理；如是進修眞如後得無分別智，終能具足現觀非安立諦三品心而至十迴向位滿心，方始具足眞如後得無分別智，相見道位功德至此圓滿，然猶未入地。

此時思求入地而欲進階於大乘見道之通達位中，仍必須進修大乘四聖諦，現觀四諦十六品心及九品心後，要有本已修得之初禪或二禪定力作支持，方得相應於慧解脫果；或於此安立諦具足觀行之後發起初禪為驗，證實已經成就慧解脫果；此時已能取證有餘、無餘涅槃，方得與初地心相應，而猶未名初地。而後再依十大願起惑潤生，發起繼續受生於人間自度度他之無盡願，不畏後世長劫生死眾苦，於此十大無盡願生起增上意樂而得入地，方得名為大乘見道之通達位，眞入初地之入地心中，完成大乘見道位所應有之一切修證。此時已通達大乘見道位應證之眞如全部內涵，圓滿大乘見道通達位應有之無生法忍智慧，及慧解脫果與增上意樂，方證通達位之無生法忍果，方得名為始入初地心之菩薩。

然而觀乎如是大乘見道之初證眞如，發起眞如根本無分別智，得入第七住位，成爲眞見道菩薩摩訶薩；隨後轉入相見道位中繼續現觀眞如，實證非安立諦三品心而歷經十住、十行、十迴向位之長劫修行，具足眞如後得無分別智，生起初地無生法忍之初分，配合解脫果、廣大福德、增上意樂，名爲通達見道位眞如而得入地。如是諸多位階所證眞如，莫非第八識如來藏之眞實與如如二種自性，同屬證眞如者。依如是正理，故說未證眞如者，皆非大乘見道之人；證眞如者謂現觀如來藏運行中所顯示之眞實與如如自性故，實相般若智慧依如來藏之眞如法性建立故，萬法悉依如來藏之妙眞如性而生而顯故，本來自性清淨涅槃亦依如來藏之眞如法性建立故。

如是證眞如事，於眞藏傳佛教覺囊巴被達賴五世藉政治勢力消滅以後，由於時局紛亂不宜弘法故，善知識不得出世弘法，三百年間已經不行於人世。及至時局昇平人民安樂之現代，方又重新出現人間，得以繼續利樂有緣學人。然而，縱使末法時世受學此法而有實證之人，欲求入地實亦匪易，蓋因眞見道之證眞如已經極難親證，後再論及相見道位非安立諦三品心之久劫修行，而能一一教授弟子四眾者，更無其類；何況入地前所作加行之教授，而得具足實證大乘四聖諦等安立諦十六品心、九品心者？眞可謂：「善知識者出興世難，至其所難，得值遇難，得見知難，得親近難，得共住難，得其意難，得隨順難。」如是八難，具載於《華嚴經》中；徵之於末法時世之現代佛教，可謂誠言，眞實不虛。

縱使親值如是善知識已，長時一心受學之後，是否即得圓滿非安立諦三品心及安立諦十六品心、九品心而得入地？觀乎平實二十餘年度人所見，誠屬難事；殆因大乘見道實相智慧極難實證，何況通達？復因大乘慧解脫果並非隱居深山自修而可得者，如是證明初始見道證眞如已屬極難，更何況入地進修之後所應親證之初地滿心猶如鏡像現觀，解脫於三界六塵之繫縛；二地滿心猶如光影之現觀，能依己意自定時程及範圍而轉變自己之內相分，令習氣種子隨於自己施設之進程而分分斷除；三地滿心前之無生法忍智慧，能轉變他人之內相分；以及滿心位之猶如谷響現觀，能觀見自己之意生身分處他方世界廣度眾生，而使無生法忍及福德更快速增長。至於四地心後之諸種現觀境界，更難令三賢位菩薩了知，何況未證謂證、未悟言悟之假名善知識，連第七住菩薩眞見道所證眞如都只能想像者？

雖然如此，縱使已得入地，而欲了知佛地究竟解脫、究竟智慧境界，亦仍無法望其項背，實因初地菩薩於諸如來不可思議解脫及智慧仍無能力臆測故。縱使已至第三大阿僧祇劫之修行——已得八地初心者，亦無法全部了知諸佛的境界，則無法了知佛法之全貌，如是而欲了知十方三世諸佛世界之關聯者，即無無其分。以是緣故，世尊欲令佛子四眾如實了知三世佛教之亙古久遠、未來無盡，以及十方虛空諸佛世界等佛教之廣袤無垠；亦欲令弟子眾了知世間萬法、出世間法及實相般若、一切種智無生法忍等智慧，悉皆歸於第八識如來藏妙眞如性者，則必於最後演述《妙法蓮華經》而圓滿一代時教；是故 世尊最後演述《法華經》時，一仍舊貫而如《金剛經》稱此第八識心爲「**此經**」，冀諸佛子醒悟此理而捨世間心、聲聞心，願意求證眞如之理，久後終能確實進入絕妙難思之大乘法中。斯則 世尊顧念吾人之大慈大悲所行，非諸凡愚之所能知。

然而法末之世，竟有身披大乘法衣之凡夫亦兼愚人，隨諸日本歐美專作學問之學者謬言，提倡六識論之邪見，以雷同常見、斷見外道之邪見主張，公開否定大乘諸經，謂非佛說，公然反佛聖教而宣稱「**大乘非佛說**」。甚且公然否定最原始結集之四大部阿含諸經中之聖教，妄判爲六識論之解脫道經典，公然貶抑四阿含諸經中之八識論正教，令同於常見外道之六識論邪見；全違 世尊依八識論而解說聲聞解脫道之本意，亦令聲聞解脫道同於斷見、常見外道所說之解脫，則無餘涅槃之境界即成爲斷滅空而無人能知、無人能證。如是住如來家，著如來衣，食如來食，藉其弘揚如來法之表相，極力推廣相似像法而取代聲聞解脫道正法，最後終究不免推翻如來正法；如斯之輩至今依然寄身佛門破壞佛法，而佛教界諸方大師仍多心存鄉愿，不願面對如是破壞佛教正法之嚴重事實，仍多託詞高唱和諧，而欲繼續與諸多破壞佛教正法者**和平共存**，以互相標榜而**維護名聞利養**。吾人若繼續坐令如是現象存在，則中國佛教復興，以及中國佛教文化之推廣，勢必阻力重重，難以達成；眼見如是怪象，平實不得不詳解《法華經》之眞實義，冀能藉此而挽狂瀾於萬一。

如今承蒙會中多位同修共同努力整理，已得成書，總有二十五輯，詳述《法華經》中 世尊宣示之眞實義，因名《法華經講義》，梓行於世，冀求廣大佛門四眾捐棄邪見，回歸大乘絕妙而廣大無垠之正法妙理，努力求證，共爲復興中國佛教文化、抵禦外國宗教文化之侵略而努力，則佛門四眾今世、後世幸甚，中國夢在文化層面即得實現。乃至繼續推廣弘傳數十年後，終能使中國成爲全球最高階層文化人士的歸依聖地、精神祖國；流風所及，百年之後遍於歐美社會各層面中廣爲弘傳，則中國不唯民富國強，更是全球唯一的文化大國。如是復興中國佛教文化之舉，盼能獲得廣大佛弟子四眾之普遍認同，乃至廣有眾人付諸實證終得廣爲弘傳，廣利人天，其樂何如。今以分輯梓行流通在即，因述如斯感慨及眞實義如上，即以爲序。

佛子 **平實** 謹序

公元二〇一五年初春 謹誌於竹桂山居

第六輯：

《妙法蓮華經》

〈信解品〉第四

經文：【爾時慧命須菩提、摩訶迦旃延、摩訶迦葉、摩訶目揵連，從佛所聞未曾有法，世尊授舍利弗阿耨多羅三藐三菩提記，發希有心，歡喜踊躍，即從座起，整衣服，偏袒右肩，右膝著地一心合掌，曲躬恭敬瞻仰尊顏而白佛言：「我等居僧之首，年並朽邁；自謂已得涅槃，無所堪任，不復進求阿耨多羅三藐三菩提。世尊往昔說法既久，我時在座，身體疲懈，但念空、無相、無作，於菩薩法遊戲神通、淨佛國土、成就眾生，心不喜樂。所以者何？世尊令我等出於三界，得涅槃證。又今我等年已朽邁，於佛教化菩薩阿耨多羅三藐三菩提，不生一念好樂之心。我等今於佛前，聞授聲聞阿耨多羅三藐三菩提記，心甚歡喜，得未曾有。不謂於今忽然得聞希有之法，深自慶幸獲大善利，無量珍寶不求自得。世尊！我等今者樂說譬喻以明斯義：」】

語譯：【世尊以重頌吩咐完了以後，這時解空第一的須菩提、解經第一的摩訶迦旃延、頭陀第一的摩訶迦葉、神通第一的摩訶目犍連，從佛陀這裡聽聞了所未曾有的深妙法；而且世尊又對舍利弗作了無上正等正覺的授記，所以這時解空第一的須菩提等人發起了希有心，心中很歡喜而且非常地踴躍，於是這四位就從座位上起立，同時整理了衣服，又偏袒了右肩，右膝下跪於地上，這四個人一心不亂合掌正向佛陀，然後身體向前傾，很恭敬地瞻仰佛陀尊貴的容顏而稟白說：

「我們四個人位居於僧眾之首，而如今年紀都已經老大，身體也因年邁而開始朽壞了；我們本來自認爲已經得到了無餘涅槃的實證，所以在佛菩提道中利樂眾生的事情，已經沒有什麼能夠堪任了，是準備死後要進入無餘涅槃的，因此心裡面已經不再起心動念向前邁進來求證無上正等正覺。世尊從以前到現在，說法以來已經非常之久，我們當時也都在法會中的座位上聽聞，可是時間久了以後，身體很疲累而開始懈倦了，所以心中只想著空、無相、無作三昧，對於世尊您爲諸菩薩所說的佛菩提道中的諸法，以及生生世世在三界中遊戲神通、來清淨佛國淨土、成就眾生的道業等等大事，我們心中不能生起歡喜愛樂的心情。爲什麼呢？因爲世尊教令我們這些人有能力出離三界的生死，也獲得有餘涅槃、無餘涅槃的實證了。而且我們這些人如今年紀已經朽邁了，所以對佛陀教化給諸菩薩修學的無上正等正覺，我們心中對佛菩提道不能生起愛好與歡喜之心。但今天我們這些人在世尊座前，竟然聽聞世尊爲聲聞相的舍利弗，授給無上正等正覺的印記，心中非常地歡喜，從來不曾有過這樣的歡喜。我們都不曾想過，也不曾聽說過可以在今天忽然聽聞到這種希有的妙法蓮華勝法，所以我們自己深心之中都很慶幸，今天獲得很大的善法上的利益，正是無量的佛法珍寶不求而自得。由於這個緣故，世尊！我們如今很快樂、很喜樂，想要用一個譬喻來說明世尊今天所說的這一些法義：」】

講義：現在進入〈信解品〉第四。這一品是〈信解品〉，內容是說，對佛菩提道的信解是非常困難的，絕對不容易。所以，有許多人修學佛法而始終信心不具足，修學六度時總是進進退退，一天打魚、三天曬網，這都是很然後，又退轉了，又回到世間法去，就這樣一世又一世不斷地重複；所以說，要眞正對佛菩提生起信解，非常困難。諸位也可以看看，我們正覺那些專說勝妙法義的結緣書流通出去多少了？單說《無相念佛》好了，現在應該已經超過三十萬本（編案：這是二〇一〇年所說），就算密宗喇嘛們收集五萬本去作廢好了，也還有二十五萬本之多，可是有多少人能夠起心動念說：「這也可以體究念佛，我來試試看吧！」眞的不多啊！正覺同修會的學員至今也就這麼幾千人而已！

但是你們也別灰心，老實說：「這幾千人，每一個人都抵得上會外的一千人。」你們不要說：「老師！您在鼓勵我們呵！」不！我說的是眞話。你們不要看那一些大山頭們，每辦一次活動就來了幾萬人。但那幾萬人都是他們的主要信徒嗎？不是欸！大部分是來觀光的。更有人是好奇說：「我來看看這個大和尚，我能不能當面瞧一瞧他？就好像去看大明星一樣，我有親眼看見了。」眞正基本的信徒，其實也不過就是一、二萬人。所以這樣看起來，台灣這些佛教徒的善根眞的很淳厚，我們這種最究竟、最了義的深妙法，還能夠有幾千人在努力修學，眞的不容易啊！所以，眞正能夠對無上正等正覺生起信解的人本來就很少，整個台灣佛教號稱有九百萬、一千萬佛教徒，眞正有信解的就只有你們這些人。一般人，有堅持六識論的，有否定大乘法的，但是也有更多人一心念佛求生極樂，老老實實念佛。可是，眞正要對無上正等正覺生起信解的人，微乎其微，眞的太少了，所以要生起信解是很困難的。

那麼，這些阿羅漢們，佛陀度他們成爲大阿羅漢之後，到了第二轉法輪、第三轉法輪的時期，爲菩薩們宣說大乘法，這些大阿羅漢們當然也跟著聽聞，可是都還不敢自居爲菩薩，覺得自己的心量還太小。想要像 藥王菩薩、觀世音菩薩他們那樣，成爲大菩薩以後，一世又一世、一劫又一劫，就跟著世尊不斷地利樂眾生永不休止，他們自認爲作不到，所以還不敢以菩薩自居。那你想，突然間 世尊竟然爲舍利弗授記說：「**你們明心了，也可以當菩薩，你們未來也會成佛。**」喔！那不是很大的歡喜嗎？沒想到欸！他們眞的沒想到。

承蒙 世尊在大眾中授記，那個授記是一定會實現的，所以心中有很大還會激動啊？」誰說不會？大阿羅漢的習氣種子都還沒有斷除，怎麼不激動？只有深地菩薩才不會激動，大阿羅漢們個個習氣種子都完全具足，遇上這種從來不曾有過的大事，怎麼會不激動？所以 世尊入滅的時候，大阿羅漢們個個哭得唏哩嘩啦。能不哭嗎？佛陀那樣的深恩厚德，想要回報是幾乎沒有機會的；可是如今 佛陀入滅了，接下來在佛菩提道上深深覺得沒有依靠，同時又感念 佛陀這樣的深恩厚德，你說他們能不激動嗎？在習氣種子具足的情況下，一定會激動。

同樣的道理，這時本來不敢想說自己將來可以成就無上正等正覺；雖然佛陀幫忙而證悟了，佛菩提也跟著 佛陀修學很久了，可是對自己沒有信心；但是一旦 佛陀授記了，信心就整個具足了。〈信解品〉講的就是這個道理，告訴我們說，從具足凡夫到成爲一個具信的菩薩，而且實證以後能夠深信自己是可以承擔如來家業的，這個信解的發起很困難的；唯有眞正的信解以後，才有可能願意繼續起惑潤生，繼續盡未來際行菩薩道，否則捨報時就會入無餘涅槃了。因爲有了具足的信解，所以願意從斷盡思惑的境界中，再起一分思惑以潤未來世生，重新再受生於人間繼續勤行菩薩道，永無休止。

那些沒有被指派留下來人間的迴心大阿羅漢們，有的說「我要去色究竟天宮」，有的說「我要去天上弘法」，有的說：「我就跟著佛陀，看佛陀到哪個世界，我就跟著去。」就這樣子，終於願意死心塌地，決不搖動而開始進入無休無止的菩薩道中。所以，以前 佛陀為菩薩們說的，大阿羅漢們都覺得好玄、好高、好妙，自己根本達不到；但是今天終於有人被授記了，就顯示說：「依據佛陀的授記，我們將來一定可以達到，只是時間的長久以及要如何去完成而已。」當他們對佛菩提道有了這樣的信受和證解以後，就可以世世起惑潤生去行菩薩道了。這就是這一品〈信解品〉要說的道理。

看來好像大家比較喜歡二樓的樣子，因為只要走一個樓梯就到了。請大家再忍耐幾個月，等五樓裝修好了，大家可以坐得寬敞一點。我們繼續再講《妙法蓮華經》，上週是講到五十二頁〈信解品〉第四剛開始。上一週在這個品題中講到「信解」二個字，但是我們還沒有說完，今天繼續把它作一個說明。上週說到對佛菩提的信解是很難的，因為十信位就要修習整整一個大劫，乃至有人得要一萬大劫才能完成十信位的功德。那麼具信之後得解時，這個「解」有聞而解、思而解、修而解，最後是證而解，所以「信解」這個「解」是有不同層次的。信字，當然第十信位才正好對三寶生起具足的信心，如果不歸依三寶、不信受三寶，那種人根本就是外道，就不必談信解位了，這表示他的信位功德還不滿足。

接下來說這個解，聽聞而解也是解，所以聽聞之後對於佛菩提有一個聞所得慧，理解到什麼是佛菩提，即是因聞而生起的信解，是在聞慧的階段中。當然，在我們正覺弘法之前，佛教界所謂的成佛之道、所謂對佛法的理解，當然都是錯誤的，因爲都是把錯誤的解脫道拿來取代佛菩提道，那就不能叫作聞解；那是被誤導了，當然還不能算是眞解，因爲他們認爲成佛就是阿羅漢，證阿羅漢果時就是成佛了；那是錯將解脫道來取代佛菩提道，表示他們對佛法都還沒有聞解，全都被誤導了。那麼，眞正的佛菩提就是我們正覺開始弘法之後才有，不論在大陸或台灣都是如此。這樣子聽聞之後信受了，而且能夠了知佛菩提道的內涵大約是什麼，才能叫作聞解。

聽聞善知識如實演說佛菩提道以後，接著，當然就要自己思惟看看：佛菩提究竟是怎麼回事？思惟之後比聞所得慧更進一步，接著下去就是付諸於實修。實修一直到開悟之前，都仍然是修所得慧，因為還沒有親證，等到實證了便叫作證解。那麼由證而解，這個解是說有眞實的了知，才叫作證解。理解而還沒有親證之前，都不是眞實了知，所以那個證解還沒有完成。因此，在唯識五位裡面談到勝解行位，或者如同我所說的證解行位，意思就是說，從明心後到入地之前，都仍然是在解位之中，因為還沒有通達，所以唯識五位裡面把它列作勝解。所以這個〈信解品〉所說，當然是從十信位中的信解開始，通過三賢位中的勝解行位，一直到通達而入地之前，都是還沒有通達，所以從十信位到三賢位中，全都包括在裡頭了。

那麼這樣來說，眞正的解是指什麼？因為聞解、思惟而解，乃至修而得解，都還不如實；既不如實，就不能具足理解這一品了，只能夠說，在信解這一品的內容時，只是分得而不具足、不圓滿。所以這個〈信解品〉，當然是包括明心之後到入地前，都屬於〈信解品〉所攝。那麼，由這裡就可以瞭解說，具足信解是不容易的；在信受之後只是對於佛菩提具信，可是這個具足十信之後開始修行之前，必須要修什麼？必須要從布施度開始。要在初住位修行布施，所謂三種布施；然後二住位要修持戒度，三住位修忍辱度，四住位以精進度來含攝前三度，然後以這個精進的所得再來修學靜慮、般若；這樣六住位滿心時我見斷了，取證初果智慧功德了，也已經依大乘妙法而了知能取、所取皆空——能取的七轉識心都是空性心如來藏所含攝的，所取的六塵境界也全部是空性心所含攝的。

所以，沒有了知能取、所取皆「空」，即使知道了般若實相的眞正密意，也仍然不是眞的開悟，那個答案對他沒有作用，只能用來籠罩別人，求取名聞利養，然後捨報下墮地獄。知道了密意以後，我見還是存在，那個只能叫作知識而已，就是對佛菩提道有一些知識，知道說開悟是悟得什麼。他探聽到密意了，只是表相密意，不是眞正的密意。當他知道表相密意時：「**哎呀！我知道如來藏就是哪一個。**」可是這不算開悟，這只是知道表相密意。所以知道密意並不就是開悟，因爲智慧並沒有跟著生起來，解脫的功德也完全沒生起；而且轉依不成功，他隨時可能會退轉，然後就是謗法、謗賢聖，捨報時就是下地獄。只有知道表相密意而無法生起該有的種種功德，是因爲他沒有先圓滿六住位該有的福德與觀行。

一直到六住位圓滿觀行完成，就是能取、所取皆是「空性如來藏」；同時也觀行到所取的六塵、能取的覺知心都是緣起性空，爲什麼是空也知道了，這時即將實證空性如來藏了，就是唯識五位中說的「現前立少物，謂是唯識性；以有所得故，非實住唯識」；因爲這時只是在加行位，還沒有實證萬法唯識的眞如心。實證時才是現觀完成了，這是要透過四加行來修行才能成功的。當然不是密宗的獻哈達、持咒等四種加行，那個是他們自己發明的外道四加行，與佛法中說的四加行完全無關，就不理它。也就是說，這個煖、頂、忍、世第一法等四加行完成時，推定能取、所取都是空性心如來藏所生，含攝於空性心中。所以四加行完成，就是名、義、自性、差別等四個法修習完成，能取、所取都已推定是空性，就是我見確實斷除了，永斷無餘。

我見永斷無餘之後就不會退轉，這時候若是見道的條件還不具足，縱使知道了般若密意也不算數，還得要經由親證，配合次法上的圓滿，才能夠成爲眞正的見道者。什麼叫作親證呢？就是自己經歷過一番辛苦的參究過程，然後把能取與所取諸法徹底否定了，確認爲沒有常住自體的生滅法，深入去觀察到如來藏有什麼樣的自性，現觀到能取的覺知心與所取的六塵境界全都是由自己的如來藏阿賴耶識所出生的，本來就應該攝歸空性如來藏中，這樣轉依才能成功。所以知道密意者不是開悟，縱使所探聽到的密意是眞實的，也沒有見道的實質，諸位要瞭解這一點。

但是雖然如此，我還是要吩咐大家，知道了密意也不該講，即使對家裡的眷屬也不該講；因爲外道盜法者太多了，他們都不歸依三寶，也不肯受菩薩戒，偏偏想要得到菩薩的根本法，想要得到菩薩的祕密義，這個防不勝防。我們弘法二十年來都在防這個，因爲這是 世尊最愼重的告誡。所以原則上去禪三時，我們會盡量讓大家知道密意；可是你們知道密意，爲什麼不能被我印證？好多人很不服氣：「我都知道了，爲什麼不跟我印證？爲什麼我都考不過？」就是考不過！爲什麼呢？因爲一定要每一題都考過了，你才能轉依成功，智慧才會生起，我見永遠不會再出生。這樣才有功德受用，這樣才能叫作眞正的證解；否則仍然是留在聞所知解或者思所知解、修所知解裡面。打聽來的密意，當然要叫作聞所成慧，不是自己思惟以及實修而得證的；既然只是聞所成慧，當然就不是實證，怎能叫作開悟的實證？

但是，如果大家不珍惜你所知道的密意，認爲說：「既然這樣還不能被印證，那就無所謂，我可以到處去講。」那麼以後的禪三，我就連密意也不讓諸位知道，看你們要選哪一種？我的想法很單純，我就是盡量讓你們知道密意，當然還是會有選擇性，要觀察各人的因緣；但是只要因緣可以，盡量讓諸位知道。可是你們要懂得珍惜，雖然還沒有被印證，至少你有一些智慧上的受用。如果諸位不懂得珍惜，要到處去講的話，我就會改變作風了。不曉得諸位希不希望我改變作風，那就諸位自己看，你們怎麼樣去作，然後我就怎麼樣應變。但是我也不怕破法，假使有人要去公布密意的話，我還是有對治之法，因爲我們不像廣老，我們是有道種智可以用的。但是公布般若密意或明言告訴別人密意，卻是虧損法事、虧損如來的大惡業，遠比犯下十重罪的業更重，因爲這是違犯了法毘奈耶——法戒，所以這個部分還是請大家瞭解。

那麼，還有一種狀況的信解是比較特殊的，怎麼說呢？往往有人才剛知道密意，都還沒有考過去，都還沒有被我印證，他就宣稱他眼見佛性了。也有人說：「我知道了，這就是如夢觀。」其實都不對，也有一位師兄說：「我知道了，明心時，如幻觀便成功了。」我們有位老師就告訴他說：「你那個哪能叫作如幻觀？你是思惟比對的如幻觀。人家眼見佛性，眼見山河大地就是虛幻的。是眼見當下就是虛幻的，不是透過思惟整理得來的如幻。」所以，這個如幻觀跟如夢觀也是在〈信解品〉的階段。但是這個爲什麼要講給諸位聽呢？因爲諸位瞭解了以後，才會知道當時的舍利弗、須菩提、迦旃延、迦葉、目犍連等，他們接下來講的這一段經文中的眞正意思，才不會誤會。

因爲《法華經》從古以來有很多人誤會，都是依文解義，所以我現在必須要說明這個部分。他們被授記的緣由——他們被授記的基礎——是什麼？互相緊密聯結而不可分割，所以這〈信解品〉一定要講清楚。有人才剛明心就說：「我知道了，如來藏這麼眞實，其他諸法相對之下都是虛妄的、都是如夢似幻。」他就認爲他有如幻觀了，我們有位老師馬上就向他潑冷水說：「你這個不是如幻觀，如幻觀是見性的當下，在山河大地上現見的，不是用如來藏的眞實來比對思惟出來的。」好在他有我們這位老師當場爲他說明了，所以他沒有犯下未證言證的大妄語（編案：後來他藉正法謀取世間利益的惡行，也證明他全無如幻觀的證量）。這大妄語罪不好受，因爲這是十重戒之一；不管有沒有受菩薩戒，犯了一樣是要下地獄去的，因爲這個是三界中最大的性罪。

接著就是十行位，十行位繼續要努力去修。那麼，十行位的修行，主要是在如來藏跟佛性上面去用心，回頭來觀察七轉識的本身虛妄與不實。這時候的觀察層次跟以前不一樣，這就是說，修行者從初行到十行位該親證什麼，到十行位滿心時現觀七轉識猶如陽焰一般熠熠不停。熠，知道嗎？一個習氣的習，左邊加個火字。「熠熠不停」就是閃爍不停，這就是十行位滿心的菩薩必須要有的現觀；有這個現觀完成了，才能夠說他圓滿了十行位。如果沒有圓滿十行位的現觀，就說他有了十行位的實證，那得要小心捨報後大妄語業由自己承擔。

有人自認爲已經知道如來藏了，然後就誇口說他如夢觀已經成就了。其實他根本沒有如幻觀的實證，因爲他還沒有眼見佛性；既沒有成就如幻觀，那是不可能有如夢觀的。因爲如幻觀的成就，一定要眼見佛性才有辦法，也就是在山河大地上看見自己的佛性，才有辦法成就的；他這個如幻觀沒有成就，那後面的陽焰觀就別提了；陽焰觀也沒有實證，就說他成就了如夢觀，那他的意思是什麼？是在宣示說：「我已經入地了。」哇！這個是超級大號的大妄語，因爲他沒有十住位如幻觀、沒有十行位的陽焰觀，而說他有十迴向位的如夢觀，那就是特大號的大妄語業，捨報後可是一點都不好玩的。所以我們當然要談一下說：什麼叫作如夢觀？如夢觀的實證須有什麼條件？如夢觀，簡單地說，就是看見一件事實：由於自己往世很多劫以前的學法過程，才會有今世現在這樣的證境。因此，由所見的過去世種種學法的因，來看見這一世證法的果，這時現見這一世其實就是在夢中行道，這才是實證如夢觀。

這樣講起來好像很容易，其實不容易，因爲這必須要有一個實證的功夫。這個基本的功夫，就是要往世已經行菩薩道很多劫、很難計算了，然後這一世不但要有明心的智慧，也要有十住位眼見佛性的現觀，如幻觀成就的智慧；然後要有陽焰觀，使自己七識心的攀緣性滅失了；再加上他要有初禪、二禪的定力，至少是必須有圓滿具足的初禪，不具足的初禪還不能算數；通常要有二禪的定力，因爲有二禪的定力以後，他在入睡前躺著去看看過去世的事，當然不是像宿命通那樣可以指定某一世，但是所見的往世事情往往很多劫以前的事；雖然是跳來跳去地看到往世很多的事情，總是可以把那些事情依照前後次序組織起來；或者有時候入定，進入二禪等持位裡面，去看看往世有一些什麼事情。如果他看多了，幾十件過去世的事情全部串聯起來：這個事情在前，這件事情在後等等。全部串聯之後就知道自己的來歷了。

這時候現見過去劫、過去世的事情，然後來跟這一世行道中的一切事情放在一起來看，這一世其實就是在夢境中，依舊是在夢中行道，這才是眞正的如夢觀。所以，如夢觀的實證有它的條件，就是前面的二個現觀以外，還得要加上至少有圓滿的初禪。不能是不具足的初禪，初禪有退分、有分證也有滿證，至少要有滿證的初禪，這樣才能夠完成如夢觀。換句話說，他至少必須有頂級三果的實證，因爲心若不夠清淨是不可能看見往世種種事情的，所以至少要有頂級三果的實證。通常是要有阿羅漢的實證，然後再生起一分思惑、留惑潤生，這樣才能夠有如夢觀的實證，最後發起十大願，才能夠入地。如若不然，例如他不是阿羅漢迴小向大來修證佛菩提，而是由戒慧直往的菩薩道直接修上來，那他至少要有頂級三果的實證才能證得如夢觀。什麼叫作頂級三果？就是捨報後可以中般涅槃——捨報時在中陰境界就可以入無餘涅槃。但他是有能力而不取涅槃，繼續留惑潤生；至少要有這樣的實證，才能夠依實相般若的後得無分別智，證得如夢觀。

如果這樣子如夢觀眞的完成了，配合他所修來的大福德，以及解脫道中至少頂級三果的解脫實證，加上如幻觀、陽焰觀，這時候如夢觀就完成了。

這時，接著把《華嚴經》講的十無盡願抄下來，依十無盡願而在佛像前呼請諸佛菩薩作證，或者有已入地菩薩陪同而在佛像前發願，他當時發起受持這十大願的增上意樂，對諸佛菩薩說：「我確定要受持十大願，盡未來際都不捨離，眞的要進入初地了。」入初地，從此以後就是行不退了；不管再怎麼辛苦怎麼累，你都要去行道，不許再有行退。這時已經確定了，已經發起十無盡願的增上意樂，才算入地。

入地要有這些條件，缺一不可；所以這個如夢觀不是自己用觀察的方式而說：「我這樣子看起來就是在夢中行道。」然後就以爲眞正證得如夢觀了。對不起！那叫作大妄語業，那是特大號的大妄語業，因爲遠遠超過開悟明心的大妄語業。所以，得要把諸法無生以及如幻觀、陽焰觀也完成了，同時把二禪等持位的功德證得了，解脫道的實證也已經完成了，這時候才能夠得到如夢觀，否則他不可能得到如夢觀。很多人就是用想像的，說他們得到如夢觀了，然後自以爲實證了。所以我們布薩的時候常常要有人上來懺摩，就是因爲懶得讀我的書；其實這一些正法，在我的書裡面都講過了。不過也難怪啦！因爲我出書速度比你們讀書快。但是諸位要小心的是：這個果證並不是自己想了就算數，而是要如實去履踐。那麼，在自己還沒有把善知識的所說完全具足瞭解之前，最好不要輕易宣示自己是哪一地的菩薩，否則是很危險的，遠比坐在懸崖邊打瞌睡更危險。

那麼，這樣子三個條件完成；也就是說，入地所應該有的大福德等條件都完成了，才能入地。關於這個大福德等等，我們再來解釋一下，先說入地應有的三個條件：第一是入地所必須的大福德，第二是三種現觀的完成，現觀的完成就是初分的道種智，就是一切種智的初分修證，也就是實相般若的通達，這是智慧的部分；第三是永伏性障如阿羅漢，就是至少要有頂級三果的實證。因爲三果有七種，頂級三果的實證能夠中般涅槃，中般涅槃又分成三種。這樣，這三個條件完成了，然後加上如法發起受持十無盡願的增上意樂，才能算是入地的人。

接著要來談，什麼是入地所必須的大福德？入地時需要的福德很大，因爲 佛陀入滅之後，當住持正法的菩薩不夠時，一個星球人間不需要二位以上的初地菩薩一起住持正法。就是說，一個星球只要有一個初地菩薩就足以住持正法，不必一定要有二位。如果這裡有二位，其中一位捨報時，往往會被派到別的星球去，才不會浪費了菩薩的寶貴身心。既然一個星球上只要有一位地上菩薩就夠了，爲什麼你一定要留二位在這邊？而且　佛也一定會把你派到別的地方去。

這就是說，你想要入地，一定要有入地相應能住持勝妙正法的大福德，要不然憑什麼諸天要尊敬你？入地了以後，是諸天所尊敬的人呵！也許他自己並不瞭解，其實諸天都很恭敬。爲什麼這樣呢？因爲他福德大，他的福德可以去天界當天主，可是菩薩們都不想去。而那個福德從哪裡來的？不但是布施得來的福德，還得要在一世又一世的自覺覺他過程當中，爲了護持正法、爲了弘揚正法，被暗殺、被羞辱、被折磨等等，但是他實際上已經完成了許多的工作。要這樣才能入地，而不是說：「你看，這一世我捐了五億元，我捐了十億元欸！」那個福德不夠瞧，而是爲正法怎樣去作事。譬如你翻譯了經典，破斥了外道，把外道法消滅等等；往往在這個過程中，有時候是被刺殺、喪身殞命等等，要有這一些救護眾生、弘揚正法的福德才能入地。

如果說：「我捐個十億元來護持正法，這福德很大，那我就一定可以入地。」那我告訴你，好多人應該早都入地了。譬如說梁武帝好了；他跟我本家，他也姓蕭，單名衍；他護持佛教不可謂不力，現代若是有人捐了十億元台幣，專門用來護法，能比他的福德更大嗎？可是他入地了沒？連明心都沒有，他那樣鼎力護持都還不足以明心。所以說，入地所必須的福德，不是一般人所能獲得的，因此，如果誰要宣示說他已經入地了，或者宣示說他已得如夢觀了，先要掂一下自己的斤兩：「我看到了自己的過去世作了什麼？我過去世曾經爲正法喪身殞命嗎？我過去世曾經建立正法，使正法能夠繼續弘傳幾百年、幾千年了嗎？」有沒有？要先衡量這個。

如果都沒有，也看不見自己的過去世，就隨便宣布說我得了如夢觀。我就學禪宗祖師講的話說：「來日有殃在。」我當然是用比較輕鬆的口氣來說，不過這是個很嚴肅的課題，大家應該要嚴肅看待。我不希望將來在布薩的時候，又看到有誰出來懺摩說他犯了大妄語業。若是會外的人，我就不管他們；因爲他們既不是我的戒弟子，我管他們作什麼。不過，我們將來也會管他們，卻是未來幾年後的事；就是這部《法華經》的講義整理完畢而流通出去時，那時候就是「管」他們了。現在我不管他們，我只管你們別誤犯大妄語業。

這樣子，關於如夢觀的成就，諸位瞭解了？必須有禪定的證量，然後可以觀看往世多劫前的事情。比如說，如果你沒時間，至少入睡前用半個鐘頭瞧一瞧：往世有些什麼事情，過去生作了什麼豐功偉業。當然不是人間的豐功偉業，而是佛法上的豐功偉業。或者說過去世曾經因爲什麼樣的事情，以那個原因而墮落惡道等等，然後是什麼原因今天修到這個地步，要知道自己很多劫以來的來歷。這樣很多劫、很多世的事情串聯起來，知道自己的來歷時，這個如夢觀才有辦法成就的。其實，這個道理在我的《燈影》裡面都有講過，不是沒有講。可是有的人讀書就是有個壞習慣，那邊講的是那邊的事，跟這裡無關，他們聯結不上來，因此他們所得到的一些理解、知見、智慧就是零零散散的，沒有辦法全部聯結起來，智慧就出生不來。所以今天講到《法華經》這一品，就正好趁這個機會把它聯結在一起，諸位就瞭解什麼叫〈信解品〉的圓滿。因爲〈信解品〉圓滿時就是要被授記了，就是入地之後在宣講《法華經》的時候又被授記了。

所以，如果誰宣稱說他入地了，我們就要問說：「請問你什麼時候被佛陀授記？」就要問他了。如果沒有被授記，那不叫入地。但是，授記有時候是在往世就授記的。這個時候已經入地的人，不可能現在被授記，而是在二千五百多年前就被授記了，要瞭解這一點。所以，宣稱入地是要有現觀的，隨隨便便誇大其辭，那個大妄語業捨報後不好受；因爲犯了這種業，是十重戒之一；這種大妄語的業報，佛陀早在律部的《菩薩瓔珞本業經》講過了：「三位十地一切皆失。」這是很嚴肅的課題，但是先讓大家瞭解以後，假使將來有進一步的實證，就不會有這個過失出現，因爲自己可以加以切身檢查。所以，這個〈信解品〉的瞭解是非常重要的。上一週講完之前，因爲時間到了，無法詳細說明，今天把它作整個比較詳細一點的說明。那麼接著就進入本文，經典第一段的本文來一一解說：

「爾時慧命須菩提、摩訶迦旃延、摩訶迦葉、摩訶目犍連，從佛所聞未曾有法，世尊授舍利弗阿耨多羅三藐三菩提記，發希有心，歡喜踊躍，即從座起，整衣服，偏袒右肩，右膝著地一心合掌，曲躬恭敬瞻仰尊顏而白佛言：」

我爲什麼要再唸這一段？上一週張老師都唸過了，但我還是得要唸一遍，因爲這是佛弟子的基本行儀，要讓大眾也留意一下。也許有人想說：「哎呀！那個是慧命須菩提他們等幾個人，那才剛入地，當然對佛陀要特別恭敬。」事實不然！乃至等覺、妙覺都對 佛陀無比恭敬。你們讀過四阿含諸經的人，如果全部讀完了，就會發覺一個事實：在四阿含諸經中，幾乎看不見 彌勒菩薩講什麼話、作什麼事，你幾乎看不見他的記錄。有沒有誰發覺這一點？我現在講出來，也許有人發覺了，但以前都沒注意到；因爲他沒講什麼話、沒作什麼事可以讓你看見，你當然不會注意到。這表示什麼？表示他統領所有聲聞眾的時候，是非常低調的，幾乎沒聲音。也許有人講：「那是四阿含諸經，都是聲聞阿羅漢們結集的。」雖是他們結集的，也不能不提到他吧？所以，《增一阿含經》中也有提到 彌勒菩薩，但只是說他被 佛陀授記，將來五億七千六百萬年後要來人間下生成佛，只有講這樣子；然後也只有一部經中授記說他未來將要來人間下生成佛，可是都沒有記錄他這一世講什麼話、作什麼事。難道當來下生成佛的 彌勒菩薩都不講話、都不作事嗎？可不可能？不可能啦！他一定是最忙的，因爲他得要幫著 佛陀攝受所有出家眾，可是他忙到都沒聲音。

也許有人想說：「那是二乘人結集的，當然是這樣。」不然大家來看看大乘經典，他的聲音也很少欸！除非 佛陀有指定他，否則他不講話。有沒有注意這一點？有。爲什麼如此呢？是表示他的恭敬，顯示他對 佛陀是這樣的奉事。佛陀交代他什麼，他就去作；不需要驚動 佛陀的，他就不驚動 佛陀。所以，你們有沒有看到 彌勒菩薩去向 佛陀舉報說「哪個菩薩犯什麼戒，哪個菩薩不如理、不如法」？沒有啊！去向 佛陀舉報的，都是阿羅漢們、比丘們、比丘尼們。你沒有看到 彌勒菩薩去跟 佛陀舉報說「哪個阿羅漢、哪個比丘、哪個比丘尼不如法」。他能處理的，就自己處理掉。奉事 佛陀就是要這樣。那一些阿羅漢們，那時候才剛入地，他們不懂事，而且入地是他們在 佛陀弘法後期的事。那麼會去向 佛陀舉報的，大部分是什麼人？是凡夫比丘最多，往往去舉報說：「佛陀啊！哪個阿羅漢不如法。」結果都是冤枉了阿羅漢們。你們去看看《摩訶僧祇律》、《四分律》、《五分律》，不就是這樣記載的嗎？可是，菩薩們私下就會自己處理掉，不會去勞煩 佛陀老人家，最多就是到 彌勒菩薩那邊就解決了。而 文殊菩薩不管這一些事情，文殊菩薩只管在法上幫助 佛陀弘傳，他從來不管戒律的事情。這些事情你們有沒有注意到？沒有注意到的話，以後讀經時可以留意看看。

言歸正傳，慧命須菩提等人，因爲看見舍利弗被授記了，他們知道自己在法華勝會之中也將會被授記。以前 佛陀即使在他們悟了以後，也不曾說他們是菩薩，只曾爲其他菩薩授記；然後《法華經》裡面所講的很多事情，也都沒有跟他們講過，而是跟那一些追隨 佛陀來人間的菩薩們說的。所以剛開始講《法華》時，這些阿羅漢們也不敢自認爲是菩薩。想想看，阿羅漢們到了宣講《法華》的時候，他們都已經證悟，《般若經》也熏習很多，入地前該有的後得無分別智也具足了，因爲這是 佛陀晚年時的事。他們的智慧都很高了，都還不敢以菩薩自居，可見他們對 佛陀是如何的恭敬。佛陀不主動提出來的，他們是問都不敢問。那你想，他們對 佛陀有多麼恭敬。

但凡夫們可就不一樣，凡夫對 佛陀是不很恭敬的，甚至是輕蔑的。你們看密宗那些活佛、法王們全都是凡夫，連我見都沒斷，因爲他們都還主張意識不生滅，可是那些人都誇大口說：「**佛陀只是化身佛，我們已證得報身佛境界，比釋迦佛陀還高欸！**」所以，他們心裡面都瞧不起 釋迦牟尼佛。現在我要從本質上來談：那些活佛們連一個聲聞初果都不如，因爲他們連三縛結都沒有斷。如果是已斷三縛結的人就不會主張說雙身法是最高的佛法，因爲那都是身識的境界、意識的境界，而他們推崇爲報身佛的境界，顯然他們的我見都還未斷。所以越是凡夫越不恭敬 佛陀，實證越高的人越恭敬 佛陀，因為知道　佛陀的境界不可思議。連　彌勒菩薩都不敢想像　佛陀的證境是怎麼樣，偏偏密宗凡夫們都知道　佛陀的證境，動不動都說他們比　佛陀的證量更高，這就是末法時代的現象。

那麼，這一段經文的背後寓意，你們要學著；假使哪一天你在夢中，有什麼特殊的因緣被　佛陀召見了，要照這一段經文講的方式拜見　佛陀，不是隨隨便便說：「啊！佛陀您來了。」以為這樣就沒事了。你們應該要發希有心，因為　佛陀不是你想見就能見的，所以要「發希有心，歡喜踊躍，即從座起，整衣服」。想要向　佛陀問訊或禮拜以前，先把衣服整理好。譬如你上座說法，說完了下座之後你要離開法座之前，要先向　佛陀問訊；但在問訊之前先要幹什麼呢？要先整衣服，才能問訊；不許衣服凌亂就直接向　佛陀問訊。「整衣服，偏袒右肩」，偏袒右肩就是如今我們搭衣的意思，搭起縵衣就是偏袒右肩的意思。很多人不知道搭衣是什麼意思，搭衣就是代表偏袒右肩之意。因為如果北方寒冷，或者像台灣如果冬天寒流來了很冷，用搭衣來取代就是偏袒，而縵衣在平常時是把雙肩都遮蓋著。那麼，見了　佛陀時得要把右肩露出來，就成為搭縵衣的模樣。搭縵衣的模樣就是表示說：我是坦誠相見，沒有遮隱。然後「右膝著地一心合掌」，右膝著地就是胡跪，一心合掌一定是要一心，不能散心而合掌。

可是說句老實話，當你看見 佛陀的時候，你想要散心也散不來；因爲祂的威德會使你自然而然就一心合掌，你會目不轉睛盯著 佛陀，一定目不轉睛盯著祂。這個時候以瞻仰的心態來看著 佛陀，接著才作問訊。古時的問訊，並不是作一個什麼動作叫作問訊，現代佛教界那個動作不是眞的問訊。問訊就是要向 世尊請問說：「好久不見了，不知世尊近來少病少惱不？遊步輕利不？眾生易度不？」要這樣請問，這才叫作問訊。就是請問 世尊說，離別這麼久了，要請問這一段時間裡的這一些事情，才是眞正的問訊。作出一個動作就稱爲問訊，那只是一種代表，可以叫作一表千里。反正那個問訊的手勢其實也是從密宗裡學來的，密宗都是慣用這種方式，所以我管他們叫作一表千里。

你們看看這幾位大阿羅漢們，他們都有不同代表性的第一，須菩提是解空第一，大迦葉是頭陀第一；但是這個大迦葉可能是那個金色頭陀，就是禪宗的初祖，猶待考證，因爲這段經文中沒有明確記載。還有一位摩訶迦旃延，摩訶也是他的姓氏，就稱為大迦旃延；大迦旃延是解經第一，解釋經典他最行，因為他可以首尾相照而解釋經典。摩訶目犍連，大目犍連是神通第一。這都是有代表性的，因為這四位大阿羅漢背後都還有一群人，也有他們所度的弟子已經成為阿羅漢的。那麼，他們這樣恭敬地禮拜完 世尊之後，由大迦葉為代表，就向 世尊稟白說：

「我們這幾個人居於眾僧之首，而如今年紀老大，已經成為色身衰朽年紀老邁的人；我們這些人自己認為已經證得涅槃了，所以捨壽後將會進入無餘涅槃中，已經無所堪任於繼續弘揚佛法了，所以我們不再進求無上正等正覺。世尊您往昔四十幾年以來說法既然那麼久了，而我們當時都在座下隨從世尊聽聞阿含諸經，然後聽聞般若諸經，接著聽聞方廣唯識諸經；聽聞這麼久了以後，我們身體實在也很疲倦而有一些懈怠了；所以我們心中那時候就只是在憶念著空、無相、無作三昧，對於佛陀您所演說的種種菩薩法，以及菩薩法道之中的各種遊戲神通、清淨諸佛國土、成就眾生等等事情，我們心中並不是很歡喜、很愛樂。為何這麼說呢？因為世尊您促使我們這些人能夠出離三界，得到有餘、無餘涅槃的實證。而我們今天年紀已經大了，身體已經朽邁了，對於佛陀您所教化於諸菩薩的無上正等正覺，我們心中不曾生起一念喜好愛樂之心。可是我們這些人如今在佛陀座前，卻聽聞到佛陀為舍利弗授記說，我們聲聞人也可以得無上正等正覺的授記，所以心中非常非常地歡喜，從我們跟隨佛陀以來不曾得到這樣的歡喜。我們這一些人眞的不曾想到說，在今天忽然會聽聞到佛陀宣說這一種希有難聞之法，所以在深心之中自己覺得非常慶幸，知道我們已眞正獲得大善大利，於佛法中的無量珍寶，今天竟然不求自得。世尊啊！我們這一些人，今天很歡喜而想要說出一種譬喻，來說明這個道理：」

我們先來講這一小段：「我等居僧之首，年並朽邁；自謂已得涅槃，無所堪任，不復進求阿耨多羅三藐三菩提。」這是在說明大迦葉他們當時的心境。我常常說阿羅漢的心境是灰心泯智，為什麼叫灰心泯智？因為阿羅漢的作意就是入涅槃的作意，所以無心於世間一切法。當佛陀尚未入滅之前，還在說法的時候，阿羅漢們都跟隨著　佛陀繼續聞法，但是深心之中的作意是灰心泯智的；也就是說，他們心中什麼事情都無所罣礙。譬如說我在世間法中，有許多人說我的人生是灰色的。為什麼是灰色的？因為他們知道我覺得什麼都沒有興趣，明明山光水色、人間五花十色，有錢也有閒，是應該開始享受晚年的人生，可是從他們的眼中看來，我的作意都是灰色的。爲什麼呢？因爲無心於世間，一心想著怎麼樣死滅就好了；只要不虧負人家，可以死就早一點死吧！

以前就是這樣的作意，因此以前我的想法很單純：我只要把正法復興了，有人接棒，我可以離開人間時就趕快走人；除了把尚未完成的預定道業完成以外，覺得活在人間沒什麼意思。所以沒日沒夜一直趕著，就希望趕完了可以有人接棒，我就要走人了，世間沒什麼好留戀的。所以，跟我很熟悉的人往往會覺得說，我好像在趕完什麼事，趕著要走一樣。可是現在我有目標，我現在不想早走了，因爲我現在要看著密宗被趕出台灣佛教（大眾鼓掌…），我現在要親眼看見密宗被逐出台灣佛教，當他們離開台灣佛教了，把眞正藏傳佛教覺囊巴的他空見如來藏妙義推展出去了，我才能夠放心走人，而我們這一世有很大希望達成這個目標。

這是我們往世沒有完成的大業，因爲他們四大派假藏傳佛教是從中國皇帝下手，而我們沒有機會。元朝、清朝皇帝都是修密宗的雙身法，明朝皇帝只有初期不是信奉密宗雙身法；明朝初期密宗沒有滲透到皇宮裡，因爲朱元璋痛恨密宗；可是明朝到了中葉以後的皇帝也是變成密宗信徒，都在搞雙身法，都是夜夜在修歡喜佛。清朝那更是如此，搞歡喜佛的都是在修雙身法。西藏密宗巴結上了清朝的皇帝，所以取得皇帝同意而向蒙古借兵，就把覺囊巴消滅了，咱們就是那時候被消滅的。由於古時中國皇帝都信奉密宗雙身法，所以我們從篤補巴那個年代開始，就一直想要從西藏內部把藏傳佛教翻轉過來，回到正統佛法中來。只要西藏全面翻轉過來了，中國皇帝就會被轉變，回到實證的佛法上面來，可是我們沒有成功。

我們古時沒有成功，所以今天要繼續來作。當年被趕出西藏時多麼淒涼，你們知道嗎？我只有一匹瘦瘦的老馬離開西藏。我還有馬騎，被趕出西藏到西康去，只剩下二個徒弟跟著我，他們卻沒有馬可以騎，要走路跟在我後面。就這樣被趕出去，那多淒涼呵！眞的很淒涼。可是，雖然很淒涼，畢竟我們護持正法的功德已經成就了，至少在藏傳佛教覺囊巴裡面留下一些資料；雖然後來被雍正皇帝把刻板給燒掉——雍正還主動繼承達賴五世的意旨，下令把覺囊巴印製正法書籍的木刻板燒掉，所以大部分覺囊巴的著作已經不在了；不過至少也留下《山法了義海論》的他空見論著。這件過去的事且不談它，現在說咱們這一世繼續把這個大業努力來作。我認爲二十年內把密宗趕出台灣佛教是可以成功的，目前是有很大的一個成績出現了；因爲台灣密宗有最核心的、外圍的，以及附密宗的最外圍組織，如今最外圍的第三層組織現在已經快速萎縮了，這就是諸位的護法大功德。正因爲要看到密宗離開台灣佛教，我現在願意多休息，開始想要活久一些；所以現在早上學著賴床，這樣一個月下來，血壓降得很漂亮。現在收縮壓一百十幾，舒張壓七十幾，漂亮不漂亮？漂亮啊！（大眾鼓掌…）因爲現在不像以前覺得天下是灰濛濛的，現在覺得正法的前景光明，而我想要看到這個目標達成。

這意思在告訴諸位什麼？就是告訴諸位說，大阿羅漢們當時在 佛陀座下，他們無心於一切事物，所以他們雖然也同時聽聞般若、方廣唯識諸經，可是他們其實沒有很大的愛樂，但是 佛陀初轉法輪完了，接著二轉法輪、三轉法輪，阿羅漢們總不可能這樣想：「佛陀！您說您的法，我們睡我們的覺，我們入我們的定。」不可能這樣吧！因爲這不是弟子們應該有的行儀，所以他們都會同時聽聞大乘經典；而 佛陀也爲他們施設了很多機鋒，幫助他們同樣證得實相般若。可是他們都還不敢自認爲是菩薩，因爲 佛陀還沒有開口說「你們也是菩薩」，他們就不敢自認爲是菩薩。所以「年並朽邁」時，舍利弗三請之後 佛陀開始演說《法華經》了，他們也沒想到說，舍利弗竟然被授記將來可以成佛。哇！這一下，不得了！所以這些大阿羅漢們整個心情都轉變了，這時候來看所有的眾生：「哎呀！好英俊！好美啊！山河大地，眞可愛！」心境轉變了，這就是大阿羅漢們在聽聞《法華》時的心路歷程。可是佛教界有誰知道這個心路歷程呢？沒有！今天我說給諸位聽了，你們有沒有讀過誰註解或講解《法華》時，把這個心路歷程講出來？沒有！因爲他們都不知道，他們只能依文解義。

現在大迦葉等人說：「我們是眾僧之首。」因爲這一些人是所有大阿羅漢們的代表。阿羅漢們也是一群一群的，你們要瞭解這一點。阿羅漢們也是一群又一群，因爲是有往世的因緣而聚會在一起的；所以喜歡學智慧的聖者就跟智慧第一的舍利弗在一起，喜歡神通的就跟神通第一的目犍連尊者在一起；喜歡證解經義的就跟大迦旃延在一起，就這樣一個群落又一個群落的。等到 世尊演說《法華》的時候，大家年紀都已經很老了，以前在外道被 佛陀度爲阿羅漢的時候大多是三十幾歲時，當 佛陀說法四十幾年下來，他們幾歲了？七十好幾了，快八十歲了，所以眞的「年並朽邁」。

當年成爲阿羅漢時，他們認爲自己已經證得涅槃了，這叫作「自謂已得涅槃」。但實際上有沒有得涅槃？沒有啊！因爲無餘涅槃裡面是什麼？他們一時也還不知道嘛！入了無餘涅槃以後十八界滅盡了，也沒有五蘊這個人來知道無餘涅槃裡面是什麼。阿羅漢們的涅槃就只是把五蘊自己滅掉而已，但涅槃裡面是什麼？不知道。所以只能夠說「自謂已得涅槃」。可是後來 佛陀幫他們證悟，證悟之後才知道什麼叫作眞正的證涅槃、得涅槃，也就是本來自性清淨涅槃。證得本來自性清淨涅槃的時候是五陰十八界俱在的，因爲同時可以看到無餘涅槃裡面原來就是如來藏獨住的境界，這才是眞正的證得。

那麼這個「自謂已得」，「自謂」這二個字還有另一層面的意思，就是說：「我們自己認爲說我們已經得到涅槃，所以無所堪任。」什麼事情無所堪任呢？就是繼續一世又一世受生在人間來住持正法，永不斷絕。這一件事情是阿羅漢們認爲自己無所堪任的，因爲捨報時就入無餘涅槃了，不受後有了，哪裡還能夠繼續來爲眾生住持這個正法呢？當然不可能啊！所以對於 世尊所吩咐的，未來世繼續永續住持佛法於人間，是無所堪任的，因此他們的心境就是灰心泯智，對於無上正等正覺——就是對於佛地的境界，不會努力起心動念或者努力付諸於實施去修證，這叫作「不復進求阿耨多羅三藐三菩提」。

可是大迦葉等人接著又說：「世尊往昔四十餘年說法時間已經那麼久了，而我們當時也都在法座上聽聞世尊說法，我們聞法的時候，也曾聽聞世尊所說的方廣唯識諸經；般若諸經我們還可以聽得懂，可是方廣唯識諸經，那是為諸菩薩們說的，那眞的太深奧了，我們眞的很難聽懂；」因為那是說給諸地菩薩們聽的，「我們這些阿羅漢們因為聽不很懂，所以心中當然覺得累，身體也跟著疲累而有一些懈怠，所以當我們聽不懂的時候，我們心裡面就只能夠憶念著空、無相、無作三昧。」這就是大阿羅漢們當時的景況。你們讀過唯識諸經的時候，有沒有看見多少位阿羅漢跟 佛陀對話？有沒有？啊！眞的叫作寥寥無幾。都是誰在跟 佛陀對話？都是大菩薩們。由此你們就可以想像一下，當時阿羅漢們坐在那邊，身為人天應供，結果竟然聽得朦朧朧，那是什麼心境呢？喔！你們體會一下，就會知道大阿羅漢們當時的心境。

在這樣的情況下，請問不迴心的聲聞阿羅漢們，能結集那些大乘唯識諸經嗎？這用膝蓋想一想就知道了——假使膝蓋會想的話。所以，怎麼可能期待七葉窟中率領五百聲聞人的決定不迴心的那四十位聲聞阿羅漢們，能夠結集出般若與唯識諸經的眞正內容來？不可能的事嘛！當然要由菩薩們另外再作結集。這在顯示什麼？顯示那一些學術研究者用聲聞人結集的文字記錄來判斷大乘經，那眞的叫作荒唐，又叫作無知。他們對於當年佛法弘傳的歷史無知，而且在文獻上面又取材不當，作出來的研究結果當然就不正確，都因爲他們所取材的文獻是錯誤的。就好比說，有人研究中國的歷史，結果去歐洲取材，把英格蘭跟蘇格蘭、日耳曼等民族如何建立國家的事情，套用到中國歷史中來，就說中國的歷史就是這樣演化的，這不是很荒唐的事嗎？所以他們是從文獻取材開始就錯誤了，後面的資料整合與演繹，當然是不具有學術價值的，因爲嚴重失眞了。這也就是說，他們沒有遵守文獻學應該有的如實的準則來作研究；既然沒有遵守文獻學的基本準則而作出來的研究，怎麼可以叫作正確的考證？所以那些人對佛法所作的學術研究是不可信賴的。

話說回來，佛陀在說法時，聲聞阿羅漢們可以關在寮房裡睡覺嗎？行嗎？換作是諸位當阿羅漢，如果有一天我當上了佛陀，當我在說法的時候，你們會在寮房中入滅盡定嗎？不會嘛！你們都還沒有成爲阿羅漢，就已經不可能這樣作，何況已經成阿羅漢的人，怎麼可能那樣呢？所以不可能 佛陀在講經說法時，附近的阿羅漢們拒聞，連凡夫都不會這樣作。所以不管哪一個道場，堂頭和尚在說法的時候，所有弟子們都會來聽講，只有什麼人沒有來聽？只有典座、火頭……等人，因爲他們要照料和尚與眾僧的飲食。只有這一些人是沒有來聽的，其餘的人都要來聽。更何況是 佛陀說法時，這些迴心大乘的大阿羅漢們怎麼可以不來聽？當然都要來聽。

可是當這些迴心大乘的阿羅漢們，尚未證悟實相般若而聽聞時，在般若的實證上面，由於 佛陀平常率領他們遊行人間時，往往會來一個、二個教外別傳的機鋒，幫他們證悟；所以般若諸經他們總是會聽懂的，那他們在文殊菩薩和阿難的率領下，在七葉窟外的千人大結集時結集出來的般若諸經，當然很勝妙而且如實。可是到了第三轉法輪的唯識經典時，就會聽得很辛苦了；這時聽不太懂又必須要聽，年紀又大了，身體也衰弱了，聽聞起來會不會聽得很暢快？當然不會啦！當然是大迦葉等四人說的「身體疲懈」。因爲聽不懂的時候就會覺得很累，年紀又老大了，精神有些不濟，當然就是「身體疲懈」，那時候要怎麼安住？只好安住於三三昧中：空、無相、無作。所以聽不懂而很疲懈又不便離席時，最好的辦法就是住於三三昧中得個安歇。

他們接著又想：「我們是大阿羅漢，又不是菩薩，佛陀跟菩薩們在那邊講菩薩法時，那些菩薩法是什麼內涵呢？都是遊戲神通、淨佛國土、成就眾生。」大阿羅漢們心裡面想：「這些都是我們作不到的事。」那他們心中怎麼可能歡喜愛樂呢？菩薩法中這三個部分，大阿羅漢們都無法想像。譬如說「遊戲神通」，目犍連還勉勉強強可以，但問題是，目犍連心裡面想的就是這一世「遊戲神通」，可是菩薩的「遊戲神通」是在人間一世又一世都不斷絕，阿羅漢們心裡面想：「喔！這個累死人。」你不要以爲說獲得神通就趾高氣揚可以鄙視眾生，不然呵！目犍連捨壽時是怎麼死的？還記得嗎？被人家亂石打死欸！這就是目犍連的「遊戲神通」。菩薩就是要像這樣子，一世又一世來人間這樣「遊戲神通」——縱使有神通還是一樣被眾生打死。

所以，如果你想要入地，就要先有這個心理準備：就是在人間努力弘揚正法，那些外道看不下去，或者佛門中的外道僧眾看不下去，因爲名聞利養受損了，他們受不了，暗中花了錢去請外道來動手，把你殺了然後說是外道幹的。其實是誰在背後指使？還是佛門中人，外道只是拿錢辦事而已，要一世又一世像這樣「遊戲神通」。所以菩薩遊戲人間是這樣遊的，不是每一世來坐在案上給人家供養的。你如果有這個心理準備，想要入地就很快。你如果要宣布說：「我現在是二地、三地、五地、八地。」請問你往世什麼時候曾經被殺過死掉了？往世爲了護持正法被殺而死掉，你知道了沒？你在哪一世被殺？應該知道哦！你什麼時候爲了護持正法被人家如何羞辱，是在哪一世？你知道了嘛！那你有資格宣稱入地了，因爲你有資格宣稱證得如夢觀了。可是不要捏造喔！捏造，我會破你呵！因爲，你被殺的那個過程，我要來跟你爭論。我知道的，不一定你也知道，我就來跟你爭論。所以，那不是可以隨便宣稱說：「我得如夢觀了。」屆時我當然要問：「你的如夢觀內涵是什麼？」對不對？

大迦葉他們聽到 佛陀說過什麼東西呢？就是《本生經》。佛說某某菩薩往世是怎麼樣的人，在過去劫的哪一劫姓甚名誰，作了什麼事情；又說某一位大阿羅漢為什麼會這樣子，因為他過去某一世、或者幾百世、或者幾劫之前是如何，所以今天才會這樣子。聽完這些事情時說：「啊！原來菩薩『遊戲神通』是這樣遊的。」這些迴小向大的菩薩們，譬如 佛陀出家前娶的王妃叫作耶輸陀羅，當 佛陀成佛之後，經過很多年遊行人間以後，終於回到家門了，淨飯王請祂受齋，結果耶輸陀羅幹什麼事呢？打扮得花枝招展，然後還準備了歡喜丸，希望 佛陀吃了以後春心大動又回來還俗跟她當夫妻，可是沒想到 佛陀吃了，什麼事情都沒有。然後，佛陀就把它戳破說：「耶輸陀羅弄出這個歡喜丸，對我是沒有效的。為什麼她會作這種事情呢？因為過去世如何如何……」原來耶輸陀羅也是過去世追隨 佛陀很久了，只是她的情絲斬不斷。菩薩就這樣「遊戲神通」，一世又一世在人間受苦受難，總之就是繼續上求下化。

可是，大迦葉這些大阿羅漢們當年聽 世尊說菩薩們的事情時，覺得說：「這些跟我都無關，我捨報就要入涅槃了。」所以，他們聽起來覺得索然無味。阿羅漢們不會嫉妒、不會起妄想，可是會覺得索然無味，因為都跟自己無關。又例如 佛陀與勝鬘夫人宣講《勝鬘經》的時候，不是說「攝受眾生就是攝受佛土」嗎？維摩詰菩薩也說：「清淨眾生的心地，就是在清淨佛土。」大阿羅漢們想：「這些跟我們也無關，因爲我們又沒有想要成佛；佛陀也沒有承認說我們是菩薩，佛陀從來沒講過我們是菩薩，所以這些也跟我們無關。清淨將來成佛的國度，都是菩薩們的事情，我們又不是菩薩。」那麼聽起來當然也是索然無味。所以認爲：「攝受眾生、清淨眾生，才能夠攝受佛土、清淨佛土，這都是菩薩的事。」那阿羅漢們心裡面聽了，不會嫉妒說：「哼！佛陀老是講這個，都是他們菩薩的事！」會不會這樣？大阿羅漢們都不會這樣，但是他們覺得索然無味。索然無味的時候，心想：「菩薩這樣一世又一世留惑潤生，受生在人間來成就眾生的道業，這不是我們大阿羅漢要幹的事，我們捨報就要入涅槃了。」當然他們覺得索然無味，心中不會有歡喜愛樂，所以說「心不喜樂」，這是必然的。這樣，諸位就瞭解阿羅漢們的心境了。

接著，大迦葉他們解釋說：「爲什麼我們當時是這樣的心境？是因爲世尊您教化讓我們證得出離三界的心境了，讓我們獲得有餘涅槃、無餘涅槃的實證了，所以我們的心境就是無心於世間諸法、無心於佛國淨土、無心於眾生。不但如此，我們如今也都是七、八十歲了，年紀也都很大了，身體已經老朽衰邁了，對於佛陀您所教化於諸菩薩的無上正等正覺，我們心中不曾生起一念喜好愛樂之心。所以我們如今在佛前，聽聞佛陀授記給聲聞人無上正等正覺的印記，當然今天心裡面非常的歡喜，而這種歡喜是以前所不曾有的。」因爲被授記爲大阿羅漢時，心中是沒有什麼歡喜的。假使有人被授記爲阿羅漢，他心中很歡喜，那就不是阿羅漢，因爲他沒有阿羅漢的作意；那表示什麼？表示他的思惑還沒有斷盡。

因爲三果人對一切法都沒有什麼歡喜了，除非那是很差的三果人；在七品三果裡面，他大概是排在後面的第七品、第六品或者第五品。前三品是頂級的三果人，他們心中對一切法就已經沒有什麼喜樂了。如果有人自稱爲阿羅漢，可是你看他弘法說法的時候，雄姿英發，處處都在顯示說：「我是阿羅漢。」你就知道那是假阿羅漢。一定是假的！因爲他沒有阿羅漢作意，表示他的思惑還具足存在。所以成爲阿羅漢的時候，他們自知自作證而去向佛陀稟報，佛陀勘驗後也爲他們證明：你們眞是阿羅漢。但他們心中其實沒有一絲一毫的喜樂。所以被授記爲阿羅漢時，或是自己親證阿羅漢的時候，他根本不曾有喜樂。

「**我等今於佛前，聞授聲聞阿耨多羅三藐三菩提記，心甚歡喜，得未曾有。**」如今　佛陀竟然爲聲聞大阿羅漢授記說將來可以成爲正等正覺，而且將來的佛世界是什麼，佛號是什麼，正法住世多久，像法、末法住世多久，弟子多少人，都清楚說明了，顯然這是眞實的。他們想：「**舍利弗被授記成佛了，同樣是大阿羅漢的我們，當然今天也會被授記。**」諸位想想看，假使你當時是那些即將被授記的大阿羅漢，心裡面已經確定自己是菩薩了，即將被授記了，是不是一陣狂喜？眞的叫作一陣狂喜啊！所以說「**心甚歡喜，得未曾有**」，因爲自從跟隨　佛陀以後就沒有什麼可以像這樣快樂過。（大眾笑…）眞的啊！阿羅漢沒有快樂。阿羅漢無樂，這才是阿羅漢。如果每天說：「**我是阿羅漢，我好快樂。**」那叫作凡夫，他們根本不懂阿羅漢的作意。然而今天　佛陀認定他們是菩薩，也要爲他們授記了，這時知道自己是可以成佛的。哇！這時當然是大大地歡喜，從來不曾有過這樣的歡喜，因爲他們隨佛修學以後，就是要滅盡自己，從來沒有過歡樂。成爲阿羅漢以後，也是住在滅盡定的作意裡面，怎麼可能有歡樂？而今天成爲菩薩又要被授記成佛，這當然是得未曾有的歡喜。

「不謂於今忽然得聞希有之法，深自慶幸獲大善利，無量珍寶不求自得。」那麼接著又說明：「真的沒有想到自己可以來說出：今天忽然可以聽到這一種希有之法，」那我們就要探究了，他們說的「希有之法」是什麼？就是授記成佛，授記成佛是第一希有之法。也就是說，必須要條件具足了，入地所應該有的第一分的道種智有了；同時已經永伏性障如阿羅漢，或者已經成爲阿羅漢而迴心來當菩薩，起惑潤生，這是第二個部分，就是解脫果；第三個部分，是於平常在《本生經》中聽聞 佛陀指出來說，各人在往世作了哪些事情而具有大福德，然後自己也有能力觀察自己的過去世，確實爲了正法而已經作了很多事，是本來就跟隨著 佛陀很多劫了，確認自己是菩薩了。所以，這時 佛陀授記諸菩薩成佛的事情，當然是希有之法。授記的事情只有 佛陀在世的時候作，不會有人說 佛陀示現入涅槃之後在他定中授記，或者他在夢中被授記。沒這回事，那叫作打妄想，作白日夢。所以，哪一天如果誰說：「我哪一天入了甚深禪定之中，佛陀來爲我授記。」你就說：「你作夢了，而且那個夢叫作白日夢。」授記的事情，都是 佛陀在世的時候直接作。如果有人進入四地了，他不知道　佛陀在世的時候自己姓甚名誰？他沒有資格稱呼說他已經是四地。如果他宣稱入了四地，他就大妄語了。

現在終於知道自己也有被授記的分，很歡喜。本來是認爲自己無分，心想這都是　佛陀跟菩薩們之間的事情，大阿羅漢們本來都認爲自己無分。今天突然間　佛陀授記舍利弗將來可以成佛，包括時間、佛號等等都明說了。「啊！這眞是希有之法，沒想到咱們聲聞阿羅漢證悟之後也可以被授記成佛。」這時候心裡面的增上意樂當然就出現了。增上意樂（那個樂是哪一個字？是快樂的樂，讀作要，也就是意願的意思）已經生起了，當然這就是希有之法；聽聞舍利弗的授記事情之後，知道自己同樣要被授記了，深心之中當然非常慶幸：「我們終於獲得大善法、大利益了。」可是本來是不敢妄想的，因爲總不能主動開口問：「佛陀！您什麼時候要爲我授記？」總不能這樣吧？而且，從來不敢想像自己可以是眞的進入初地，都不敢這樣想像；更不敢想像未來可以成佛，所以聽聞到　佛陀授記聲聞菩薩舍利弗，而自己也即將被授記，這眞的叫作「無量珍寶不求自得」。

「世尊！我等今者樂說譬喻以明斯義：」那麼，大迦葉等人這樣子講到這裡，當然他們心中已經有底了。也就是說，一個人修學佛法要怎樣才能夠成佛，要怎樣才能夠入地，必然有一定的過程與內涵，通常不可能這一世才剛證悟時就入地了，更不可能這一世才剛證悟就能成佛。那麼這個過程，他們心中已經有底了，這時準備要講出來。講出來的目的不是要講給菩薩們聽，因爲菩薩們都是早就知道了。他是要講給那一些還沒有實證菩薩法的阿羅漢弟子們，也是講給尚未修到阿羅漢位的三果人以下的菩薩們，或者還沒有迴心大乘的那一些證果的聲聞人聽的。因此，他就向 佛陀請求說：「我們這幾位大阿羅漢們，如今很歡喜地願意用譬喻來說明『佛陀爲什麼能爲我們授記，而且是在講《法華經》這個時節』。也就是說明第三轉法輪已經快結束的這個時節，才來爲我們授記的原因，來讓大眾明瞭這個道理。」當然，這個「大眾」就包括還在三賢位中的菩薩們，這就是這一段經文要宣示的道理。

所以，《法華經》是那麼容易瞭解嗎？不容易！你必須要瞭解 佛陀在世的時候，阿羅漢僧團跟菩薩僧團之間的事情，才有辦法講出它的眞正實況，否則講這部《法華經》時也只能依文解義。若是依文解義，於自己不得大利，於聞者也不得大利。接下來，再來看大迦葉尊者怎麼樣說明這個譬喻：

經文：【「譬若有人年既幼稚，捨父逃逝久住他國，或十、二十至五十歲，年既長大加復窮困，馳騁四方以求衣食，漸漸遊行遇向本國。其父先來求子不得，中止一城；其家大富財寶無量：金、銀、琉璃、珊瑚、琥珀、頗梨珠等，其諸倉庫悉皆盈溢；多有僮僕臣佐吏民，象馬車乘牛羊無數，出入息利乃遍他國，商估賈客亦甚眾多。時貧窮子遊諸聚落、經歷國邑，遂到其父所止之城。父母念子，與子離別五十餘年，而未曾向人說如此事，但自思惟心懷悔恨，自念：『老朽多有財物，金銀珍寶倉庫盈溢；無有子息，一旦終沒，財物散失無所委付。』是以慇懃每憶其子，復作是念：『我若得子委付財物，坦然快樂無復憂慮。』」】

語譯：【「譬如有一個人，在年紀還很幼小而無知的時候，有一天捨離了他的父親，逃走而消失於父親眼前，然後是很長久的時間住在別的國家，或者十年、二十年或者乃至到了五十歲，這時年紀已經活得很長久而老大了，又加上他的經濟景況是很窮困的，每天都要東西南北到處奔跑，才能求得衣物飲食的溫飽；後來就在這樣的狀況下，漸漸地遊行各地求覓衣食，終於又遇見了朝向原來國度回家方向的道路。

而他的父親在過去很長的幾十年之中，一直在尋求遺失的兒子始終不可得，然後就選擇了一個大城市安住下來；他父親的家裡非常富有，財寶無量無數，所謂：黃金、白銀、琉璃、珊瑚、琥珀、頗梨珠等等，在他的倉庫裡面裝滿了，幾乎都要溢出來；家中有非常多的年輕僕人，也有家臣佐助的使用人，乃至於也有會計、帳房等等；他的父親所有的大象駿馬所拉動的那些車輛以及圈養的牛與羊，數目很多而難以計算；並且他的父親所借貸出入的款項，應該收取的孳息利益，甚至遍布於其他各國，所往來的營商和來往本國以及外國的客户非常眾多。

這時這個貧窮迷失的兒子，在來到本國各個聚落之中四處遊歷求取衣食，經歷了很多的國度以及大城以後，漸漸地終於來到了他父親所居住的這個大城市了。而他的父母想念這個遺失的兒子，如今與這個兒子離別以來已經五十幾年了；可是他們從來都不曾向別人講過這件事情，只是二個人心裡面思惟如何能夠找到遺失的這個孩子；但是終究無法找到，所以心中懷著悔恨之意，自己心中念著：『爲什麼當時不好好照管兒子，心裡面想著年紀老了、色身衰朽，但又有很多的財物，金銀珍寶在倉庫裡面幾乎要爆出到外面來了；可是終究沒有孩子來繼承，一旦年老命終，色身不在了，財物也就失散，沒有辦法交付給誰。』就因爲這個緣故，所以心中很慇懃地每天憶念著他們的孩子，心裡面就這樣子想著：『我們如果哪一天把這孩子又找回來，可以把所有的財物委付給他，我們心中就會很坦然、很快樂，就不再有所憂慮了。』」】

講義：大迦葉譬喻說：這位大富長者財富無量，但是生了一個小兒子，不幸的是不小心走失了；他不曾向任何人提起這件事情，只是暗中查訪；經過五十多年以後依舊找不到。這個迷失的兒子爲了求生，四處打工以求溫飽，如今漸漸來到大富長者所住的國度了。而大富長者始終思念著這個遺失的兒子，希望在死去以前可以找到兒子，把所有財產都交付給兒子。這段經文很淺顯，就不必詳細解釋，下週就從下一段經文開始講解。

經文：【「世尊！爾時窮子傭賃展轉遇到父舍，住立門側；遙見其父踞師子床，寶机承足，諸婆羅門、刹利、居士皆恭敬圍繞，以眞珠瓔珞，價直千萬莊嚴其身；吏民、僮僕，手執白拂，侍立左右；覆以寶帳，垂諸華幡，香水灑地散眾名華，羅列寶物出內取與；有如是等種種嚴飾，威德特尊。窮子見父有大力勢，即懷恐怖，悔來至此。竊作是念：『此或是王，或是王等，非我傭力得物之處。不如往至貧里，肆力有地，衣食易得。若久住此，或見逼迫強使我作。』作是念已，疾走而去。」

語譯：【大迦葉現在該被叫作菩薩而不只被叫作尊者了。大迦葉菩薩繼續稟告說：

「世尊！後來這個走失而很貧窮的長者兒子，由於出賣身力為人作事，一個城鎮又一個城鎮、一個鄉里又一個鄉里展轉營生，終於遇到了他的父親的莊舍找事情作，於是他站立在父親莊舍大門的側面；這時他遠遠看見裡面大堂之上，他的父親坐在又高又廣的師子床上面，而且有一個眾寶裝飾的腳几承接在他父親的足下，他的父親身邊有許多婆羅門、刹利以及居士，全都恭敬地圍繞著，而他的父親以眞珠和瓔珞價直千萬來莊嚴色身；並且身旁還有為他作事的民眾和年輕的僮僕，手上持著潔白的拂子，侍立在左邊與右邊；他的父親座位上方有眾寶裝飾的幢帳，並且屋子裡還從上方垂下來而掛著種種華麗的布幡，地上是以香水來遍灑，並且也散了許多名貴的花朵來莊嚴地面，在他面前則是放著許多種寶貴的物品，或者令人取出來或者叫人存入庫房中；這一個窮子看見他的父親有這樣的種種莊嚴以及寶物，而且眾人簇擁，威德特別尊貴。當這個窮子看見他的父親有這樣強大的威德力，卻不知道就是自己的父親，所以心裡面懷著恐怖，想要逃走而後悔自己為什麼來到這個地方。所以他心裡面這樣子想著：『這位長者也許是國王，或者就像國王那一類有權勢的人，這不是我可以來出賣勞力的地方，一定不是我可以獲得財物的地方。我不如離開這裡去到比較貧窮而沒有這麼大勢力的鄉里，想要販賣我的力氣還比較有地方可以賣，去求衣物和食物也是比較容易獲得的。我如果在這裡的時間待長了，或許這位王者看見了我，也許就逼迫我、強力要求我為他作事。』他這樣想完了，覺得自己的想法正確，所以很快地奔跑而去。」】

講義：這一段是大迦葉菩薩根據上一段譬喻而繼續演述下來，是說這個貧窮的兒子到處為人家作臨時工，叫作「傭賃」，也就是出賣力氣，來求取生活所需的衣食。例如以前台北橋下都有短期工，只要誰需要請工人去作一天的粗工，或是去作二天、三天、五天都可以，不必打合約，來作一天就算一天工資。需要工人的老闆或工頭，都是一早去台北橋下尋找；講妥一天的工資，就看需要幾個人，上了車便載去工地工作，這就是「傭賃」。不過，他們都還不錯，都還有家庭家人。但這個窮子沒有家，單獨一個人，沒有人願意嫁給他。像這樣一個窮光蛋，又沒有一個住家，問他父母親是誰，他自己都不知道，出生不詳。當然一般女人不會想要嫁給他，女生都是父母的掌上明珠，怎麼能隨便嫁這種人？所以他只能夠到處去賣勞力維生，也僅能糊口，根本沒有餘財可以積蓄。

而且這種打零工的事，在古時候可不像現在；現在是城市很大、工商業發達，就怕不肯作事，不然的話隨便找個零散工作都有。可是古時候不一樣，而且古時候人少，因此他就只好到處出賣他的勞力。人家作完了沒事作了，他就得離開；因此，他就一個鄉里又一個鄉里、一個城鎮又一個城鎮，展轉遊走來出賣他的勞力。後來終於遇到了他父親的莊舍，但他並不知道那是他的父親。他一開始只是想：「這戶人家這麼大，也許需要佣人。」所以來到這個地方。他就站在大門外面，那大門裡面中堂很廣，因爲莊舍很大，所以他只能「遙見」；就在圍牆的大門旁邊看見很深的大堂中，他的父親坐在那一邊，而他卻是對面不相識。這個眞是人生的大苦，對面不相識。有時候，譬如有個師父修行很好，有一天遇見了前世最喜歡的愛徒，然後就告訴他說：「你是我前世最好的徒弟，趕快回來！趕快回來！」這個徒弟卻是想：「我跟你素昧平生，你找我回去，是要對我圖謀不軌嗎？」他可不敢認啊！

同樣的道理，他在那邊觀察，看見父親坐在師子床（當然是以獅子來作裝飾，在這個扶手或者椅背或者四支腳等等，有雕刻成雄獅的模樣，這叫作師子床）。這裡說的床不是指床鋪，在印度，比較大的椅子（像我這個法座還不夠大），便叫作床。古印度所謂的床，大概就像這張講桌這麼大；也得要很高，大概多高呢？大約也是像這張講桌這麼高，才能叫作高廣大床。其實若是眞要講高廣大床，像這講桌這樣大小與高度，還不能眞的算作高廣大床。如果你們有機會去印度旅遊，參觀那個什麼堡？阿格拉堡？就是在那個大理石造的泰姬瑪哈陵，可以遙遙相望的那一個堡。那個阿格拉堡裡面，很多人到那裡去觀光時，他們不曉得其中壁上的那個空間就是高廣大床。

那裡面有一個故事，說這泰姬瑪哈陵（你們如果去印度朝聖或旅遊，大概這個景點都會排進去），那眞是富麗堂皇，是古時一位國王爲他的妻子所建的陵寢，如今已經被列爲世界九大遺產之一，全部都用白色大理石去建造的。但是後來這個國王被篡位，他的兒子把他的王位奪了，另外蓋一個可以遙望泰姬瑪哈陵的阿格拉堡給他住。在那個堡壘最裡面的一個角落，從窗戶看出去時剛好看得到泰姬瑪哈陵。他就在那裡終老，每天看著他妻子的陵寢，想念著他的妻子。這是一段很淒美的故事，眞的夠淒美了！他還沒有被奪位以前，爲他的妻子建造泰姬瑪哈陵，聽說整整花了二十年，由幾萬個工人去建造出來的，眞是不得了！那裡面的大理石牆面還鑲著許多寶石，如今有許多寶石當然都已經被偷挖了。他就在那邊看著妻子的陵寢直到老死。

他所住的那一個房間，是有時用來接見拜訪者的。那個床有多高，你們知道嗎？你們就算看見了也不曉得那個就叫作床。他雖然失勢了，但是還有一些小臣會來見他。拜見他的時候，那些小臣坐在地面上，中央有一個圓圓的、由石頭雕成的水池，會有水不斷地從小水池中流過，來客可以在那邊洗手、洗水果，大家就圍著那個水池坐；而這位退位的國王坐在什麼地方呢？

他坐的地方超過一個人的高度；以我的個子來講，大概比我的頭頂再高一台尺，有那麼高。本質上並不是床，而是從整個牆壁挖進去，大約一丈見方，國王可以在那上面坐，也可以在那上面臥著跟臣屬講話，那才算是高廣大床。所以這裡說的床，不是講睡覺的床鋪，而是接待賓客所坐的特製椅子或者座位。

菩薩戒裡面不是規定不許坐臥高廣大床嗎？請問：你家裡如果有床鋪做得很高很大，那你是用來坐的嗎？不是，那是晚上用來睡覺的。如果住在鄉下，一家人睡在一起，那叫總鋪，或者名爲通鋪；就像半個房間一樣大的床鋪，往往稍微作高一些，一家人都睡在一起；那是用來睡覺的，不是用來接待賓客用的，不能叫作高廣大床，只能叫作床鋪。高廣大床，指的是接待賓客時，你所坐的那個座位既高又廣。菩薩不許坐這種床來接待眾生，因爲菩薩要跟眾生互相親和，不能有距離，所以不許坐臥高廣大床；就是說，你要跟眾生同事、利行，不要把跟眾生之間的距離拉很遠。但是國王就不一樣了，國王坐的那個位子眞的叫作高廣大床；他是要坐在大象背上走上去坐的，或者要人家給他踏背或抬轎，才能讓他上去坐。

那種高廣大床，用爬的也不容易爬上去，除非是年輕力壯的人，因爲它沒有做樓梯。坐在那種高床來接待眾人或處理事務，才能叫作坐臥高廣大床。但菩薩不許如此，接待賓客時所坐的床椅不能既高又廣。你可以坐好一點的椅子，但是不許既高又廣，以免讓眾生覺得有距離。所以菩薩如果坐臥高廣大床接待眾生，就算是犯戒。菩薩若是這樣作，就是有慢心，跟眾生拉開了距離，所以菩薩不許坐臥高廣大床。但是如果你家有錢，你說：「**我家有好幾億財產，買一個床鋪寬三公尺、長四公尺，可以在上面翻跟斗，睡得很舒服。**」然而你是用來睡覺而不是坐在那上面接待賓客，所以不是菩薩戒中禁止的高廣大床。因此，我說的寶床大約是像這個講桌這麼高、這麼大，當然這還不算是最大的；但古印度就是這樣子，有權位的時候他顯示出來就不一樣。

這時窮子的父親所坐的是師子床，也就是有雕塑了獅子等雕像，使椅子看起來很有氣派。他端坐在上面便叫作「踞」，「踞」就是坐得很穩定，一點都不虛。如果皇帝溜出紫禁城去玩，叫一個人冒充皇帝坐在那邊，那就不叫作「踞」，他的腳底下很虛，因爲有人知道他是假的。「踞」就是說他很自在，沒有一點點恐怖畏懼之心。也就是很自在地坐在那邊，叫作「踞師子床」。「寶机承足」，因爲那個座椅既高又大，坐上去時腳下一定懸空，便會覺得不自在，所以腳下不能懸空。風水學中也是這麼講，懸空是一大忌；特別是你房子自身的左手邊不能懸空，否則就是個大忌諱。這個諸位學著點，右邊空了還勉強可以，左邊可千萬不能懸空。另外就是說，他坐得高廣的時候，腳一定懸空，腳懸空就不自在，是一個大忌。如果你有一個道場，前面明堂小小的，也就是大殿前的空地很小，地平面隨即順著山勢陷落下去，那你就住不平安，寺院蓋在那邊也不會興盛。其實這只是一個對居住者心理上的影響，所謂的風水也就是對心理與身體會產生的影響。也因爲心理會影響到生理，這是由於如來藏有大種性自性的緣故，要瞭解這個道理。

所以，以前我們找禪三道場用地，那時我到處去看地；有一次人家介紹一塊地，說很適合建寺院。距離核四發電廠大概四公里的地方，在貢寮。那地主騙我們說：「這塊地前面的明堂好大好大，只是因爲樹木太多，你們看不見。」我說：「我們得要履勘了才算數。」履勘就是以腳步眞的去一一踏到，證實眞的有那麼一大片明堂，我才能相信，所以我一定要履勘。可是現場沒辦法履勘，因為樹木全面擋住而無法走進去。後來我就想辦法，教人去買了好多個大的氫氣球，又買了塑膠繩去那邊，綁在樹上讓氣球飄上去，然後我們開了車子離開到對面遠處去看；沒想到繞到應該可以看到的地方時已經開太遠，到處看都看不見氣球；後來給我瞄著了，原來氣球在遠處幾乎看不到了。這一看，我說：「那地根本就沒有明堂，根本就只是一座山，雖然有一塊平地可以建寺，但是平地前面緊接著就是陡坡，哪來的明堂？」我說：「別再看了，走了！而且離核四這麼近，哪一天核四出問題了，我們常住不倒楣了嗎？」我就說那地不能買，就放棄了。後來說要讓價給我們，我說：「讓價，我也不要。」這是什麼道理？風水之學其實就是由於地勢而產生的風勢與水勢，跟你的心會有感應，然後就會影響到生理，就是這個道理。

譬如有的時候你要注意，當你買地要蓋廟，千萬不要買在山陰，得要在山陽。你如果買在山陰，只能蓋陰廟，蓋起鬼神的廟會興盛；若是用來蓋正神的廟，就會失敗，香火不旺。如果是正法道場要建寺院，千萬不要買在山陰，一定要在山陽。而且不要在山脈的稜線上，因為冬天一到就吃不了兜著走，那地上滿腹是風，你受不了的。而且也不能買在雨雲帶，否則整個冬天屋裡全都是水。現在還要加上一樣，要避免買到順向坡，千萬不能買。我們去看大溪祖師堂那塊地之前，曾經先看一塊地，在三峽；地主把整塊地都弄好了，社區裡的道路、水溝都建好了，後來因爲官方跟他要三億元代價才肯核准他變更爲建地。他抱怨說：「我開發這地，錢都花完了，哪還有錢給他！」我說：「好在你沒有錢給他，准不下來，不然你也要害死人。」我當面跟他講原因，因爲那地正好是順向坡。他整地好了以後，鄰山的石壁剛好就是這樣一片又一片，順著斜坡顯示出岩層來，我一看，那正好就是順向坡。我說：「好在你沒有匯錢買通官方，否則難免成爲第二個林肯大郡。」那個要錢的人是很有名的政治人物，竟然意外地因爲是貪官而免除了眾生這個災難。如今有沒有開發？我就不知道了。

這意思就是說，你的座位既高又廣，得要有「賓机承足」，才能坐得穩，腳下可不能懸空。如果像我這樣盤腿而坐，那就無所謂，但是法座前面也不能一落千丈。如果你蓋的寺廟，前面空地小小的，又是一落千丈，或者廟的左邊是懸空的，那樣的寺廟，人住了都不平安，還談什麼修道、弘法？如果要害常住生病早死，就可以買那種地來建廟，否則絕對不能買。我是有一些基本的概念在的，但跟風水學無關，我沒有學過風水學；但我懂得地勢、風勢、水勢、陽光，買地就不會買錯。

因此說，他坐在那個高廣的師子床上，腳下一定是懸空的，就得有一個「寶杌」讓他的腳踩著，身體才會穩定。而且他這個腳几，還是有很多寶物去裝飾。總之，有錢就是要用寶物裝飾；若是沒有錢，就只是純粹的椅子，頂多用好一點的木頭做也就是了；如果更沒有錢，不用寶几，把椅子做低一點就好了，不叫作高廣大床，腳就可以直接踩在地上。就好像手錶，我已經幾十年沒戴手錶了。那手錶，有錢的話，他要鑲鑽石。現在的人說，鑲鑽石的還不夠，還要是藝品級的，他們叫作三問錶。我有一次翻閱雜誌時，裡面的廣告說有什麼三問錶，那樣一個手錶要一千多萬元的台幣。有錢人就是這麼花錢，因爲他們有幾百億或者幾千億元，根本花不完；自己捨不得用最好的產品，留著錢幹嘛？全部留給孩子嗎？不如自己先花一點。可是他們不太聰明，不懂得爲自己花一點錢到後世去好過日子；他們就在這一世把它用來享受而不考慮後世的福報，這個是題外話。

因爲他家太有錢了，所以腳几也用眾寶裝飾；他踏在上面，當然就很自在。他面前有許多在家的修行者、在外道中的修行者，在家修行者，這叫婆羅門；也有當官的官員，就是貴族種姓；而且也有一些在社會上有地位的居士，都恭敬圍繞著他。這種事情是古今如出一轍，如果你眞的非常有錢，你跟國王（或者例如現代，就是跟總統）常常都有互相往來；如果那一些作官的人想要升官，當然要來拜託你：「**請你幫我跟總統講一下，讓我當什麼局長。**」那不就當上了嗎？這種道理是古今如出一轍。所以大富長者身邊也常常有刹利對他恭敬圍繞。

當然他自身的莊嚴不會只有寶几等等，身上也得要有莊嚴。你總不會看見說，一個人請了司機開著値三千萬元台幣的勞斯萊斯，然後他穿著粗布衣裳，皮帶已經磨損了也還在用，而且腳上穿的是很舊的鞋。現在沒有幾百塊錢的皮鞋了吧？我們那個年代—四十年前—就有，現在大概沒有了。（有人說「有」。）還有啊？可見中國工人的貢獻很大。假使他穿著幾百塊錢的皮鞋，手上既沒有鑽錶，也沒有鑽戒，什麼都沒有，像這樣坐著那一輛尊貴的車，人家會說這是主人請司機送他回家，不會認爲他就是主人。所以，主人本身也有他一定的富貴表相存在，例如現在有錢人聽說要穿亞曼尼，對不對？這在電視新聞上常常報導；然後要有鑽錶、鑽戒、名牌的皮包來莊嚴自身，還要有一個祕書幫他提著皮箱等等，有很多的方式顯示出他眞的是有錢人。

同理，這位窮子的父親——這位長者，身上配著眞珠瓔珞，價値千萬。千萬是指千萬兩黃金，不是指白銀，這樣來莊嚴其身。接著還有吏民、僮僕圍繞身旁。吏，就是實際上在辦事情的人，就是實際上在爲他辦事情的職員；還有年輕的孩子作爲他的僕人，手上拿著潔白的拂子。拂子是趕蚊蟲用的，現在你們已經看不見了。以前我們小時候（這不是好漢提當年勇，因爲我們那時候很窮，沒有什麼「勇」可說；那時候，鄉下地方晚上只能點一顆五燭光的燈泡，因爲那時候電費很貴，當時申裝一支電話要一萬六千元，一般人是裝不起的），床鋪上面都有架子，然後就是有蚊帳，蚊帳的門面可以兩邊分開，然後兩邊各有一個鉤子，就這麼往兩邊鉤住，那床鋪裡面就看得見了。如果你們看不到這種床鋪，去大溪鎭找找，那些家具店裡都還有仿製的古床鋪，黑檀製作的大概要二百萬元，紫檀的大概一百萬元出頭，還可以看得見。那個時候都有一根棍子綁著棕櫚絲，我們那時候大部分是用麻絲製作拂子；要睡覺以前，就拿著往床上蚊帳裡面甩呀甩，等蚊子跑出去了，趕快把蚊帳再放回來，那就叫作拂子。你們現在可能看不見了。還有嗎？哪裡有？我們以前有一位老師很有趣，他來正覺以前（那時候還沒有正覺），他來跟我學以前，是在道家修道，穿白袍、戴白帽子，手裡拿著一支拂子掛在肩上，他還曾經拿給我看。那叫作拂子，通常那個纖維要把它漂白才會莊嚴，鄉下在趕蚊子的拂子，通常都是原色，那沒有去作漂白。

大富長者身旁有僮僕，「手執白拂，侍立左右」。也就是說，萬一有蚊子來或者有蒼蠅、昆蟲來，這兩個人就幫他把那些昆蟲趕走，所以要「侍立左右」。他坐的地方，上面還有寶帳，就像我們說的那個蚊帳一樣，但不是蚊帳，而是裝飾用的圓形之物，類似寶幢一般。也就是說，他坐的地方，上面並不是空無一物。因爲以前的房子沒有做天花板，所以他做這個寶帳，好像帳子一樣做得高高地，做得很寬廣而且莊嚴，就像蚊帳一樣垂掛下來。然後他那個地方都懸掛著「華幡」，華幡，就是刺繡得很華麗的布條，長條的垂掛下來，一條又一條把那個地方莊嚴起來。不但如此，還「香水灑地」。香水灑地，是因爲以前有錢人家也會鋪地板，就看是青石地板或者什麼石類的地板，那麼地板掃清潔以後就灑香水。並且還「散眾名華」，是散名華，不是普通的花，而是名貴的花，或者是有清香的花，或者香花再加上一些漂亮的花，這樣散布於地上，這是他們的莊嚴之法。古印度，國王或者很有錢的人家，出門的時候還要在路上散花給他走一段路；即將到達他要拜訪的地方時，又開始散花，這個是他們的莊嚴之法，因此要「**散眾名華**」。

那麼，他坐在那邊，當然不是閒著無事跟人家天南地北聊天，而是辦理買賣出入諸事，所以他坐的地方，面前羅列寶物；羅列就是一樣又一樣，有條不紊地擺了很多，擺得整整齊齊地。「**羅列寶物**」，是陳列出許多種的寶貴的物品。這些物品擺在那邊，不是爲了好看，而是正在「**出內取與**」。出，就是叫人家送出去；內，就是人家從外面拿進來，他要收納起來，這時要讀作「納」。「內」（讀作納，通納）就是交代僕人送到庫房裡面收藏在某處。既然有「出、內」，當然就一定會有「取、與」。不管取出或者收納，都要有取有與。出，是拿出來交給某某人送去某處；內，也是要取，然後交給某某人送進去收納，所以這叫「**出內取與**」。

那麼這樣看起來，顯然是有許多種的莊嚴來作爲他的裝飾。如果單單是一個人，顯不出他的尊貴。譬如某某人貴爲飛行皇帝，也就是當上了轉輪聖王，另一個服侍他的僕人如果也長得俊美、體格也強壯，那二個人如果共同進入了浴池全脫光了，不熟識的人見了還以爲他那個僕人才是國王，往往是這樣啊！所以要以什麼來區別？以他身上所穿的、他所用的，以及他使喚的人恭敬於他、以他所住房屋，以他的財產與行事作爲等等，來顯示他有種種的威德。因爲他有這樣的表相顯示在外，而且面前「羅列寶物出內取與」，大家對他那麼恭敬，全都依照他的吩咐在作事，當然令人感覺他的威嚴特別地尊貴，所以「威德特尊」。這個貧窮的兒子還不知道這是他的父親，當他看到父親是這樣的威德，知道這個人勢力一定很大，因爲竟然還有貴族或者當官的人在那邊圍繞著他，恭恭敬敬跟他談話，所以他心裡面生起了恐怖之心。他一定會這樣想，因爲古時候沒什麼法律的道理可講，看見一個流浪漢捉了來就當作自己的奴隸。還不是長工，長工是被當作家人的。在中國，長工的本質也是家人，就是把他當作自己家中永遠的工人；所以對長工的待遇，是一定要給他一間草房，還要幫他娶個妻子，家裡有所需要的全部都得供給。所以長工等於是半個家人，但是奴隸就不一樣了，奴隸是財產而不是家人。

他當時就怕被父親捉了去當奴隸，所以心裡面恐怖起來，後悔自己爲什麼要來到這裡。所以他心裡面這樣想：「這個人有可能是國王，或者類似國王一類的人物，我本來想要在這裡出賣我的勞力，顯然這不是我該來的地方，想在這裡取得生活財物，看來有些危險。」他怕被捉去作奴隸，所以心裡面想：「我不如去到那些比較不富有的地方，去到某些勢力不像這麼大的地方，想要出賣我的勞力才有可能，我想要取得衣服或者食物才比較容易得到。如果我還繼續留在這裡，萬一被他看見了，突然間把我給捉了去，逼迫我作奴隸，讓我沒有任何的錢財可得，那就是一生要當奴隸了，那眞是很倒楣。」所以心裡面想完了、想通了，就快跑離開了。他如果當作沒事人一樣，緩慢地走開也就沒事了，偏偏他「疾走而去」。「疾」就是速度很快；「走」這個字不能用現在這個「走」字來解釋；「走」，在古代是跑步的意思。古人在路上行走叫作行，但古人的「走」卻是跑步的意思。現在閩南話的走路還是講「行」，跑步也還是說「走」，「緊走」（以閩南語發音）就是叫人趕快逃跑，所以「走」就是跑步的意思。「疾走」就是很快速度跑步而離開了。當他盡力跑步離開時就會有事情了。

經文：【「時富長者於師子座，見子便識，心大歡喜，即作是念：『我財物庫藏今有所付。我常思念此子，無由見之，而忽自來，甚適我願；我雖年朽，猶故貪惜。』即遣傍人急追將還。爾時使者疾走往捉，窮子驚愕，稱怨大喚：『我不相犯，何爲見捉？』使者執之愈急，強牽將還。于時窮子自念無罪，而被囚執，此必定死；轉更惶怖，悶絕躄地。父遙見之而語使言：『不須此人，勿強將來。以冷水灑面，令得醒悟，莫復與語。』所以者何？父知其子志意下劣，自知豪貴爲子所難，審知是子而以方便，不語他人云是我子。使者語之：『我今放汝，隨意所趣。』窮子歡喜，得未曾有，從地而起，往至貧里以求衣食。」】

語譯：【「這時候，大富長者在師子座上，由於窮子他突然奔跑離開，所以大富長者看見了；他一見就知道這是自己走失的兒子，心裡面非常歡喜，就這樣想：『我的財物庫藏中的一切珍寶，如今可以有人交付了。我常常在思念的這個兒子，一直以來都沒有機會可以看見，而今忽然自己來到了，眞的很適合我心裡面所想的；我雖然年紀已經朽邁了，但我仍然貪惜這些財物，得要有兒子可以交付。』所以就趕快派遣旁邊的人很快速地前去追他，要把他拉回來。

這時被大富長者派遣的使者就很快速地跑步向前把他捉住，這個窮子被捉住了以後，心裡面非常驚慌，覺得很突然，不知道自己爲什麼被捉了，所以他心裡很怨恨地大呼大喚說：『我又沒有跟你們互相有所犯，爲什麼你們要捉我呢？』這個使者看他抗拒，就把他捉得愈緊、拉得愈急，於是強力把他牽著要帶他回長者家。這時貧子心想：我又沒犯什麼罪，而竟然被人家捉了要去關，這一回去是必死無疑；所以心裡面變得更加地驚惶恐怖，於是就悶絕而倒在地上。他的父親遠遠看見了就告訴那些使人說：『我用不著這個人了，你們不必勉強把他拉回來。你就用冷水把他灑面，讓他醒過來以後，不必再跟他講什麼話。』

爲什麼大富長者要這樣子作呢？因爲大富長者身爲父親，知道這個兒子流浪很久了以後，他的心智、他心中所想的，都已經很下劣；大富長者很清楚知道自己這麼有勢力、這麼富貴，這個心量小又沒見識的兒子一定不敢接納，所以雖然很清楚知道這確實是自己走失的兒子，但是他就用這樣的方便，不告訴別人說『這是我的兒子』。所以使者聽完吩咐以後，等那個貧子這個窮子，當人家放了他，他心中就歡喜到不得了：這一下不必死了，好歡喜了；他打從有生以來沒有這麼歡喜過，然後從地上站了起來，就到比較貧窮的鄉里去求衣食。」】

講義：諸位看到這一段經文，有沒有什麼感觸啊？這位大富長者在師子座上，本來是沒有特別注意到這個兒子，只是不經意地瞥到，也不在意；但因爲貧子心中恐怖「**疾走而去**」，所以長者覺得奇怪說，怎麼門外有個人那麼快跑走了？他定神仔細一看，原來是自己以前走失的孩子。因爲親人都會有一點感應，一看就會知道。這時候，當然想：「**不必再擔憂這一些萬貫家財無以計數、庫藏盈滿的珍寶，會被國王收爲己有，因爲孩子回來了。**」當然，這是唯一的獨子，一定是常常思念著。他也已經尋找幾十年了，始終找不到，後來才不得不放棄，才住在這個大城裡面，當然心中還是會掛念著。沒想到今天沒來由的，他自己回來了，所以心裡面當然很歡喜。想一想說：「**自己年紀這麼朽邁，可是這些財寶總得要有人託付，否則將來就被外人所擁有了。**」所以就派遣身旁的人「**急追將還**」。「**將**」就是拿的意思。這個使者聽到大富長者這麼吩咐，當然怕他跑掉，所以他要跑得更快，就去把他拉住。他當然一定會跑得比這個窮子快，因爲這個窮子常常三餐不繼，當然不像這個使者一樣。使者跟在大富長者身邊，有吃有喝也有得住，日子過得輕鬆，當然身強力壯，所以「強牽將還」，一定拉得動他。這個窮子想逃又逃不掉，這一去也不曉得前途如何，眞是覺得前途未卜，所以心裡面想：「我好好的又沒有犯罪，不曾得罪他家，爲什麼就被他們強捉了準備要把我關起來，這回大約死定了。」他當然是這麼想。

因爲在印度種姓制度是很分明的，貴族可以隨意殺人，這個制度是很厲害的。我以前去朝禮聖地時，如今也有二十來年了；我在那邊看見什麼？那裡的印度警察看見窮人時，高興了就打、不高興也打，在馬路上所見就是這樣。我們都覺得不可思議說：「警察怎麼可以這樣隨便打人？」偏偏他們就是這樣隨意打人。如果是二千五百多年前，種姓更分明的時代，更是如此。貴族是輕易可以殺人的，所以窮子當然心裡面覺得很恐怖。這時候，心裡面太過於驚嚇，當然就悶絕，然後倒在地上了。他的父親遠遠看見了，大聲告訴那個使者說：「我不用這個人了，你不需要把他捉回來。用冷水灑了他的臉，讓他醒過來就好，不必再跟他講什麼。」爲什麼要這樣作呢？因爲他是一個大富長者，連貴族都得要來巴結他；而這一個兒子流浪他鄉，三餐不繼衣衫襤褸，連一個住的地方都沒有，當然不敢想像自己會是那大富長者的兒子。怎麼想也想不到，他絕對不敢這樣想，他沒有辦法接受這個事實。所以他父親知道孩子心裡怎麼想，當然就要用方便法來攝受他，就不可以強捉回來說「你是我兒子」，那不嚇死他才怪；所以也不跟使者或任何人說那是自己以前走失的兒子。因此，這個使者等他醒了，當然告訴他：「我現在就放你走了，隨便你到哪裡去，你沒有罪。」這個窮子根本不知道是發生了什麼事情，大好事一樁，他當作是凶事，就這樣啊！這就是世俗人。

世俗人心想總是顚倒的，喜事反而用凶事來辦，這是很常見的事情。你們不要跟我抗議說：「你蕭老師胡扯！」我眞的沒有胡扯，請問：你家生了個寶貝金孫，滿月時得要慶祝嘛！是用吉事或凶事來慶祝呢？用凶事。爲什麼呢？因爲殺雞宰羊，這不是凶事嗎？對啊！動刀動槍殺害眾生，殺生是凶事，竟然用凶事來慶祝吉事，何吉可言？何處有吉？這正是世俗人的愚癡。比如說，爲兒子娶個媳婦，這媳婦既賢淑溫柔婉約又漂亮，又是從大戶人家那裡娶過來的，兩家聯姻叫作富上加富、權勢之上更有權勢，當然要慶祝，結果竟然是用凶事來慶祝。同理啊！殺豬宰羊來慶祝吉事，這就是世俗人；當然，吉未先見，凶事先行。凶事先行以後就有未來的惡果在後頭，這就是世俗人，所以一般人都是愚癡。

這個窮子被人家放了，其實不該歡喜，應該悲傷才對，要說：「**爲什麼老爸不認我？**」應該如此，可是因爲他無知，不知道那是自己的親爸。由於無知，所以老爸要找他回家繼承一大堆的財產，同時繼承他高高在上的權勢，結果他以爲是要被殺，這就是愚癡人。這在譬喻什麼呢？譬喻說當年那些大阿羅漢們，佛陀第二轉法輪、第三轉法輪爲菩薩們演說很多的妙法，其實一大半是要講給這些大阿羅漢們聽；可是他們往往聽不進去，總是想：「**這是爲菩薩們講的。**」因爲覺得那些事情都是菩薩們的事。「**菩薩們在說法，我們都聽不懂；佛陀爲他們說的，我們也聽不懂；所以那是菩薩們的事，佛所說的不是要給我們聽的。**」這個窮子當時就是如此，大富長者叫人要把他牽回家，是要把所有的權勢跟財寶交給他，但他以爲那不是他應該得的，誤以爲大富長者要不利於他，所以他不肯回家。

現在的台灣佛教界不也是如此嗎？告訴他們說：「眞的可以斷我見。」他們不相信，也認爲自己沒有資格斷我見、證初果。他們說：「哎呀！正覺一定是騙人的，我去學了以後，法身慧命鐵定要死掉。」他們都不曉得，當他們眞的來了，我還眞的要他們死，（大眾笑…）眞要他把五陰給死掉啊！斷我見不就死了五陰常住的邪見嗎？可是他們想的是不願意死，就認爲說：「這蕭平實叫我去正覺學，一定心懷不軌。」其實是要讓他們死了我見以後再活過來法身慧命，然後把一大堆佛菩提的珍寶給他們，可是他們都不想要。所以佛教界中，有的人寧可繼續當佛門外道，有的人寧可繼續當聲聞，有的人連聲聞法他都不要，只想要繼續當凡夫，這也就是現在海峽兩岸佛教界的寫照。這一段窮子的經文眞的就是現代佛教界的寫照，而這個寫照會一直存續著，存續到末法最後五十二年才結束，但那時結束的卻是所有眾生的法身慧命。那你想這不是很可憐嗎？

可是，可憐的人一定有可憐的原因，叫作愚癡無知。這個窮子會繼續當窮子，心中也寧願繼續當窮子，就是因爲無知，他都不知道自己就是大富長者的兒子。那麼，台灣佛教界、大陸佛教界或者說全球佛教界好了，他們願意繼續當佛法中的窮子，也有他們自己的原因，就是因爲他們無知，不瞭解聲聞菩提、不瞭解緣覺菩提和佛菩提。他們也很樂意繼續無知，而我們努力要把佛法給他們，他們還說：「喔！你要害我，你要害我。」所以有的密宗愚人寫了沒有發行者姓名地址的書，有的人以化名在網路上一直謾罵。他們都不知道說，我如果把他們強拉回來當兒子，是有利於他們的，而且是大大利益他們，所以他們都不願意。這種現象還會一直延續，因爲無明一直存在他們心中；既然這是大多數人的現象，所以這個狀況還會繼續存在。這個兒子正好就是因爲無明，才恐懼回到大富長者身邊。「明」就是知道，這裡講的「明」，就是他知道自己是大富長者的兒子，當然就會理直氣壯走了進來說：「老爸！您好！我回家了。」不就好了嗎？可是他因爲不知道，以爲這大富的老者看見他、要認他的時候，是想要謀害他，所以他就趕快逃走了。既然逃不走，被抓住了，太緊張時只好悶絕了，眞的怕死了。所以當他被人家放走時，還在心中大大歡喜：「得未曾有」。

以前不是有人這樣嗎？我們把他度了，但因爲沒有先磨煉他，就把珍寶塞給他，結果他硬說：「你這個珍寶是假的，你要害我被人告發。」結果就離開了，說我們給他的珍寶是假的。你看，就這樣子啊！剛開始都是說我要害他們，說我是在害他們，都說我這個人有問題。為什麼這樣子說？因為他們自己心裡面有私心。這倒跟這個窮子顛倒了：這個人不是我兒子，本來是進入正覺要當我的兒子，後來倒是要篡位，想要自己當老爸。這倒是跟這個窮子的心態有點不一樣。這就是說，沒有先給他一段時間的磨煉，就不能把妙法給他。

凡夫眾生眞的須要磨煉，因為眾生有很多的邪知邪見，你必須不斷地刨，然後打磨；又刨又磨、又刨又磨，才能夠內外俱淨。但現在有一些會外的人，冒充是我的早期弟子等等，也謊稱去過我家，又說什麼我曾經上過他的節目開示等等；然後說他自己開悟了，要建立自己的勢力而謀取名聞與利養。但是他所悟的內容卻只有一個表相的密意，表面看來好像是開悟了，可是我見、三縛結都還具足存在，戒禁取見也都具足存在，而且其他很多的知見也都是錯誤的。這就表示說，他沒有經過磨煉，內容是貧乏而存有無量雜質。一定要經過煉後的捶打與洗磨，沒有這樣的煉磨是不可能清淨的；連表面都還沒有清淨，更何況是裡面？所以這個鍛鍊的過程是必須的。我們後來爲什麼會要求一定要先經過二年半的共修，然後去打禪三？就是要把整個邪知邪見全部改過來，然後才有辦法在將來把珍寶給他；否則他得了以後是不清潔的，質地也是不純的，那他就沒有絲毫受用。而這個窮子就正好如此，大富長者一定要先將他磨煉過一段時間，使他愈來愈清淨，他的心智就會愈來愈廣大，最後才能夠承繼整個家業。所以，大富長者這個時候就不管他，先讓他離開，讓他心安下來再說。

所以有的人，我們告訴他說：「眞的可以開悟。」他會認爲你是要害他大妄語。他們心裡會這樣想，所以你就讓他們再去四處流浪一段時間。有時候，有的師兄姊告訴我說：「老師！某某人告長假到某處去，那是表相的佛法，又是佛門外道。」我說：「你不要阻止他，你要讓他先去流浪。等他流浪過十幾年以後，各處道場都走遍了，他才會回來，那時候他就不會退轉。」因爲他心中滿懷著想像：「人家某某山的山頭那麼大，堂頭和尚那麼有名，那一定有眞材實料。」你得要讓他去試試看，等他去試過了，最後發覺說：「原來大和尚的知見還比我差。」他終究會發覺到這一點。

爲什麼呢？因爲對方大和尚既沒有斷我見，更不知道如來藏是什麼，完全不懂。而他至少還知道一點皮毛，畢竟曾經來正覺熏習好幾年了。然後他看一看，心態轉變了；這叫作什麼？有一句俗話說「曾經滄海難爲水」，有沒有？「除卻巫山不是雲」嘛！他看慣了大海，看慣了那種美好的山雲美景；像一般山頭那種平庸的景色，他已經看不下去了。同樣的道理，他來到正覺山珍海味種種珍饈，每天就這樣吃著勝妙的法味，去到外面那些山頭看的都是什麼呢？他已經吃不下去了，也就是說他聽不下去了。因爲他已經可以從聞法之中判別大和尚們的落處，所以，他在這個道場待上二、三個月，走人了；又到另一個山頭，也是一樣走人；一個山頭又一個山頭去逛，等他全部逛過了，他認清那些大山頭的法義層次以後，就會回來正覺。

那麼，我也常說：「我們正覺度什麼人呢？要度那一種已經在各處道場跑了二、三十個地方，學佛已經三十年的人，我們度這種人。」諸位想一想：你學佛多久了？你逛了多少道場？不是嗎？然後你有能力作一個比較，你才會知道什麼是眞正的佛法。這樣子，當你進來正覺以後，終究不會再退轉了。所以有時候勉強並不是好事，但是我們要供給資訊，把正法的資訊傳輸出去，讓有心學法的人可以有更多的比較和思辨。他們經過比較，也在心裡面思辨過以後，就懂得如何取捨善知識。我們要作的就是這件事情，不必急著要拉人進來修學。因爲有時候善根還沒有成熟，你硬把他拉了來，就好像果子還沒有熟到一個地步，你就把它剪下來裝箱，味道一定不是最甜美的。水果要裝箱運送出去，至少要有八分熟，才能裝箱。例如香蕉要送到日本賣，總得要八分熟，不可以個頭都還小小的，就把它摘下來，那你送到日本去，它還是小小的、青澀的，根本不可能吃。要有八分熟，就是說它已經長成了，雖然還沒有變熟，但是至少有八分了，然後你裝箱送去日本，就剛好可以食用。

同樣的道理，度眾生的時候，我們要盡量給他們正知正見，提升他們的水平，但我們不一定要拉他進來正覺；等到他們經過閱讀、思惟、比較以後，得法的因緣成熟了，那時你只要一句話，他就進來正覺了。所以我們在電視上弘法，那要花不少錢；但我們不像人家弘法節目完了，就秀出正覺同修會的郵政劃撥帳號。我們沒有，我們目的只是想要提升佛教界所有聽眾觀眾的佛法知見水平。等到大家的水平都提高了以後，籠罩世人的大師們就無法存在了。因爲那時大家都有一些正知正見了，能夠分辨什麼叫作斷我見、什麼叫作證如來藏了；有能力分辨的時候，籠罩人的大師就無法存在，那一些附佛法外道的密宗，他們就不得不離開佛教，那時就不會有人繼續受害。但我們不必急著要他們進來正覺同修會，我們只是把訊息散播出去：正覺同修會有在招收學生。緣熟了，他們自動就會進來。大富長者的作爲也是這個道理，就交代使者放了窮子，讓這個窮子「隨意所趣」，看他要去哪裡，全都由著他去；我們正應當如此，讓學人「隨意所趣」而不勉強，等他們心量大了一些，然後再施設方便來度化他們。長者接著怎麼讓他回家呢？且看後文：

經文：【「爾時長者將欲誘引其子而設方便，密遣二人形色憔悴無威德者：『汝可詣彼，徐語窮子：「此有作處，倍與汝直。」窮子若許，將來使作。若言：「欲何所作？」便可語之：「雇汝除糞。我等二人亦共汝作。」』時二使人即求窮子，既已得之，具陳上事。」】

語譯：【「接著，大富長者就準備要開始用誘惑的方式來引導他這個兒子生起大心，所以開始施設方便，就暗地裡派遣二個人，這二個人是他家中作粗活的工人，而且不是很健康的樣子，看來沒什麼威德，就告訴這二個人說：

『你們可以去找那個人，但是講話不要太大聲，要慢慢地講、要和緩地講，告訴這個貧窮的孩子說：「這裡有工作的地方，我們會給你加倍的工資。」這個窮子如果答應了，你就帶他回來這裡，讓他來工作。他如果問你們說：「要我去作什麼工作呢？」你們就可以告訴他說：「雇你來我們家裡除糞。我們二個人也一樣跟你一起作。」』這時，這二個被派遣的人就去尋找那個窮子，找到了以後就把長者吩咐的這一些事情告訴了他。」】

講義：這就是說，不能夠一下子就讓他回家還當上兒子，要先依照他現前小小的心量來誘惑他，因此就說雇他回來挑糞，給他兩倍工資。因為以前沒有像現在有馬桶、有淨水處理廠等等，以前都是在廁所下方有糞坑，當然就是要有人來挑糞去外面丟棄。這種事情你們也許都沒看過了，年紀大的人以前大多曾經看見。我們小時候在鄉下都還是這樣，挑糞的人用一根長長的竹竿，套上一個用馬口鐵製成的大勺子，還有兩個大木桶，然後走到廁所後方，把舀糞的洞口板子拿下來，將勺子伸進糞坑裡面舀出來倒入大木桶中，然後挑去野外田裡。

這當然是其味難聞，但是就是要讓他作這種下劣的工作，他認為這是自己的身分所應該作的事，才不會懷疑人家是否要害他，因為他當時的身分就只適合作那個工作。但是去找他來作這工作的時候，也不能嚇壞他，所以得要穿著朽敝衣的人去講。你如果叫一個穿著很光鮮亮麗的人去講，他又會害怕了；也就是要跟他同事，才有辦法攝受他。所以，你如果去到某一個道場，那個道場是很世俗的，你就穿世俗一點去，要跟他們同事，才會讓他們認同你；你如果去到那邊，一副悟者的模樣，他們一看就嚇死了：「喔！我不敢跟他講話。」先拒你於三千里之外了，根本沒心思與你談話，所以你要調柔下來跟他一樣。這就是說攝受眾生，你必須要以同事的心態，讓他們認同你；如果他們不認同你，你就沒有辦法攝受他們。

所以，大富長者指派這二個人，「形色憔悴無威德者」去跟那個走失的兒子講話。但即使如此，講話時都還不可以頤指氣使，還得要徐緩，得要輕聲細語，好像有一點虛虛的樣子：求你來跟我們工作。要這樣子，不能夠高調地說：「我需要人了，你來啊！」這樣的口氣又會嚇著他了。對眾生就是這樣啊！所以你如果度人家來正覺學法，你說：「你來就對了，來了一定可以開悟啦！」他都會怕死了。你要告訴他說：「你好好來學，五年後、十年後，也許你可以開悟。」他一想：「這還差不多啦！」所以你不能夠講得太有把握。

眞的啊！開悟這回事也眞的很難啊！我們是因爲入泥入水來爲大家，否則哪有人這麼容易開悟的？想想古時的禪宗祖師們穿破多少草鞋，喝掉多少漿水錢，行腳二十年，那是江西、湖南來來去去跑了多少回啊！這才眞的叫作「走江湖」，「走江湖」的話就是這麼來的；就這樣江西、湖南或許是嶺南、嶺北也來來去去，二十幾年後才終於開悟。「來正覺悟得那麼快，五年就能開悟？喔！那一定是騙我的。」一定會這樣想，因爲他心裡面想的是說：「哪有可能？人家大法師、大居士都沒辦法了，我哪有可能？」他會這樣想。

所以應該要以這樣的方便去誘引他，但是也可以告訴他：「這是一方大福田，你來種福田，實證佛法會特別快。」也許他一想：「種福田，這個好啊！開悟，我不行啊！」也許他想的是福田，那就有機會讓他進來。進來修學以後，有一天他會想：「你要我去學，我有什麼利益？我去種福田，我將來會有什麼利益？」你說：「你一定可以得生極樂，一心不亂的念佛功夫，淨念相繼都攝六根，你可以有這個功夫啊！」這就譬喻說：你給他一倍的價錢一樣。他想：「這一家正覺雇我一倍價錢，可以啊！」他就來了，不是嗎？就是這樣嘛！你要施設方便。所以這個大富長者施設這個方便，當然料定這個窮子一定會依照他的方便施設，一步一步回歸他的家裡，將來便可以繼承廣大家業了。那麼，過程如何呢？且看下文：

經文：【「爾時窮子先取其價，尋與除糞。其父見子，愍而怪之。又以他日，於窗牖中遙見子身羸瘦憔悴，糞土塵坌污穢不淨。即脫瓔珞、細軟上服、嚴飾之具，更著粗弊垢膩之衣，塵土坌身，右手執持除糞之器，狀有所畏；語諸作人：『汝等勤作，勿得懈息。』以方便故得近其子。後復告言：『咄！男子！汝常此作，勿復餘去，當加汝價。諸有所須盆器米麵鹽醋之屬，莫自疑難；亦有老弊使人，須者相給，好自安意。我如汝父，勿復憂慮。所以者何？我年老大，而汝少壯，汝常作時無有欺怠瞋恨怨言，都不見汝有此諸惡，如餘作人。自今已後，如所生子。』即時長者更與作字，名之爲兒。爾時窮子雖欣此遇，猶故自謂客作賤人；由是之故，於二十年中常令除糞。過是已後心相體信，入出無難，然其所止猶在本處。」】

語譯：【「這時候，這個窮子就先取了一倍的工資，立刻就來到長者家裡後院除糞。他的父親看見這個窮子，覺得既憐愍而又真的覺得好奇怪，好好的一個家他不要，偏要去這樣流浪。過了一段時間，大富長者在窗户的縫隙中遠遠看見這個窮子身體衰弱而且又乾瘦，看起來很憔悴的樣子，並且又因爲身上像糞便塵土撒滿了一樣，而且又是汙穢而不乾淨。大富長者就希望能夠進一步再幫助他，於是把身上的瓔珞以及那一些細軟的上服，也就是把身上非常好的衣服脫下來，也不再佩帶任何莊嚴的各種飾物，然後換穿了粗糙的而且有一點破舊的，已經有一點油髒的衣服，特地再弄了一些塵土撒在身上，然後右手拿了除糞的器具，裝作不是很自在的樣子；但是暗地裡卻又告訴那一些下人們說：『你們要好好繼續工作，不要看著我，不要懈怠。』就以這樣的方便法，靠近他的兒子而不會驚嚇到窮子。

然後大富長者接著告訴這個窮子說：『喂！你這個男人！你要好好在這裡工作，以後不要再到別的地方去了，我會再增加你的工錢。你如果家裡有須要鍋碗瓢盆米麵鹽醋一類生活的用品，都不要擔心什麼，來我這裡拿，一定都有，不必自己疑心著種種困難；你如果身體不舒服的時候，我們這裡也有老人家，有什麼須要的話，你就跟他們要，他們都會給你，你要好好地把自己的心安定下來。其實我就像你的父親一樣，你以後都不要再憂慮什麼事情。爲什麼呢？因爲我年紀已經大了，也沒有孩子；你這麼少壯，我看你在這裡工作的時候，不論什麼時候都沒有欺騙之心，也沒有懈怠，從來都沒有生氣怨恨的言語，我都不曾看見你有這一些不好的惡事像別人那樣，所以你最好。那麼從今天以後，你就如同我親生的兒子一樣。』

這樣交代完了，大富長者又施設一個方便：『我再給你一個新的名字，你以前的名字就不要再用了，你的名字就叫作兒子。』這時窮子雖然很高興遇到這麼一個長者對自己這麼好，可是他仍然不敢想像自己就是那個大富長者假扮老人的兒子，他覺得有這麼一個人可以依止就很好了，所以他仍然認爲自己只是一個被人家聘請進來作這種下賤事情的人；由於這個緣故，二十年之中，大富長者都繼續叫他『兒子』，讓他繼續去挑糞。這樣子經過二十年以後，他與大富長者扮演的老人之間，心中已經互相體貼信任了，在大富長者家中進出時都沒有什麼爲難之處，但他依舊住在外面原來很簡陋的地方。】

講義：經過了二十年了，他心裡面對大富長者所扮演的老人，心中已經沒有恐懼，也認定那個人是他所應該依止的人。當然他那時還不曉得那個老人就是大富長者，但他已經認定那個人是可以終生依靠的人，所以這時對長者都沒有恐懼了，因此在這大富長者家就輕易地進進出出，不再覺得有什麼爲難的地方；可是他仍然不敢相認長者所扮演的老人爲父親，他也仍然繼續住在外面他自己棲身的簡陋地方。

諸位看看，這個長者多麼有方便善巧。他交代二個使人，把一倍的工資先付給他。這就是說，讓他先得到了一倍的工資以後，心想：「這個地方不應該離去，離去了多麼可惜；因爲到了別的地方，可能甚至連工作都找不到，這裡竟然有加倍的工資。」所以他就因爲這樣而留下來。既然拿了錢，當然要馬上去跟人家工作了，這就是長者的方便善巧。接著大富長者要繼續讓他的心量擴大，當然首先是要讓他覺得有一個可以依靠的人。如果他老是覺得說：「這裡是個陌生的地方，跟我無親無故，雖然工資好，但隨時可能會讓我走人。那麼工資好，我如果積夠了錢，我自己也要走；因爲這裡沒有我的親人，大家跟我都非親非故，沒有什麼情感可說。」所以還得要讓他覺得有人可以依靠，這就是長者第二個方便善巧。

所以大富長者故意把瓔珞、細軟上服、嚴飾之具都脫下來，故意換穿「粗弊垢膩之衣」，還弄了一些塵土在衣服上，看起來就好像一直在工作，所以作得很髒的模樣；並且還去拿了一個除糞之器（當然它不可能是沾了糞的），可是他拿了同樣的工具，還要裝作是一個下人的模樣（不可以說「我是長者主人」，那他這些裝扮就沒有用了），所以窮子就會認同大富長者所扮演的老人；然後還要裝作有一點畏縮的樣子，因爲下人總是有一點畏縮；下人總不會一天到晚在主人家裡吆喝著，如果會大聲吆喝的人，那是誰？那只有主人；除了主人沒有別人，所以他還要裝作「狀有所畏」的樣子。

但是又怕那一些下人透漏了訊息，得要先防著。如果他一來了，大家都對他問安：「長者！您好！」「主人！您好。」那就曝光了！所以要先告訴他們：「你們繼續工作，都不要休息，不要理會我。我來了，你們當作沒看見。」要這樣子才有辦法靠近他那個孩子。但是大富長者想要讓他覺得有所依靠而願意留下來，所以告訴他：「你要永遠都在這裡作下去，不要再到別的地方去。」要告訴他這樣，否則他可能又會離開了。甚至會在什麼時候離開，他也不會來跟大富長者講；因爲覺得非親非故，二人之間沒有任何關係，所以他可能會私自離開。這時既然要讓他留下來，就得要有誘因，就說：「我會繼續幫你加薪啦！」就是「當加汝價」，只要可以繼續加薪，他就會覺得有可以留下來的理由，因爲生活會愈來愈好。並且還要讓他覺得是家人一樣，就告訴他：「你若是須要鍋碗瓢盆鹽醋米麵，這裡全部都有，你只要有所需，這裡有一位老人家都可以供給你，自然都會給你；你對這些事情都不要遲疑，也不要覺得有什麼爲難的地方。」換句話說，他當然要先安排一位老人，如果須要什麼就隨時都給他，都不要問理由，立刻就給他。意思也是說：「如果生病了，當然也要有依靠，我們這裡很多人，老人家很有照顧病患的經驗，他們都會照顧你，所以你要在這裡安住下來。」這就是讓他有家的感覺。

所以度了學人來到講堂，你不要說才剛來學一、二個月，就指派他們作各種義工說：「你來作什麼義工，你去作什麼義工。」那會嚇死他們，對不對？先不要讓他們作什麼，因爲要先讓他們瞭解這裡到底是不是他的學法之家。等他們覺得這裡眞的是他學法之家以後，然後他願意爲這個家作事，你再給他們作事。所以不要頤指氣使，對才剛來二、三個月的學人說：「你這個也不作，那個也不作，你爲何這麼笨，你都不會種福田。」你這麼一罵，他想：「這又不是我的家，幹嘛要我作？」因爲他還沒有眞的安下心來認定這是他學法之家，所以先要給他一段認識的時間。這就是互相觀察，老師們、助教們、義工們要觀察這些新進的學員；新學員們也要觀察這個道場的門風到底如何：是不是今天說我們正覺講堂要裝修，沒錢；明天說我們常住很缺錢，什麼都買不起。是不是這樣？他們也要觀察，對不對？所有道場都是這樣嘛！對不對？當然都要互相觀察。

同樣的道理，大富長者施設這個方便，他就冒充了一個下人身分出來，然後告訴他說：「如果有什麼需要，你就來找我；當你要找我的時候，也許我剛好不在，你就先找某一位老人家，可以供給你各種所需物品。如果他沒辦法給你，他就會來找我我想辦法。」這樣子讓他覺得這是他可以安住下來的一個家，覺得有個親人可以依靠而安止下來。所以進一步就說：「我就像你的父親，你不要憂愁什麼，我都會照顧你。」這就是說，要讓這個窮子心中覺得有一個依靠。心中有這個依靠的時候，有了情分，他就捨不得離開；因爲這裡至少有依靠，有個把自己當兒子看待的人。可是到了外面，都是陌生人。而且這裡要什麼有什麼，工資又會不斷地調升。喔！有這麼好的事情，當然無處找，他就有一個誘因可以長期留下來。一定要他留下來，你才能夠繼續讓他心量愈來愈廣大，將來才能夠承繼這個家業。

所以對禪淨班裡剛來的學員，可不要說：「**你們不趕快用功，二年半到了，要怎麼開悟？**」那你可能要嚇死他了！有的人就是因為有這樣的壓力，因此不敢留下來，禪淨班上完了就離去；所以我們一定要廣設進階班，原因就在這裡。因為有的人想：「**我不要急著開悟，我開悟的條件還不夠，不可能開悟的。**」還有許多人說：「**我這個禪淨班要再重讀一遍。**」我們也接受。都接受啊！所以有許多人在禪淨班是上過二回的，然後才轉去進階班。他們進了進階班，也從來不報名禪三；也有這樣的人，直到學了六、七年才報名。他們覺得說：「**我學到現在，實證的因緣成熟了。**」才報名。像這樣也很好啊！

所以不要逼著人家說：「**來正覺了，你就是要開悟啊！你如果修學幾年還沒有開悟，那你可就見不得人啊！**」那你是要逼死他了！（大眾笑…）如果沒有開悟都見不得人，那些大山頭的和尚們都應該要死了！（大眾笑…）

都該死了，對不對？本來就如此啊！開悟從來都是少數人的事，不是大多數人的事。所以你不要逼迫他，讓他漸次修學，等到悟緣成熟了，然後才悟，這樣最好。所以你如果吃香蕉，要像我們在台灣吃，比去日本吃要好；因爲日本的香蕉是在這裡尚未成熟，就先摘下來放在箱子裡面悶到日本才熟的，而我們這裡吃的便叫作「在欉黃」（台語），是在香蕉樹上成熟才摘下來的，當然最好吃。所以你要讓他因緣熟了，那時水到渠成，這樣來開悟，他的功德是最好的，早計成熟總是不好的。

所以，長者就是這樣子設計：先讓他留下來。不要急著把它摘下來，先讓它留在樹上一段時間，讓它慢慢成熟；等過一段時日，熟到透了，那時輕輕一摘，它就下來了，都還用不著剪刀，這樣是最好吃的。所以大富長者就用這樣的方式，讓窮子覺得這裡有人可以給他依靠，這就是要等待緣熟。所以長者又說：「我年老大，而汝少壯，」意思是說：「你可以當我的兒子，從今天以後，咱們就這樣相認：我當父親，你當兒子吧！」這就是預先埋下伏筆，讓他覺得說：「至少有個人可以給我叫作父親，而他叫我作兒子。」縱使不是親生的，叫久了也就親了，對不對？是啊！你如果跟人家相認了，可是永遠都不叫，那永遠就覺得生分；可是這個義父義子叫久了以後，情分就深了，大富長者當然要這樣來作。也就是從完全不相識的地位，從窮子的地位設想來作，意思是告訴他說：「有這麼多的好處，你只要留下來，好處多多；而且我可以讓你依靠，我當你的父親，你當我的兒子好了。」

然後再施設第三個方便：「我另外為你取個名字，你的名字就叫『兒子』，我以後就叫你『兒子』。」這個眞是大善巧。眞的是大善巧！就這樣子給他新的名字，以後都公開叫他「兒子」，讓他安住下來，讓他漸漸在心中確認自己是長者的兒子，他就不會走了。然後薪資每到一段時間就為他提升，他覺得日子愈來愈好過，就越發捨不得走了。而且有這麼一個人可以給他依靠，這個人的名字叫作父親，自己的名字叫作兒子。哎呀！多棒！太好了，所以這個窮子就這樣一直留下來。雖然如此，但他的心量很小，始終不曾想像說自己是大富長者的兒子，他只知道自己跟那個大富長者裝扮出來的那一個作下賤工作的人是父子相稱，他只知道這一點。由於這個緣故，他就留下來不走。二十年中，大富長者都暗地裡叫他繼續挑糞。這二十年中，當然會有一些過程，但總之，他就是留下來了。

這樣經過二十年以後，大富長者化裝的這個人跟這個兒子就已經很熟識了，因爲他有時候會來看他，雙方就很熟識了。很熟識以後，他在大富長者家進進出出的，就不覺得說有什麼困難。以前會覺得恐懼：「搞不好大富長者什麼時候又要捉我。」他現在覺得沒有什麼恐懼、沒有什麼爲難，可是仍然不敢想像說：自己會是大富長者的兒子，所以他仍然是繼續住在原來外面簡陋的地方。

這是在譬喻什麼呢？這就是說，你要有讓人家留下來的誘因。當人家進了正法的道場以後，爲什麼要留下來，一定要有一個原因；當他有了這個原因，就願意留下來。原因可以有很多種，其實我們以前也規劃過，希望有一個比較大的場所，可以讓人家來正覺道場持名唸佛，因爲有許多會外的老菩薩們想：「我要求證三乘菩提是不可能的，但我想要求生極樂世界，希望可以一心不亂、淨念相繼，往生極樂世界就有把握了。」可是他們沒辦法淨念相繼，而他們唯一的願就是這樣。我們本來規劃著，希望有一個地方可以讓老菩薩們每週都來唸佛，然後繞佛唸佛，也有老師爲他們開示淨念相繼的方法，讓他們可以安住下來。因爲有許多人說：「我不想在那一些法義不對的道場安住，你們正覺是正法道場，可是我又不可能開悟，我也不想求開悟，我只想安住在正法道場中，希望念佛可以一心不亂，你們爲什麼不能開個念佛班？」但我們就是沒有地方，因爲那場所要大，而且還不能打擾了鄰居。

我們如果開念佛班，要教人家怎麼樣一面念佛號、同時要能夠一面淨念相繼；這個功夫如果一個學會了，就會一傳十，十傳百，來唸佛的人將會很多，我們到哪裡去找地方？沒地方。可是我們其實有這個心，不是沒有這個心。因爲有的人想要留在正法道場中，他已經知道很多道場的法義都是錯誤的，也都是六識論的謗法者，不然就是大妄語，不然就是廣修雙身法的邪法，他們不想留在那邊，所以他們離開了；但是現在只好自己在家裡唸佛，可是又沒有人指導怎麼樣可以一心不亂。因此我們希望有這樣一個地方可以幫忙會外的許多老菩薩們，可是目前就沒有這麼一個場所可以用。

我們現在開禪淨班時，場所都覺得吃緊，所以才不得不去租了二樓使用，因爲場所眞的很吃緊。因此如何讓這些唸佛的老人家可以安住，目前還辦不到；我們雖然不是愧對他們，但是心裡面就會有一點不安，希望以後還是有機會可以幫助他們；因爲他們想要安住於正法中，只想要得到絕對把握可以往生極樂世界，我們若是有能力時，應該滿他們的願。菩薩所爲不就是如此嗎？但是我們目前作不到，因爲房價太貴了，而那個場所得要很大。但是我們對於已入正覺而沒有急著求悟的同修們，要如何施設方便？目前所能施設的方便就是進階班。有的人想：「我根本不想求開悟，但是我要熏習正法，我不想在那些錯誤的道場繼續待下去。」所以我們也有進階班。這個進階班，你想要待三十年也行，都沒有人會催你開悟、趕你走，你可以很自在地安住在進階班裡學法。我們進階班的課程也很不錯啊！同樣很深妙，所以這也是我們的方便施設，但我們希望能夠照顧更多的人；尤其是很多老菩薩們，他們眞的是沒有辦法證悟，但是他們在念佛方面，我們可以怎樣照顧他們？這當然以後看有沒有因緣再說，目前是沒有這個因緣（編案：這是2010年所說，此書出版時已開設念佛班了）。但是我們要效法大富長者，因爲我們一定要對所有學人都有悲心；而我們能夠怎樣利樂他們，這就要施設種種方便。

今天講《法華經》，要從五十五頁第二段開始：

經文：【「世尊！爾時長者有疾，自知將死不久。語窮子言：『我今多有金

銀珍寶，倉庫盈溢，其中多少、所應取與，汝悉知之；我心如是，當體此意。所以者何？今我與汝便爲不異，宜加用心無令漏失。』爾時窮子即受教敕，領知眾物金銀珍寶及諸庫藏，而無悕取一餐之意；然其所止故在本處，下劣之心亦未能捨。復經少時，父知子意漸已通泰，成就大志，自鄙先心。臨欲終時，而命其子并會親族、國王、大臣、剎利、居士，皆悉已集，即自宣言：『諸君當知！此是我子，我之所生。於某城中捨吾逃走，伶俜辛苦五十餘年；其本字某，我名某甲，昔在本城懷憂推覓，忽於此間遇會得之。此實我子，我實其父，今我所有一切財物，皆是子有，先所出內，是子所知。』」】

語譯：【「世尊！這時大富長者因爲身上已經有疾病了，很清楚知道自己將會死亡，而且繼續存活的時間不會很長久。於是就向這個貧窮的兒子說：『我如今擁有很多的金銀珍寶，在倉庫裡面已經放滿，幾乎要放不下了，而其中所有的金銀珍寶究竟有多少，哪一些應該收取進來的，哪一些應該要給與別人的，你全部都知道了；那麼我心裡面是這樣想的，你應該要體會我心中的想法。爲什麼呢？如今我跟你的關係其實是沒有什麼間隔或差異的，所以你對於這一些金銀珍寶等等，應該要在這上面特別用心，不要有哪一些漏失或忘記而不知道。』

此時這貧窮的兒子就聽受他的教誨以及命令，開始參與大富長者倉庫裡面究竟有多少金銀珍寶以及究竟有幾個倉庫，都已經深入去瞭解也都清楚了；可是他心中仍然沒有想要在大富長者家多取得一點點的財物，乃至可以多吃一餐的財物，他都不曾起過念頭想要多取；所以他仍然住在本來所住的地方，心中依舊認爲自己是個貧窮人，那個微小的心量還沒有捨棄。

就這樣子又經過一段時間，他已經漸漸習慣廣有錢財的日子了，大富長者這個父親，知道他的兒子心意已經漸漸開通而比較自在於金銀珍寶充滿的環境，知道這兒子心裡面已經成就了大志向；這兒子的心量變大了，志向也變大了，覺得以前自己老是喜歡住於貧窮境界中，那個心量實在是太差了。

大富長者知道他心中的想法以後，到了快要捨命之前，命令他的兒子去知會所有的親族，並且去邀請國王、大臣、貴族和居士們，邀請他們都來到大富長者家中。這時大富長者就自己當眾宣告說：『各位都應當要知道啊！這就是我的兒子，其實是我所生的。他以前小時候在某城中捨棄了我而逃走了，所以窮困而且辛苦伶仃，一個人度過了五十餘年；他本來的名字叫作某某，我本來的名字又叫作某某；以前我在本城懷著憂愁四處尋覓時，忽然之間不期而遇，就在這個城中相遇而得回這個兒子了。這個人眞實是我的兒子，我眞實是他的父親，如今我所有的一切財物都歸他所有，而我幾個倉庫內的所有金銀珍寶，應送出去的、應納進來的，他也都是很清楚的。』」

講義：這一段經文是說，長者以方便施設而讓窮子回到他家裡作除糞的事情，然後漸漸讓他進入內庭，更換其他不下賤的工作給他作，一步一步慢慢地來轉變他；到後來，長者見他的時候當然就不必再穿粗惡弊垢之衣了，漸漸地讓他知道原來以前穿弊垢衣來認作父子的人就是大富長者。最後，因爲年老捨壽前有病生起了，知道這個病將會使他死亡，而且捨報的時間已經不很久了。所以他得要有進一步的行動，來促發這個窮子的心量加快提升，就告訴這個貧窮的兒子說：「我如今有很多的金銀珍寶，庫藏裡面幾乎都放不下了，」便吩咐他說：「這裡面有多少金銀珍寶，哪一些是應該交給別人的，哪一些要從別人那裡收進來存放的，你都應該要知道。」

因爲以前就已經開始讓窮子作這部分的工作，可是這個窮子心量小，從來沒有想過那些寶物錢財會是自己的，所以他根本就不記在心中，當大富長者交代說：「你這個拿進去放在哪裡。」他就拿進去放在哪裡。「裡面有什麼東西，哪一樣你拿出來。」他就去拿出來，別的他根本就不管，從來不想理解寶庫裡到底有哪些珍寶，總共多少都不瞭解。現在長者叫他要記住：「你要把每一樣財寶都弄清楚，」所以長者乾脆告訴他說：「我心裡面想的，就是你要來好好管理我這一些金銀珍寶，你應當瞭解我眞正的意思。」換句話說，那些所有的財產就是全部要由他來掌管。

當然，長者這樣作，窮子一定會懷疑說：「爲什麼對我這麼好？」所以大富長者得要告訴他，而且一定要有好的理由，不然就會懷疑爲何對他特別好，所以告訴他說：「如今你跟我其實就是父子，跟眞的父子沒兩樣。」先讓他建立這樣一個觀念說：「我跟長者就是父子，我是長者的兒子，長者也眞的把我當作兒子，沒有異心。」讓他先習慣。以前不是也施設了個方便，給他一個名字叫作「兒子」嗎？長者每天都叫他「兒子」，然後這兒子每天見了大富長者就得要叫他「父親」，都已經叫慣了；現在金銀珍寶也都全部要交給他掌管，這時當然是父子之間沒有什麼距離、沒有什麼差異了，本來就是自己人，所以吩咐他「宜加用心無令漏失」。

這個窮子這時聽到大富長者這樣訓示、這樣教誨，他想：「我既然叫作『兒子』，長者既然叫作『父親』；這個認來的父親也眞的把我當作兒子，那我就盡心盡力去管理父親的這一些財產。」所以他就一一去認知、一一去瞭解：哪一些是應該存放著不動，永遠歸自家所有，哪一些是應該送去交給什麼人，還有哪一些是應該要收進來存放的，他就全部都知道了。可是他仍然沒有貪心，所以說心性還算不錯。豈止不錯？簡直太好了。爲什麼呢？他一點點貪心都沒有，從來沒有想過說：「這一些珍寶，我把它拿一個回家。」他從來沒想過，心中連多取一餐之財都不曾生起過，所以他眞的連一點點貪都沒有。

這時的心境是譬喻什麼呢？譬如阿羅漢們雖然已經證得阿羅漢果了，佛陀也宣講了般若，他們也跟著聽聞，可是他們都沒有想說：「我在般若實相上面要怎麼親證。」後來親證了，他們有沒有這樣想說：「我親證了以後，已經知道實相了，我是不是佛陀眞正的兒子？是否應該像菩薩那樣一世又一世行道？」還沒有，都沒有想過。即使說「下一世再來行道然後就入涅槃」，這樣的想法也不曾有過，反正這一世死了就是要入無餘涅槃。

「無悕取一餐之意」，一餐是譬喻什麼意思？一餐，就等於是下一世再來行一世的菩薩道，從佛法中再多學一點法，然後入涅槃，這就是「悕取一餐之意」。連這個心都沒有，根本就沒有想要多證佛菩提。所以當年的阿羅漢們好像窮子一般：「然其所止故在本處，下劣之心亦未能捨。」這個窮子雖然已經「典知庫藏」，不但沒有想要把所有庫藏都據爲己有，乃至連其中的一種去把它取回家的念頭都不曾有過，所以他仍然是把整個庫藏的工作都盤點完成，弄清楚了，依舊回到外面簡陋的家中去住宿，都沒有想說：「已經這麼晚了，我就留在這裡晚餐，吃完了晚飯再回去休息。」他都沒有這個想法，還是回他的家裡去吃他的晚餐，所以說「所止故在本處」，他根本沒有想說：「我要眞的當長者的兒子。」

當年的大阿羅漢們就是這樣子，沒有眞的敢去想說：「我要當佛陀的眞正兒子。」他們想的就是：「我捨報了就入涅槃了，佛陀雖然有那麼多法上的珍寶，我並沒有想要，因爲那是菩薩們才應該得的，跟我無關。」所以仍然是有下劣之心；「然其所止故在本處」，住在什麼地方呢？在阿羅漢處——還住在阿羅漢的心境裡面，所以他們還不肯發起永遠行菩薩道的心性，不願意發願生生世世留在人間繼續弘揚佛菩提的增上意樂，不曾想要得到 如來的全部不可思議解脫與智慧，因此說他們「下劣之心亦未能捨」。大迦葉這麼說，就是在罵之前的自己，就是等於向 佛表白：「我們眞是愧於見佛。」

然後再回到經文中這個故事來說，大富長者讓他經管所有庫藏金銀珍寶，已經又過了一段時間，可能是幾個月後了吧！那大富長者觀察這個孩子已經漸漸通泰了，譬如進了庫藏的時候，有時候把這個珍寶摸一摸、玩一玩再放回去，他對這些珍寶已有喜樂之心了，而且他漸漸弄清楚這是什麼寶物；對於各個珍寶的價格、稀有性等等，他也都弄清楚了，心裡開始喜歡這些珍寶了；因爲他有時候會拿起來玩一玩、看一看，然後再放回去。這表示說，他對於擁有這些金銀珍寶的心已經生起了，也有些習慣這些珍寶的存在，生起一絲想要擁有的心了。所以大富長者暗地裡觀察以後，就知道這個窮子現在不是窮人心了，心量變大了、不再下劣了；知道他現在心量大了，開始覺得以前老是以窮子自居的心態不好。也許是曾經在長者面前自責過，所以長者知道現在是把這一些財產交給他的時候了。

因此大富長者到了即將命終時，命令他的兒子把所有的親族、大臣、貴族、居士、連同國王都邀請來。這譬喻什麼？這就是說，佛陀對這些大阿羅漢們一面演說般若，一面以教外別傳方式幫他們證得般若，同時講了二十二年實相般若，然後又演講方廣唯識諸經，有時又講十方世界諸佛如何、十方世界諸菩薩如何，然後交代大阿羅漢們說：「這一些你們也得要留意，不要老是漫不經心。」因此這些大阿羅漢們就有在留意了。當他們開始留意了，佛陀也有更多機鋒施設，配合更深入講解實相般若，漸漸地讓他們瞭解：「原來這些眞的是珍寶。」最後大阿羅漢們心裡面開始歡喜說：「我如果能夠擁有這些珍寶，其實也不錯。」依舊是想「其實也不錯」，還不是當作眞的不錯。他們是這樣想的，因爲他們不敢想像自己眞的可以擁有 如來的法寶，但是已經對佛菩提道中的各種法寶，心中生起愛樂了。

這就表示說，大家都已經有志於菩薩道了。這就是熏習的過程，般若期以及方廣唯識期，這樣熏習、聽講完成了，就是讓大阿羅漢們去瞭解 佛陀幾個倉庫裡面所有的珍寶。讓他們瞭解這些法寶的珍貴與功德，然後大阿羅漢們的心量漸漸大了，敢當菩薩摩訶薩了。這時 佛陀當然就可以把所有的大菩薩們全都召集過來；例如妙覺菩薩，那不就是譬喻國王嗎？那麼十地、九地、八地菩薩們，不就是譬喻大臣嗎？初地到七地，不就是譬喻貴族嗎？就是佛菩提中的貴族。還有許多的居士，譬喻三賢位之中的菩薩們，就以這樣的譬喻，全都邀請來集會一處。

然後大富長者就說：「諸君當知！此是我子，我之所生。」請問這是譬喻什麼？就是向菩薩們宣告：「這些大阿羅漢們其實就是我的兒子，都是我所親生的。」因爲這些大阿羅漢們都是佛口化生。他們能成爲大阿羅漢，完全是因爲 世尊以金口說法，這些大阿羅漢們才能成爲大阿羅漢。可是這些大阿羅漢們當時心量還小，猶如火宅中貪玩而不肯修忍辱行的孩子，所以有時候心都跑掉了，都不在如來家中。心不在如來家中，就是「捨父逃逝」，然後就這樣子很曲折地被 佛陀找了回來。被找回來就是說他們跟在 佛陀身邊了，於是 佛陀就有實相般若的教化，以及教外別傳的機鋒幫助他們開悟。這事情，我們在《金剛經宗通》《實相經宗通》也講過許多了，這裡就不重複。這樣子等於是回到如來家中，因爲他們已經找到本來面目了，就是回歸如來家鄉；親見了本地風光，就等於是與父親相遇了，但父子之間還無法立即相認。

接著般若期、方廣唯識期不斷地說法，教導他們要留心佛法中的珍寶。然後再讓大阿羅漢們覺得自己與　佛陀之間眞的情同父子，所以　佛爲菩薩們說法的時候，並沒有限制說「你們阿羅漢不許聽」。都沒有啊！佛陀從來沒有限制過，這是表示說：「你們與我情同父子，我家裡有些什麼法寶，你都可以來瞭解，你們也應該要一一記住。」這就是把佛菩提道中所有的財寶交給他們掌管，猶如長者把庫藏全都交給尚未正式相認的窮子掌管。其餘的大菩薩們是自己全都有了，但這些大阿羅漢們都還沒有正式擁有，所以要這樣吩咐，讓他們來掌管。

當大阿羅漢們全都習慣了菩薩的妙法珍寶，後來心裡面就想：「我們什麼時候也可以成爲菩薩？」也就是成爲佛的兒子，「可是佛陀都沒有講話，總不能自己冒然去要求相認說：『您是不是我的親生老爸？』」眞的不能這樣啊！得要　佛陀願意主動承認才行。當他們心量變大以後想當菩薩了，結果卻在那邊等待，一直等不到。如今終於等到了，所以《法華經》的開講，就等於把佛法中的所有親族、國王、大臣、剎利、居士都邀集來，因此所有的菩薩們都要到場聽講《法華經》。不但如此，還會有他方世界的佛、菩薩來作證。

這意思就是在告訴大眾說：「這孩子本來就是我所生的，在某城中捨吾逃走，伶俜辛苦五十餘年；他本來是什麼名字，我大富長者又是什麼名字，以前找到本城來也是找不到他；現在忽然間遇見了，其實本來就是我兒子，我本來就是他的父親，所以我所有的財物，現在都歸他所有；以前我好多倉庫裡面的金銀珍寶，出出進進的內容他也都知道。」這就是向所有菩薩們宣告：「其實這些大阿羅漢們過去很多劫以來，就跟著我釋迦牟尼一直在學法了，可是他們逃走而離開我很多劫了，我尋找他們而來到這個娑婆世界，現在忽然又給我遇上了，終於又把他們找回來；可是他們不敢認我，我也不能一時就認他們，所以施設了各種方便而讓他們一步一步走入佛菩提道中。現在他們的心量大了，而我釋迦牟尼也該離開這個地方，要到別的地方再去度眾生，所以這個地方的所有法寶全都交給這些大阿羅漢兒子們。」意思就是這樣。

所以，如同我以前所講的，大菩薩們都是陪著 佛陀來這個地球演一場戲，演戲的目的就是要把失落的那些孩子們一個一個找回來；找齊了以後，佛陀與這一些大菩薩們又到另一個星球去，也會把這裡找回來的孩子帶一些去，繼續去找尋過去無量劫以來所度的走失的孩子們，再把另一批佛法財寶再交給他們。

這才是 佛陀來人間示現的眞正事實，可是現代有人知道這個道理嗎？大家都把《法華經》當作佛教故事，讀一讀也就算了。其實妙覺菩薩要下生人間成佛，須要作很多事，不是每天在兜率天宮閒著看看經、說說法。不是這樣的，必須要在三千大千世界各個星球裡面去預作安排，很忙碌的。你們如果有因緣夢見或者定中看見了 彌勒菩薩來示現，你就要知道：「將來龍華三會的時候，你不是要去那裡成爲大阿羅漢，而是你在那之前早就已經入地了，已經可能到二地、三地乃至五地、七地不等，那時你是要幫助彌勒佛來度化眾生的菩薩。」要瞭解這一點，而彌勒佛同樣有許多遺失的孩子，你們就要去幫祂到各個世界去把孩子們找回來，然後配合 彌勒佛把金銀珍寶交給他們。

所以，大菩薩們只有陪著 佛來人間降生時，是有五蘊示現在人間的。佛陀示現入涅槃而去到別的小世界時，大菩薩們都要跟著去。但爲了攝受眾生，有時候也會以化身到原來的地方攝受一下；比如這些大阿羅漢們還沒有離開胎昧，或者行道過程中有什麼問題，或是有了眾生業力的問題障礙，大菩薩就來幫忙安排一下；這是幫忙 釋迦牟尼佛把已經度化過的地方，將那裡的正法幫著再延續下去，這就是諸佛身旁二位妙覺、等覺菩薩該作的事。然後到了末法一萬年滅盡以後，剩下的全都是 彌勒菩薩的事，他得要全部攝受。可是在正法、像法、末法這個時期，當來下生成佛的 彌勒菩薩還有許多事情要忙；他必須要為自己將來成佛的時候，所須要的協助弘法的菩薩們，把他們的道業提升上去，到那個時候成為可用之人，然後再幫助他去度那一些遺失的孩子們。所以到時候你們跟著 彌勒菩薩到人間來，被度的人會成為阿羅漢，而你們不是那些阿羅漢，你們那時已經是菩薩，就像是《楞伽經》中的大慧菩薩一樣。

就像這樣子，把過去佛的弘法故事，把現在 釋迦世尊弘法的故事，全都搬到未來世如法炮製；就是這樣搬過來重演一場弘法大戲，你們要瞭解這一點。所以心量要大一點，別老是小鼻子小眼睛，計較著說：「哎呀！我在同修會裡有什麼地位，沒有什麼……。」不要計較那個，那一些世俗利益就不必去討論，在法上怎樣去獲得更多的收穫，那才是最重要的。

那麼這一段譬喻講的就是這個道理，諸位瞭解以後還應該建立一個觀念：其實在整個佛菩提道成就的過程中，永遠都是一得一失。但要先聲明：我現在要講的一得一失，不要拿去套用禪宗祖師講的一得一失，因爲意義不一樣。事相的一得一失都是相對的，而且如秤兩頭，低昂相等。譬如一個天秤，右邊如果比較重而沉下去了，另一邊就蹺得比較高；這邊沉多少，那邊就蹺多少，是低昂相等。也就是說，在行菩薩道的整個過程中，看來你在世間法上是有很多的損失；可是相等的，你在法上就有很多的收穫。這是我所篤信的道理，並且是小時候還沒有學佛以前，我就知道這個道理；都沒有人教，我自己就知道。

所以小時候，遇到許多不合理的待遇時，我都會想：「我一定在什麼地方得到什麼了，只是我現在不知道。」以前小時候我就會這樣想。現在當然就很清楚知道了：原來收穫是在哪個地方。所以你看，佛教界像我這樣的人，很少啊！我們不是爲了錢財或名聞利養而出來弘法，可是你們看佛教界有哪些人是像我們這樣子？眞的不多——特別是有實證的人。沒有實證的人，心裡面虛虛的，不太敢謀取錢財名利，也算是正常。然而眞的實證了，而且凡夫們對這個證量覺得如此高不可攀時，你還能夠這樣清淨自守，這就太少了。爲什麼呢？因爲我知道自己在法上所得到的聖財，遠比我弘法以後世俗法上失去的利益，是相對而且不等量的：不但沒有一絲一毫的減少，而且是無數倍的收穫。在世間法上付出愈多的時候，我在法上的收穫就愈多，這是互相成爲一個對比。

所以，你們要有一個廣大的心量說：將來 彌勒菩薩來人間成佛時，是五億七千六百萬年後（我們現在把這個時間確定下來了，是五億七千六百萬年），那時你是要當 彌勒佛座下的菩薩，不是要去成爲那時被度的阿羅漢。要有這個心量。當你們有了這個心量，然後來作三種布施而看待因此發生的世俗法上的損失，你就不會把損失放在心頭了。言歸正傳，長者這樣子交代說：「這一些財產都歸我這個兒子所有。」這兒子的反應又是如何？且聽下文分解：

經文：【「世尊！是時窮子聞父此言，即大歡喜，得未曾有，而作是念：『我

本無心有所希求，今此寶藏自然而至。』世尊！大富長者則是如來，我等皆似佛子，如來常說我等爲子。世尊！我等以三苦故，於生死中受諸熱惱，迷惑無知樂著小法。今日世尊令我等思惟，蠲除諸法戲論之糞，我等於中勤加精進，得至涅槃一日之價。既得此已，心大歡喜，自以爲足，便自謂言：『於佛法中勤精進故，所得弘多。』然世尊先知我等心著弊欲，樂於小法；便見縱捨，不爲分別：『汝等當有如來知見寶藏之分。』世尊以方便力說如來智慧，我等從佛得涅槃一日之價，以爲大得，於此大乘無有志求。我等又因如來智慧，爲諸菩薩開示演說，而自於此無有志願。所以者何？佛知我等心樂小法，以方便力隨我等說，而我等不知眞是佛子。今我等方知世尊於佛智慧無所吝惜，所以者何？我等昔來眞是佛子而但樂小法，若我等有樂大之心，佛則爲我說大乘法。於此經中唯說一乘，而昔於菩薩前毀呰聲聞樂小法者，然佛實以大乘教化。是故我等說：『本無心有所悕求，今法王大寶自然而至。』如佛子所應得者皆已得之。」】

語譯：【「世尊！這時候這貧窮的兒子聽聞到父親這樣子說明，心裡面就非常地歡喜，從來不曾有過這樣的歡喜，心中這樣想：『我本來並沒有生起一個心思，對大富長者所有的財寶有所希望或者求覓，而如今這些寶藏自然而然就來到我手裡了。』世尊！那位大富長者就是如來您，而我們這些大阿羅漢們其實都好像是佛陀的兒子一樣，因爲如來常常都說我們是您的兒子。世尊！我們這些大阿羅漢們就是因爲有三種苦的緣故，所以在生死中受到了種種的煩熱憂惱，而我們竟然這麼迷惑、沒有智慧，總是喜歡貪著於聲聞解脫道小法。今天世尊讓我們這些人好好在世尊的這些寶藏之中去思惟，讓我們蠲除了種種法中戲論的糞穢，而我們在這裡面勤加精進的結果，終於可以獲得二乘涅槃——等於窮子『除糞二十年的價錢卻只是菩薩們的一日之價』。

既然得到了這二乘涅槃『除糞二十年的價錢只是菩薩們的一日之價』，我們心裡面就非常非常地歡喜，自以爲這樣就是圓滿了佛道，所以我們自己這樣子說：『我們在佛法裡面很殷勤很精進的緣故，所以我們得到了好多的佛法。』然而世尊以前早就知道我們這些大阿羅漢們心裡面只是貪著這一些粗弊的法義，愛樂於聲聞緣覺等解脫道小法；所以便暫時讓我們這樣安住下來，而不爲我們分別說：『你們這些大阿羅漢們將來都有獲得如來知見寶藏之分。』說我們每一個人將來都有分，可以擁有如來知見寶藏，因此世尊就以方便力來爲我們宣說如來所得的智慧，我們這些大阿羅漢們追隨著佛陀，得到了聲聞緣覺涅槃的『一日之價』，自以爲大有所得，對於這個大乘妙法就不再有志向，也不想要再尋求更高的實證。

而我們這些大阿羅漢們，又因爲如來以智慧爲諸菩薩們開示演說大乘菩提深妙之法，我們雖然也在場聽聞，可是每一個人自己心中對這個如來知見的寶藏卻沒有志願，不曾想要獲取更多。爲什麼呢？是因爲佛陀知道我們這些人心中樂於聲聞緣覺小法，就以種種方便力，隨著我們心中的喜樂而爲我們次第來演說，可是我們終究不知道自己本來就眞是佛陀的兒子。

到了今天佛陀您演說《法華經》的時候，我們才知道世尊您在佛法中的智慧，以及在諸佛所知所見上的智慧，對我們一點點都沒有吝惜，都願意全部交給我們，爲何這麼說呢？因爲我們這些大阿羅漢們，從過去劫以來本來就眞是佛陀的兒子，沒想到我們卻只愛樂於聲聞解脫道等小法，如果我們當初一開始就有愛樂於大乘佛法之心，佛陀就一定會爲我們直接宣講大乘法。

如今佛陀在這一部經中只演說唯一佛乘，而以前第二轉法輪、第三轉法輪的時候，佛陀在眾菩薩面前貶抑及斥責聲聞人愛樂於聲聞小法時，其實眞正的實況，是以大乘法在教化我們這些聲聞大阿羅漢們。由於這個緣故，所以我們現在這樣說：『我們本來並沒有心思對佛陀的法寶還有別的希望或者尋求，而沒想到今天法王所有的最偉大法寶，自然而然就到了我們這些大阿羅漢們手裡。』如同其他的佛子大菩薩們所應該得到的，而我們今天也得到了。」

講義：大迦葉說：「是時窮子聞父此言，即大歡喜，得未曾有，而作是念：『我本無心有所希求，今此寶藏自然而至。』」想想看，世尊第二轉法輪時期宣講般若，不都是對須菩提、對舍利弗、對大迦葉等等人來演說嗎？而菩薩們就配合著演戲，同時在演出無生之戲。然後到了第三轉法輪時期，佛為大菩薩們演說方廣唯識的勝妙正理，其實是把 佛陀家裡的寶藏都拿出來給這些大阿羅漢們看，就是要讓他們對於佛菩提——對於 佛陀的所有法寶，心中生起愛樂。但是 佛陀這樣作了多久？大約四十九年吧？二轉法輪般若期有二十二年，後來第三轉法輪的方廣唯識期則有八年，就是大約四十九年。讓大阿羅漢們這樣子熏習，就好比大富長者讓那個窮子先挑糞二十年；長者子挑糞二十年就好比是熏習聲聞法十二年，所以在聲聞法中修學其實就比如挑糞。然後讓窮子瞭解庫藏的內容，就是讓他在庫房裡面當工人，懂得該把什麼寶物送進去存放，什麼寶物該拿出來處理，這就是第二轉法輪時的般若期。最後要窮子把所有寶物都記住，就是在方廣唯識期第三轉法輪時，深入解說一切種子的智慧，就是要大阿羅漢們對 佛陀的所有法寶全部熟悉不忘。

那麼，這些大阿羅漢們本來想：「佛陀說的般若經典法義那麼勝妙，佛陀有時候為大菩薩們說的妙法，我們都聽不懂。」所以心裡面不敢希求說，自己未來也可以得到 佛陀的這一些法寶；是後來 佛陀不斷地有教外別傳的各種機鋒幫助他們明心了，甚至於少數大阿羅漢也眼見佛性了，然後接著再把實相般若一直講下去，就是介紹大阿羅漢們一一認識法寶各自所住的法位；最後講了方廣唯識一切種智，是讓他們詳細瞭解這些法寶的功德。這些大阿羅漢們聽完以後說：「我有一些懂了，這些也不錯。」因為他們證悟了以後，懂得很多種法寶；再深入瞭解法寶的各種功德以後，就知道把玩了，所以心裡面有一些什麼珍寶，懂得玩了，漸漸地覺得說：「菩薩們所有的東西，我也想要。」可是 佛陀沒有說他們可以繼承這些極勝妙的法寶，所以不敢開口要；但是他們心中都已經喜歡菩薩們的法了，所以到最後宣講《法華經》的「第五時」，世尊就說：「你們本來就是我的孩子，我這麼多的珍貴法寶本來就是要給你們的。」這才終於心大歡喜說：「原來我們眞的是佛的兒子，原來佛眞的要給我們所有法寶。」所以這時叫作「心大歡喜」。

以前 世尊常常說：「你們都是我的兒子。」大阿羅漢們那時就相當於大富長者告訴窮子說：「你就當作我是父親，我當你是兒子。」以爲只是這樣相認的義父、義子關係，根本不知道是親生的。到了這個時候才終於知道：本來就是 佛陀眞正的兒子。所以大迦葉又稟告說：「我們這些大阿羅漢們，以前就是因爲有三苦，所以在生死中受諸熱惱。」三苦：苦苦、壞苦、行苦。可是有多少人眞的瞭解這三苦？你放眼台灣佛教界、大陸佛教界，可以檢驗看看，他們之中有誰知道這三苦？有誰在書中、開示中有如實講過？沒有！連這麼粗淺的法都沒有如實講過。

苦苦，被打了很痛很苦，生了病很苦，老了不像年輕人可以意氣風發行動如風，當然就覺得苦。這些都不必解釋，大家都知道。壞苦，就有許多人不知道了，譬如說意識會壞，他們可就不知道了，有許多大師們也都不知道，才會主張說「意識卻是不滅的」、「證得離念靈知就是開悟」。你們看，連釋印順都不知道，所以他說：意識有粗的、有細的，從粗意識中分析出來細意識，是常住不壞的。宗喀巴則是他的祖師爺，釋印順就是吃了宗喀巴的臭口水才會這麼主張，所以他們顯然都不知道意識的壞苦。因爲　世尊在《阿含經》中早就開示說，各種遠近粗細的意識：「諸所有意識，彼一切皆意、法因緣生。」世尊講到這麼白、這麼徹底，明說各種各類層次的意識，不管多粗、多細、多遠、多近的意識，譬如說過去世很遠的意識，或者很遠的未來世意識都一樣，或者現在的粗細意識，也都一樣是意法因緣生。

佛說的「諸所有意識」就已經函蓋所有的粗細遠近意識了，佛說「諸所有意識」，這樣函蓋了還不夠，怕後世眾生聽不清楚，還特地加強語氣說「彼一切」，說「彼一切皆意、法因緣生」，用「一切」再重新全部函蓋一次，等於把所有意識函蓋二次了。也就是說，「諸所有意識」是第一次函蓋所有不同狀況的意識，「彼一切」再重新函蓋一次所有意識，「皆意、法因緣生」，又用「皆」字第三次函蓋全部意識，說所有意識全都是藉意根與法塵爲助緣，而從本際如來藏中出生的；既然有生，出生以後未來則必有滅。沒想到台灣、大陸都一樣，所謂的大法師竟然還在書中公開說「意識卻是不滅的」，竟然有許多大法師公開說意識之中有一部分細心是不會壞滅的。那麼 佛陀講「諸所有意識、一切意識」，不等於白說了嗎？所以他們顯然不知道意識的壞苦，識陰的我見全都沒有斷除。這就是末法時候學佛人的悲哀啊！連大法師都弄不清楚，那你說，一般學佛人怎能弄清楚呢？所以他們連壞苦都不懂，都沒有講清楚，至於意識心存在時的行苦，當然就別提了。

還有好多禪宗的學佛人或者大法師說：「離念靈知是常住不壞的眞如。」請問：離念靈知存在的當下，縱使你住在初禪中受樂好了，那時有沒有行苦？還是有啊！等一下要不要出定？要！出定時，那個初禪之樂不就變成壞苦了嗎？除非是初禪圓滿具足實證的人，出定後住在等持位中，繼續保有樂受覺觸。所以，顯然他們根本就不知道壞苦與行苦，怪不得他們沒辦法成爲阿羅漢，所以他們不應該得阿羅漢，連初果都證不得。也活該他們不得，因爲他們連三苦都不懂，距離證初果的條件都還差很遠呢。那麼大阿羅漢們以前就是因爲三苦的緣故，對三苦無法斷除；而無法斷除的原因是什麼？是我見、我執。所以因爲這三苦的緣故，在生死中去領受種種的熱惱，心中便有煩熱苦惱而無法滅除；但是遇到了 佛陀以後仍然有所迷惑，因此對 佛陀所傳授的佛菩提種種金銀珍寶，他們不懂得愛樂，迷惑於佛菩提道而沒有一切種智的智慧，只是想趕快把三苦滅除就好，所以他們都是愛樂執著於聲聞小法。

然而大迦葉是俱解脫者，他自己這麼承認說：「今天世尊令我等思惟佛菩提，蠲除了諸法戲論之糞。」這個「思惟蠲除諸法戲論之糞」，就是讓他們思惟說，佛道是如何地勝妙，但是要進入佛道之前，先要「蠲除諸法戲論之糞」。什麼是「諸法戲論之糞」？就是世間法的種種熱惱，三苦中的熱惱，這就是「諸法戲論之糞」，這當然要先努力去除，除多久呢？除十二年。大富長者子除糞二十年，就等於在二乘菩提中除糞十二年。這些「諸法戲論之糞」除掉以後，已經在二乘菩提解脫道裡面勤加精進十二年，「得至涅槃一日之價」，才只是菩薩道中的「一日之價」，才終於獲得涅槃而可以出離三界生死。這個二乘涅槃等於什麼？等於那窮子在大富長者家除糞二十年的工資。在大富長者家除糞二十年的工資，要怎麼跟大富長者那倉庫裡面盈溢的金銀珍寶來相提並論呢？真的無法相提並論，才說是「一日之價」。

也許有人想：「哎呀！這《法華經》講得未免太過火了吧！」事實上一

點都不過火，諸位想想看，這些大阿羅漢他們已經成為解脫者以後，佛陀才教導他們實相般若；可是剛開始那幾年，大阿羅漢們都聽不懂，得要靠著 佛陀教外別傳的幫忙，悟得了此經如來藏以後，才終於漸漸聽懂。諸位想一想，你們幸不幸福啊？（大眾答：幸福！）可是這個幸福是來到正覺以後才有的，以前不曾有。以前再怎麼想，也想不到自己竟然可以開悟明心，對不對？我們還有一些同修是可以看見佛性的。

在山河大地上都能看到自己的佛性，太棒了！所以那些同修們剛見性時，他們吃飯的時候，我一看就知道他根本就是在「吃佛性」，不是說佛性可以吃，是說他住在佛性境界裡面吃飯。你們以前無論如何都不曾想到會有這一天吧！以前學佛時總是好痛苦：三藏十二部經浩如煙海，如何下手？整個佛法體系看起來就是那麼樣散散亂亂的一大堆。進入大富長者的寶庫裡面一看，一大堆的金銀珍寶，卻都看不出一個所以然來：為什麼這一件放這裡？為什麼那一件放那裡？為什麼那件寶物放那麼高？而這個放那麼低？這些寶物又都是什麼呢？根本看不出所以然，看來看去只看到一些佛法名相。

來到正覺終於開悟了，然後看看我們寫的書，請出來這樣讀：「哎呀！

原來佛法是這樣一個面貌。」終於可以一一下手去深入探究了，因爲整個面貌全都瞭解了，漸漸深入瞭解「法住法位」的道理了。這是你們這一生學佛以來不曾有過的快樂，而這個快樂就叫作法樂，以法的遊戲爲樂，這不是外面道場所能有的。他們是在行善裡面說說笑笑、嬉嬉鬧鬧，叫作法喜充滿，那只能叫作世間法的喜樂充滿，可是談到出世間法，完全摸不到邊，何處有法喜？而諸位有幸，參與了實證，知道了整個佛法的內涵，三乘菩提的位階以及互相的關聯，什麼法應該住在什麼位置，你也粗略瞭解了，那不就是「無量珍寶不求自得」嗎？來正覺以前有想過能夠這樣嗎？沒有啊！所以你們是比我幸福多多啊！

我以前是一個人辛苦鑽研，當年我有個姪兒就說，他覺得我學佛學得好痛苦。因爲他還不懂參禪的事。可是諸位可以在我後面，依照我走過來的腳步跟著走，這不就輕鬆了嗎？所以你們比我幸福。不管怎麼樣都比我幸福，悟了以後也是比我幸福，因爲開悟以後，你們不必坐上來說法，我得要坐在這裡繼續爲大眾說法。然後這個說法所講的是佛所說的經，穿起海青、搭好縵衣，還得要坐上來正經八百一板一眼地解說，不可以翹起二郎腿一直抖

（大眾笑⋯⋯）。這可不像講解菩薩的論一樣，所以上座後得要盤著腿，正經八百如理宣說。可是你們不用，你們在下面只管不斷地接收妙法就好了，我說什麼你們就接收什麼，只管一直收取，所以你們比我幸福。

但是從另一方面來講，是我比你們幸福，因爲我在作法布施；法布施獲得的功德最大，累積大福德的速度也最快，所以我累積福德的速度比你們快。所以從這裡來講，又是另一種的一得一失。在世間法上看來，我是吃虧的；可是在世出世間法上，我的收穫是比你們更大的；因爲我可以快速累積福德，而我這一世最重要的任務就是累積福德，否則我沒有辦法再往上面的位階推進。

這就是說，心量能否培養廣大非常重要；可是剛開始沒有一個人心量是廣大的，剛開始總是想：「我行嗎？正覺那些人即使是禪淨班的同修們，那都是大菩薩欸！我們沒辦法學那個法。」有些大山頭的法師們還是繼續這樣講著。因爲有信徒說：「師父！聽說正覺那裡眞的可以開悟。」那些師父馬上就講：「哎呀！那是大菩薩們修的，你們去學，一定修不成，別打妄想了。」原來我們所有禪淨班的同修們都是大菩薩呢！因爲他們就是這麼講的。而且他們是穿著僧衣這麼講，對一般學人而言，那可是僧寶欸！僧寶講的話要相信啊！（大眾笑…）所以你們都是大菩薩。不但他們那些小法師們這樣講，二十年前——也就是《無相念佛》出版之前，那時候我去杭州南路見淨空法師，他也是當面對我這麼講：「哎呀！你講什麼體究念佛？那是大菩薩們才修的法，我們算什麼？」可見他也不是大菩薩，因為能夠體究念佛的人才會是大菩薩。所以，諸位到同修會禪淨班裡，最後半年開始看話頭、體究念佛了，那時你們當然就是大菩薩了。這可是大法師講的，是僧寶說的，大家要接受啊！所以這樣看來，你們眞的很幸福。但是，這個心量不是突然間一朝一夕就能養成，是要經過多年的多聞熏習之後，才有辦法的。

所以世尊剛開始也不直接演說佛菩提，因為講了，凡夫眾生無法接受，連阿羅漢都不可能證得，所以必須要先從二乘菩提說，讓凡夫眾生們可以證得阿羅漢果，然後對佛有了具足信心；因為已經現前可以自己檢驗，確實可以出離三界生死了，這就是「得至涅槃一日之價」。但是證阿羅漢果「得至涅槃一日之價」，那是在大富長者家除糞「二十」年之所得。大阿羅漢們在佛世初轉法輪時期那十二年都在幹什麼？就是把世間法中我所的執著全部丟掉，然後把我見、我執全部丟掉，除掉解脫中應斷的「戲論之糞」，這樣才得到涅槃；可是那聲聞涅槃，只是大乘佛法、大乘涅槃中的「一日之價」而已，就等於在大富長者家除糞二十年的工資。

回到剛剛說的也許有人想：「這經文講得太過火了吧？」我剛剛已說「一點都不過火」，爲什麼呢？諸位想想看：阿羅漢得到這個涅槃，一世便成就；可是他證得如來藏之後要到達佛地，還有將近三大阿僧祇劫的時程；就是包括他之前在世間法上修除煩惱、利樂眾生，來到這一世成爲大阿羅漢又明心之後，把這些時間也算進來，總共要三大阿僧祇劫；而他證得阿羅漢果，卻是一生便完成。這一生完成的阿羅漢，比起三大無量數劫成佛的所得，卻說二乘涅槃的解脫果是「一日之價」，一點都不過火。所以，假使有人自稱說：「我是初果，我是二果，我是阿羅漢。」然後趾高氣揚，總是用下巴看人。我告訴你：那一定是凡夫，因爲他不知道阿羅漢的所證是什麼，才會這樣。阿羅漢心境是灰身泯智的，不會比較誰高誰低，哪有可能用下巴看人？

此外，還有人打坐暫時離開了妄想，就覺得他證悟了、是大菩薩了，又說他成佛了，還主張說：「一悟即至佛地，正覺爲什麼要說開悟了還不是成佛？」可是等到正覺同修會寫了書出來，一讀：「正覺好大膽子，竟然說我們這個悟境是凡夫。」他很不服氣。所以咱們當起這種惡人來，卻是沒有人願意當的。而我們又不得不來當，因爲寧可得罪他一世，不要得罪他很多劫。假使明知道他悟錯了，我不說他悟錯了，還努力附和討好說：「對啊！你也算開悟啊！你成佛了！」當他下地獄的時候，想到我在人間這樣欺騙他，會不會恨我？恨啊！而且會恨我很多劫。因爲大妄語業而下地獄，不是一劫、二劫的事，那是相當於人間很多很多劫的事，也因爲地獄有情的壽命很長。

與其讓他恨我很多劫，不如讓他恨我這一世，因爲他假使聽信了願意懺悔，他捨報的時候發覺說：「喔！原來我那些沒懺悔的師兄弟都下去了。好險！好險！」慶幸自己沒有下去，心裡想：「好在我當初聽信了蕭平實的話，我年老時有在佛前懺悔過，否則我也完蛋了。」那時他就會感謝我了。雖然他心中感謝我，也來不及跟我說一句道歉或者說一句再見，但是只要他不下墮也就夠了。我不求人家來道謝，也不求人家來道歉，所以常常有人說：「老師！我以前毀謗您，現在跟您懺悔，如何、如何、如何……」我說：「不用啦！」因爲他們都要求我說：「到佛前來幫我作證。」我說：「不用了，我接受了，我接受你的懺悔。你直接到佛前去發露就行了，我從深心中接受你的懺悔。」我總是這樣子作，爲什麼呢？因爲我得到那個道歉，也不會多長一塊肉。我深心接受懺悔，他的罪滅了，也就行了，我不想花時間聽他懺悔的內容，就能有更多時間爲正法作事。

那麼諸位回頭來想一想，阿羅漢十二年除糞得到了聲聞涅槃，只是大乘涅槃中的「一日之價」——才只是得到大乘法中一天的工資而已。若把這個二乘涅槃一天工資，拿來比起 佛陀庫藏中的所有金銀珍寶等法寶，那是無法相提並論的。阿羅漢的涅槃是一世成就，其實說一世還是有一點誇大，因爲許多阿羅漢今天聽 佛說法，得法眼淨就叫作法眼清淨；但聲聞法解脫道中的法眼清淨，不是大乘法的法眼淨，其實只是聲聞法中的見道，然後歸依佛陀求出家。佛陀允許出家了，然後下去閑靜處思惟，思惟完了，第二天來向 佛陀報告：「我是阿羅漢，因爲我是梵行已立，所作已辦，不受後有，解脫，解脫知見，知如眞。」他自己來向 佛陀報告，佛陀就爲他檢驗是不是眞的如實？有沒有誤會？然後就給他授第一記，聲聞法的第一記就是阿羅漢果。雖然大部分的阿羅漢來報告證得解脫時，佛是不加以勘驗的，因爲當年的阿羅漢們大多是自證自知的。

話說回來，這樣是多久的時間證阿羅漢果？昨天聽 佛說法成初果，今天早上成阿羅漢，多久？不到一天啊！當年許多阿羅漢是這樣的。你看那五比丘、大迦葉、須菩提、舍利弗、迦旃延都是這樣，都是一天以內證得阿羅漢果，甚至其中也有人是聞法當下便成爲阿羅漢的（這也都有往世修學的因緣，不能單看這一世）。這些人修證聲聞菩提，可以在一天內完成，但他們迴入大乘修學佛菩提成佛，卻需要三大阿僧祇劫，那麼《法華經》中大迦葉自稱所得的聲聞涅槃只等於大乘涅槃中的「一日之價」，完全沒有過火啊！再看當代佛教界的所有大師們，連聲聞涅槃下至斷我見證初果都不能證得，更何況是定性聲聞聖人所不能知的菩薩本來自性清淨涅槃？若是想要理解佛地的無住處涅槃，根本就別提了。所以你如果有如實理解其中的分際，就會知道《法華經》所說完全如實。假使是從天竺聲聞法分裂出來的部派佛教，那一些凡夫僧們編造、寫作、論述而不斷演變出來假大乘法的論著，若由他們寫出《法華經》時能夠符合三量嗎？絕對不可能符合。如果《法華經》是由聲聞部派佛教分裂出來，並且是分裂幾百年以後的那些聲聞僧們寫出來的，今天我可就拿出來破它了；我沒辦法講它，我反而會破斥它。就像密宗推廣六字大明咒的那部經典一樣，我就破它了，說它根本就是僞經。可是《法華經》，你沒有辦法說它有破綻，因爲它說的是如實，除非是不懂佛法的凡夫。

所以大迦葉等人努力修除世間法的種種戲論之糞，勤加精進的結果，所獲得的二乘涅槃就等於那個窮子在大富長者家除糞二十年的工資。大家聽得很震撼吧？眞的很震撼。以前如果有人宣稱說他得三果、得四果，都是意氣風發；可是你們跟隨我二十年，有沒有看過我意氣風發？我總是活得像個糟老頭，從來不懂什麼叫作意氣風發。如果要說有，就是苦惱：「**這密宗又興盛起來，我該怎麼辦？如何救護衆生不被他們誤導？**」我有的就是這苦惱。所以你們去高雄巨蛋抗議達賴的時候，我就盯著電視看，看新聞報導說什麼。我有的只是苦惱，不管是坐在電視旁邊看著，或是平常講經說法時，有沒有意氣風發說「**我們正覺好行呵！**」有沒有？沒有啊！只是覺得可憐，永遠覺得那些人眞可憐！

反過來看，我們有阿羅漢們的解脫與智慧，但阿羅漢們不懂我們的智慧，而我們這樣的所證，比起佛地來，可就不值一提了。所以縱使有人眞的證得阿羅漢果，其實也不算什麼；只有凡夫們才要去推崇阿羅漢，菩薩們都不推崇。爲什麼菩薩們都不推崇？因爲菩薩自從 佛陀的時代就看得很清楚了：阿羅漢們遇見菩薩們，個個口似扁擔；口都變成一字，扁擔不就是一嗎？都不敢講話；因爲菩薩們說了什麼法，他們聽不懂。那麼，往昔迴心成爲大乘法中的阿羅漢菩薩以後，這個種子種在心中，未來一世又一世就是這樣看待，哪敢去輕視大菩薩們？所以證得阿羅漢果其實沒什麼。但是，雖然沒什麼，可是見到了阿羅漢們，菩薩都願意供養；爲什麼呢？因爲要拿他們種福田，增長自己的福德，不種白不種。而定性阿羅漢們無所謂被種福田，因爲他們這一世捨報就要入涅槃去了，你就拿他們種福田，有什麼不好？可是阿羅漢實證所得的二乘涅槃，畢竟只是大乘法中的「一日之價」。

雖然 佛陀給的除糞「一日之價」，是人家二倍的工資，終究也只是「一日之價」。例如你們來到同修會中，親教師們都要求你們要斷我見，這個斷我見就是在同修會除什麼糞呢？是除三縛結之糞，除掉了就是會裡應證諸法中的「一日之價」。但我們的一日之價是外面的二倍工資，爲什麼呢？因爲你在會外道場再怎麼除糞，終究無法眞的斷我見、斷三縛結；雖然人家印證說你得初果，得三果、四果，其實你還是個凡夫，因爲三縛結並沒有眞的斷除，所以那個價錢不能跟同修會這個價錢比。雖然在同修會裡學法比較辛苦，沒有辦法一天到晚嘻嘻哈哈、吵吵鬧鬧混日子，來到這裡得要正經八百，大家攝心努力用功，但是這個二倍之價有什麼不好？如果明心了，那可不是一日二倍之價，因爲這是阿羅漢們所不知道的實相智慧。

說到這裡，大迦葉接著說：「**我們既然得到這聲聞法涅槃，相當於窮子在大富長者家除糞一日之價，我們心中就已經很歡喜了。**」其實當你能夠在同修會裡面修得動中的未到地定來作觀行，而自己證明確實已經斷了三縛結時，難道你不歡喜嗎？歡喜啊！因爲你從此可以檢驗所有的善知識們：他們有沒有斷我見、有沒有斷三縛結？而你證明自己眞的斷了，這也値得心大歡喜。阿羅漢們就是因爲證得阿羅漢，所以心大歡喜，然後自以爲足，自以爲這樣就是滿足他所要學的佛法，所以自己說：「**於佛法中勤精進故，所得弘多。**」他都不知道那只是聲聞小法；由此來看，四十位不迴心大乘的聲聞阿羅漢，和其他的凡聖之眾總共五百人，把聲聞解脫道的法義定位爲成佛的法義，命名爲「阿含」的經典，也就不足爲奇了。

所以說，能斷我見是不容易的，而今能斷；能明心倍復甚難，而今能明；這眞的不容易啊！你放眼全球修行人，有幾個人斷我見？又有幾個人能明心？這就很値得慶幸了。然而縱使得了阿羅漢果，仍然只是大乘法中的「一日之價」，所以不値得珍惜。爲什麼呢？因爲即使是證得阿羅漢果成爲人天應供，依舊比不上一個初發心的凡夫菩薩，經中具載這個 世尊聖教；諸位由這裡可以看得出來，菩薩性是多麼珍貴。因爲菩薩是要一世一世不中斷地行難行之行、忍難忍之苦，不迴心的定性阿羅漢想到這個都怕死了，因爲一世就夠苦了，還要無量世去爲眾生受苦，這是極不容易的。

所以三明六通大阿羅漢在路上行走，以他心通知道後面的侍者發起菩薩心了，趕快就把行李搶過來自己揹，爲什麼呢？因爲菩薩性太珍貴了，自己都還作不到呢！這徒弟發菩薩心了，所有阿羅漢都佩服，怎麼能夠再讓他揹行囊呢？當然要搶過來自己揹。可是那徒弟一旦嫌苦，那行囊就要還給他，因爲他退了菩薩性，依舊是聲聞阿羅漢的徒弟了。菩薩就是可以忍人所不能忍，受別人所不能受之苦。換句話說，菩薩在人間住持正法時就是要當傻瓜，太聰明而不肯當傻瓜就當不了菩薩。想想看，咱們出來弘法不爲錢、不爲財、不爲名，只是求正法久住，只是希望眾生不要再被相似像法或錯誤的法義誤導而已；但是有多少眾生、多少佛教徒能體會咱們的心情呢？不多！更多的是在網站上謾罵、無根毀謗。

我上週抽個空上網去看了一下，甚至於有密宗貼文說：「**誰最倡導雙身法呢？是蕭平實。**」你看，可以這樣顚倒黑白以至於此；他們明明知道我們是極力在破雙身法，可是他們硬要斷章取義，在公開的文字中毀謗說我們在倡導雙身法。如果是一般的弘法人，上網看到被這樣無根毀謗，或者有人下載了給他一瞧，他生氣起來：「**哼！我不要弘法度眾生了，五濁惡世的眾生這麼惡劣。**」腿一抽，回家吃老米去，再也不肯度眾生了！因爲他出來度眾生是爲了救護眾生，從來沒有想求名得利，這麼辛苦，結果還要被眾生唾罵；他一氣，回家去了，再也不理眾生了，那他就當不了菩薩了。

所以阿羅漢們當初對於所得的涅槃「**一日之價**」是很滿足的，後來 佛陀讓他們漸漸去接觸大乘法，藉著爲菩薩們演說勝妙法而讓他們在場聽聞，就好像讓那個窮子進入大富長者的庫房裡面去知道有那一些珍寶一樣；這就是第二轉法輪演說般若諸經，顯示佛法中的無量寶物。接著又要窮子在庫房中拿進取出，並且要他用心管理，是讓他知道庫房的各項寶物有多麼珍貴與功德；就是第三轉法輪演說唯識諸經，詳論如來藏中的各類種子等等。然後把一切珍寶總攝於寶庫之內，也就是講《無量義經》而把所有諸法匯歸如來藏一心。最後把所有寶庫全部交給窮子，就是最後演講《法華經》的時候交代他們：「你們是可以成佛的，我已經把所有佛法珍寶都交給你們了。」這就是大富長者把收藏所有寶藏的三個大庫房交付給窮子。

所以，阿羅漢們原來以爲自己得阿羅漢果時，就是在佛法中很殷勤、很精進而得到很多了，其實所得很少。因此剛開始 世尊是不讓他們、不逼著他們趕快進入佛菩提道中深入，也不強逼他們要發願生生世世繼續來人間行菩薩道。那時看他們心量還不夠，就暫時把他們擺著，不爲他們詳細說明：「你們大家未來還是有分，一樣可得到如來所知所見的一切寶藏。」暫時不說，因爲他們無法接受。否則，他們會想：「我們算什麼？跟如來相差這麼遠，怎麼可能得到？」心量還不夠大，所以才要以各種方便力，解說如來的智慧法寶。可是即使是這樣，這些阿羅漢們得到二乘涅槃之後，以爲得到很多了，所以對於大乘法仍然沒有愛樂希求。

於是接著 佛陀又有方便行，就是藉著種種方便力觀察那些大阿羅漢們，在不同時期的不同心性，然後爲他們宣說在當時最適合他們聽聞的大乘佛法，可是阿羅漢們仍然無法立刻就發起菩薩心。而大迦葉到了聽聞《法華經》的時候，很清楚知道自己當時的狀況；自己如此，其餘的大阿羅漢師兄弟們當然也是如此，這時他終於知道說：「今我等方知世尊於佛智慧無所吝惜，所以者何？我等昔來眞是佛子而但樂小法，若我等有樂大之心，佛則爲我說大乘法。於此經中唯說一乘，而昔於菩薩前毀呰聲聞樂小法者，然佛實以大乘教化。是故我等說：『本無心有所悕求，今法王大寶自然而至。』如佛子所應得者皆已得之。」

大迦葉說：「當時我們都不知道自己眞是佛陀的兒子，如今才知道世尊您對於佛法眞的完全沒有吝惜，我們能得多少，世尊都願意給。而我們本來就是佛的兒子，多劫以來就是跟著佛陀學法，確實是一心想著小法，只想要趕快出離三界生死。如果我們當初就有愛樂於大乘佛法的心量，佛陀一開始就會爲我們演講大乘法。而如今在這部《法華經》中，佛陀是唯說一乘法；」也就是說，以前是把唯一佛乘分爲三乘菩提來講，是適合眾生不同根器的次第說法；那是方便施設，其實沒有三乘菩提可說，因爲二乘菩提本來就是大乘菩提中的一小部分，只是爲了度眾生的方便把它分開來，作爲方便施設利樂眾生之用，其實二乘菩提依舊是大乘菩提中的一部分；「而往昔如來故意在菩薩面前毀辱或評論聲聞法爲小法，但是當時佛陀其實已經是用大乘法在教化我們了，只是我們當時無法接受而已，所以我們今天才會這樣說：『我們本來無心於佛陀所知所見佛法中的一切金銀珍寶，我們不曾有所希望或者求覓，而如今佛陀法王所有一切最大的寶藏，竟然自動來到我們的手裡。』我們如今猶如佛陀其他的兒子所應該要得到的，猶如佛陀親生的兒子所應得的，猶如其他大菩薩們所已得的佛陀珍寶，我們今天也都已經得到了。」

這個「皆已得之」，是說他們已經像那些大菩薩們一樣了嗎？還不完全是歟！而是已經先教給他們，但是那些內涵得要他們一世一世繼續去修證；如同大富長者把所有珍寶都交付給窮子，但窮子變成富人以後還得自己慢慢去瞭解所有珍寶的特性和價值。也就是說，成爲大阿羅漢又迴心成菩薩而明心開悟了，乃至眼見佛性了，接著應該要怎麼樣成佛？這些法，佛陀都說明了，都讓阿羅漢們瞭解了；可是阿羅漢們當初還不敢承擔，不敢想像自己將來也一樣可以成佛，所以 佛陀就先讓他們瞭解、讓他們參與，最後告訴他們說：「你們這些大阿羅漢其實都是我親生的兒子，如今這些佛法珍寶你們已經都知道了，你們就一步一步去實行，全部都明白而完全實證了，將來就可以成佛。」將來是怎麼樣成佛呢？就把他們未來再經過多少時候可以成佛的時間先講了，然後他們未來的佛號是什麼，十號具足，正法、像法、末法各住世多久，有多少菩薩弟子、聲聞弟子，全都爲他們預記了，公開授記了。這就表示說：已經把成佛之道全部教給你們了，未來修行成佛的過程中，你們要對佛菩提道中的一切法寶，一一去理解實證。也就是說，這庫房裡面所有的金銀珍寶，你要一樣一樣去加以詳細瞭解，懂得如何運用；全部完成時，你就成佛了。這就是這一段經文所說的眞實義。所以，有的人連我見都沒有斷就拍胸脯說：「我是三果人，我是阿羅漢。」如果他們今天聽了大迦葉所講的這個道理，說證得大阿羅漢的涅槃時才只是大乘涅槃中除糞一天的工資而已。去爲人家除糞，那是最下賤的工作；證得阿羅漢果，來到大乘法中只値得除糞一天的工資而已，都還不及一般下人一天的工資，那還有什麼可以炫耀的呢？何況是還沒有斷我見，只是誤以爲已斷我見而已？

這一段經文中隱含的眞實義聽我講解過了，諸位心量有沒有更大一些了？有嘛！本來就應該有！因爲成爲大阿羅漢以後才能夠證悟的大乘般若，你如今悟得了；甚至於還有古時成爲阿羅漢以後，都還沒有辦法親眼看見的佛性，你也看見了。那麼你該不該歡喜？當然應該啊！可是話說回來，還沒有去打禪三明心以前，叫作人人有希望，個個沒把握；還沒有看見佛性之前也是一樣，心裡說：「我明心了，悟後看話頭的功夫已經拚這麼久，累積福德也這麼久了，慧力也是努力好幾年了，如今能不能眼見佛性？」莫說你沒有把握，連我這個善知識對你也沒有把握。我作爲一個引導見性的人，對你們也沒有十足的把握；因爲這一關須要的福德十百千倍於明心應有的，這很不容易。

但是畢竟前面有人走過了，已經留下足跡在那邊，你們就追尋著足跡一步一步跟著走。不管那個足跡有多遠，你只要努力遵循，一直走下去，最後終究會走到。果眞如此，那麼第一大阿僧祇劫就走過了三分之一，好快喔！這便是經中說的，將長劫化入短劫；而這個機會很難得，因爲末法時代冒牌貨很多，眞正的精品很不容易得到。我說冒牌貨眞的很多，你們看那些大山頭個個不都說他們開悟了嗎？如今檢驗下來，原來全都是冒牌貨；店開得很大，可是賣的全是假貨。咱們這個精品店小小的，竟然全部是眞貨；而且貨眞價實，不會跟你亂開價，全是眞貨而且價格很實在。

所以大乘佛法不是神話，不是後人編造的，而是可以實證的。然而想要實證卻是很難，因此說，發起菩薩的大心才是最重要的；只要菩薩種性足夠了，你說：「哎呀！我還沒有想要求悟。」你不求悟，我卻要逼著你悟；我比你急，因爲菩薩種性足夠的人就是我要用的人；我一心想要復興佛教，需要用很多人來作事，你卻老是在那邊一天又一天、一年又一年繼續耗著，我怎麼能等？我當然不能等。

所以說 佛陀度人也是如此，只要能成爲大阿羅漢，後面就可以使他漸漸成爲菩薩摩訶薩；除非是意外中撿到的阿羅漢，也就是那五十個入無餘涅槃的阿羅漢，那只能說是意外撿到的。只要能夠成爲大阿羅漢，表示他的心性已經很淳善了；眞的淳厚善良，因爲三界愛都不再現行了，這樣的人不能當菩薩，誰還能當？但問題是他們無法發起菩薩性，所以怎樣促使他們發起菩薩性，這才是最重大的課題，那就是二轉法輪、三轉法輪的過程中所要達到的目標。那麼，這樣子前後三轉法輪，使阿羅漢們轉成菩薩的心性成熟了，於是宣講《法華經》時就先把舍利弗作了授記。因此，大家都躍躍欲試：「看來我也有希望。」於是他們在心中就很誠摯地願意永遠行菩薩道了。這就像說，那個馬兒不走，你就拿根棍子，前端綁著胡蘿蔔拿在馬兒前方，牠為了吃胡蘿蔔，自然也就向前走了。佛陀就是這樣子，先授記一位大阿羅漢將來可以成佛，於是大家都發起大心，這時就具足菩薩性了。那麼，接下來，摩訶迦葉講完了，他覺得自己講得很如實，恐怕有人一時沒體會過來，就不能利益大家了，所以他當然要重宣此意，怎麼重宣呢？且等下週再來分曉。

經文：【爾時摩訶迦葉欲重宣此義，而說偈言：

我等今日聞佛音教，歡喜踴躍得未曾有；
佛說聲聞當得作佛，無上寶聚不求自得。
譬如童子幼稚無識，捨父逃逝遠到他土，
周流諸國五十餘年；其父憂念四方推求，
求之既疲頓止一城，造立舍宅五欲自娛。

其家巨富多諸金銀、車磲瑪瑙眞珠琉璃；
象馬牛羊輦輿車乘，田業僮僕人民眾多；
出入息利乃遍他國，商估賈人無處不有；
千萬億眾圍繞恭敬，常爲王者之所愛念，
群臣豪族皆共宗重；以諸緣故往來者眾，
豪富如是有大力勢，而年朽邁益憂念子，
夙夜惟念死時將至，癡子捨我五十餘年，
庫藏諸物當如之何？】

語譯：【此時大迦葉想要重新把這個道理再解說一遍，所以就有了這個重頌，以偈來說：

我們這些阿羅漢們今日聽到佛陀以這樣的無上音聲來教化，我們心中的歡喜踴躍是從來不曾這樣子有過；

佛陀說我們這些聲聞人在未來世也可以作佛，這樣的無上大寶整個庫藏讓我們不求自得。

就好像一個童子還在幼稚的時候什麼都不懂，爲了貪玩，捨棄了父親而逃離，不知道何處去，結果流浪到很遠的其他國土去了，這樣子一國又一國到處周遍地流浪，經歷了五十餘年；

他的父親很憂愁，老是惦念著他，所以遍在四方諸國推斷尋求，後來因為求之既疲，身心勞累了，只好安頓下來在一個城市中久住了，就在那裡造立了廣大的舍宅安住下來，以自己所應該有的五欲來自己娛樂。】

講義：《法華經》上週的語譯講到五十六頁的重頌，今天要從倒數第二行開始語譯。上週的語譯中說，大迦葉講的這個譬喻：長者四方推求那個走失的孩子，追求很久仍然找不到，所以就停頓下來安止於一個城市中，造立了廣大的舍宅，然後就以五欲而自娛樂，就這樣安住了下來。今天從這裡接著語譯：

語譯：【這位長者家裡非常地富有，家中有各種各樣的金銀、車磲、瑪瑙、真珠、琉璃做成的寶物；

在使用上，他也有大象、馬、牛、羊所拖拉的各種車子，並且他所擁有的田地和事業非常多，所使用的小孩子以及僕人就像人民一般眾多；

在他家裡面總是有許多的資金出入，所以他所得的孳息利潤甚至於遍及其他各國，來來往往的商人、典當的行業以及作買賣的人遍及各國，沒有一個地方是不來跟他往來的；

在事業這麼巨大的情況下，他身邊總是有非常多的人在爲他作事，大家圍繞著他，都對他非常恭敬，不但事業成功並且交遊非常廣闊，所以常常被各國的國王所愛念著，因此各國的很多大臣們以及富豪家族也都同樣以他爲尊而宗奉這位大富長者；

由於這樣的緣故，所以和大富長者互相往來的人非常之多，他的富豪以及財勢有這樣的大威德、大勢力，然而年紀已經老朽而邁步也開始遲緩了，所以大富長者愈來愈憂愁而想念他的兒子，往往整個晚上都想著再沒幾年就要死了，而這個愚癡的孩子捨棄我離開，至今已經五十幾年，將來我庫藏中的所有寶物應當要怎麼處理呢？】

講義：諸位從這一段經文爲大富長者設身處地來想，譬如你現在成佛了，那些遺失在外的孩子們還沒有找回來，你擁有這一些法寶，當別人家的孩子來你這裡奉事你，你卻不可能全部移交給他們擁有，因爲那都不是你的孩子。那一些人不是你的孩子，譬如那些外道，每天在你家裡進進出出，只是來爲你作事，可是不該得到你的法寶，就等於這個譬喻中所說別人的孩子，自己的孩子譬喻菩薩種姓的佛弟子們。如果是你自己的孩子，你在老死以前一定要設法把所有寶物都給他們。但是你知道眞的有孩子，好幾個孩子都走失了；而你想一想自己的年歲也很大了，那時憂愁不憂愁呢？假使你成佛了，可是所度的眾生都還是聲聞種姓，不是菩薩種姓——還沒有回家，或是回家以後還不敢與你相認，都不想得到你的法寶，然而你已經即將離開人間了，那你說心裡愁不愁？當然愁啊！因爲你來人間這一大事因緣竟然不能完成，這怎麼行呢？這就是以大富長者譬喻於 佛陀的意思。爲什麼大迦葉要這樣說呢？因爲事實上那些大阿羅漢們一直以爲 佛陀的成佛之道妙寶，只給與他們在一起聽法的大菩薩們，自己沒有辦法來繼承如來家業。

這一段譬喻的意思就是在告訴我們：諸佛在人間傳法之後，要離開這個人間去到另一個星球人間，繼續尋找以前曾經度化過的弟子；但是在離開這一處人間時，最記掛的就是這些法寶，能不能一代又一代留在這裡的孩子們身邊，繼續受用而不會遺失，這才是最重要的。如果已經預見未來會遺失，你當然會爲後世的眾生們覺得悲愍，這就是大富長者這時心中的感受。接著，大迦葉尊者又怎麼說呢？

經文：【爾時窮子求索衣食，從邑至邑從國至國，或有所得或無所得，飢餓羸瘦體生瘡癬；漸次經歷到父住城，傭賃展轉遂至父舍。爾時長者於其門內，施大寶帳處師子座，眷屬圍遶諸人侍衛，或有計算金銀寶物，出內財產注記券疏；窮子見父豪貴尊嚴，謂是國王若國王等，驚怖自怪何故至此？復自念言：「我若久住，或見逼迫強驅使作。」思惟是已馳走而去，借問貧里欲往傭作。長者是時在師子座，遙見其子默而識之，即敕使者追捉將來。窮子驚喚迷悶躄地：「是人執我必當見殺，何用衣食使我至此？」長者知子愚癡狹劣，不信我言不信是父；

即以方便更遣餘人，眇目矬陋無威德者：
「汝可語之云：『當相雇，除諸糞穢倍與汝價。』」
窮子聞之歡喜隨來，爲除糞穢淨諸房舍。】

語譯：【大迦葉繼續重頌這個譬喻：

這時長者的貧窮兒子，爲了尋求獲得衣物和飲食，不斷地從這個城市走到另一個城市，從這個國家去到另一個國家，有時候能夠出賣他的勞力而有所得，有時候根本無處出賣勞力而得不到衣食，所以他的身體常常處在飢餓的狀態，身體便瘦弱而沒有力氣，並且身上長了瘡癬等等皮膚病；

就這樣一城又一城、一國又一國、一村又一村，四處遊歷打工求覓衣食，次第經歷以後終於來到他的父親所住的大城，也是一樣到處尋找，看有沒有人要僱請他作事，但他想要出賣勞力卻是展轉不得，最後終於來到他父親的房舍。

這時長者在門內所施設的大寶帳之處，坐在那個高廣的師子座上，他的周遭有眷屬圍遶著，還有許多人侍衛著他的安全；也有人在計算金銀寶物等等，凡是應該送出或是應該收納進來的所有財產，都注記在紙券或疏文上面；

這貧窮的兒子看見父親是這樣的富豪尊貴，尊嚴又重，他誤以爲父親可能是國王或者國王之下的貴族，心中驚嚇恐怖，覺得自己很奇怪：「我是什麼緣故而來到這個地方？」心裡面又這樣想：「我如果在這個地方待久了，或許會遇見他們來逼迫我、強行驅使我去作苦力。」這樣思惟完了以後就飛奔而去，想要趕快去比較貧窮的村里，方便出賣他的勞力爲人作事。

長者這時在師子座上，遠遠看見他的孩子急忙飛奔而去，他並沒有出聲叫喚，但是已經突然認出來了，隨即就命令一個下人去追尋，要把他捉回來。這個窮子被捉了，心裡面非常驚嚇所以大聲呼喚，然後就昏迷悶絕、倒臥於地上，他心中想法是說：「這個人捉了我，一定會把我給殺掉，我何必爲了想要求得衣食而來到這樣的地方呢？」

長者知道這個孩子愚癡而且心胸不夠寬大、不夠高廣，一定不相信我說的話，更不會相信我就是他的父親；所以隨即再度施設方便，另外派遣其餘的人，是眼睛不太好，而且個子矮小又長得醜醜的，看起來是沒有威德的人，就吩咐他說：「你可以去跟那個人講：『我會雇用你來工作，到我們那裡去運除種種糞穢不淨之物，我會給你加倍的價錢。』」

這個窮子聽到有工作了，而且又是加倍的價錢，心中大大地歡喜起來，就跟著這個眇目矬陋無威德的人，來到長者家裡，爲長者運除糞穢，在各房舍裡面作各種打掃的工作。」

講義：「爾時窮子求索衣食，從邑至邑從國至國，或有所得或無所得，」大迦葉是以頌的方式重新再說明一遍：貧窮的孩子是爲了求索衣食而到處流浪。諸位有沒有看見佛教界這一類人？很多啊！他們求的既不是二乘菩提的見道、修道內涵，更不是大乘菩提的見道、修道內涵，而是求世間法，例如求財神：什麼黃財神、紅財神、五色財神，這個都跟三乘菩提的修學或實證無關。二乘見道就譬喻爲長者家除糞的一日之資，阿羅漢果證只是爲長者除糞二十年的工資；二乘見道譬喻大富長者家裡最下劣、最基礎的寶物；不是頂級的寶物，只是基本的寶物，更不是全體寶物。現代所謂的佛教界基層學人，也就是密宗那些信徒們，他們不求這個，只求衣食更豐足而去求密宗的財神們，卻不知道那些都是無福的窮神，要靠他們供養才有飲食。

求衣食就是世間法，所以去求財神等等。那一些新聞媒體上的許多名嘴們，你如果看見其中有人手上戴著五色線，就知道那只是求衣食者，他們完全不懂什麼是三乘見道，更別說修道了。他們戴那個五色線是作什麼用的？是求平安、求事業順利等等，才會在手腕戴著密宗的五色線。誰規定說佛教要用那五色？是密宗外道自己想了就自己去作出來。然後還有人，在佛龕兩邊懸著五色旗，不然就弄成一圈圈的紅黃白黑綠等等五色布條，說那代表佛教。有哪一部經、哪一部論裡面說是用五色代表佛教的？都沒有啊！那密宗外道這樣主張、這樣子作，咱們正統佛教就跟著外道要這樣用嗎？那五色究竟代表什麼？他們自認為說那代表五方佛。然而，他們的壇城所謂的五方佛是幹什麼用的？只是為了建立雙身法邪教法門而產生的依據理論。但那些說法也都是世間法，所以他們叫作求衣食者。

接著問題來了，求衣食就能得衣食嗎？不能得啊！好多人拜密宗財神：黃財神、紅財神……等，拜到最後錢都被財神拿走了。最有名的例子就是以前的鴻源投資公司，以前他們正火紅的年代，開股東會時，大家看見沈先生一進禮堂，全體起立高聲歡呼許久：「神董！神董！」（編案：沈與神同音，股東們都叫他為神董。）不曉得神在何處？結果大家都被他虧空了。而且那些股東們有很多人是退伍的將官士兵，他們那些錢都投進那家公司去，剛開始分到很優厚的股息，但是最後的結果全都完蛋，那是台灣有史以來第一件最大的募款聚資投資的倒閉案，那位沈董就是學密宗、拜財神的。

還有很多人拜財神，拜到後來眞的發財了嗎？沒有！發財的還是靠他們運用政治關係去從公共工程搞錢來的，暗地裡多多少少都涉及不法，何曾是拜財神發財的？可是你若學了財神法，眞的可以發財啊！怎麼發呢？你就去廣傳財神法，講得天花亂墜讓人信受，大家都來接受你爲他們作的財神灌頂與修法，你就發財了。因爲你去傳授的時候，人家都要好好供養你，你就發財了。只要能夠講得天花亂墜，當眾生走投無路而努力求財的時候，什麼都肯聽，什麼都願信；所以你傳財神法，你就發財了；來找你求財神的人，他們讓你賺錢。那麼就看你要當什麼人，是要當個傳財神法的人？或是要當求財神法的人？其實二者都不可以當，因爲去求財神是要被人家賺的，傳財神法的人卻是在造惡業。但這二類人，全都叫作求衣食者。

話說回來，那些求財神法的人，結果事業有好轉嗎？沒有！否則就不會有那麼多的案例，於是就有許多人把他們從密宗求來的財神像給丟了。密宗號稱說在財神像裡面裝藏（裝藏的意思懂嗎？就是寫了一些咒語捲起來放在神像裡面），說只要供了就可以發財。但是誰發了財？我在一九八九年去印度朝禮聖地，那時正在參究，尚未破參明心。當時因為人家託了一包款項給一個喇嘛，我替他轉交給喇嘛，自己當時也供養了他一百塊錢美金，結果他送我一個財神銅像。回來以後我研究它，發覺底部有個蓋子，於是我就打開看看；那位喇嘛怎麼裡面也沒有為我裝藏？是不是我供養太少還是怎麼樣？然後就收藏起來放在抽屜中。我拜它作什麼？那不過銅雕的東西。並不是說他講有財神就眞的有財神，而且他們的財神說穿了就是鬼神道的眾生。請大家注意了！鬼神道眾生的福德比人類少，你的福德比他大，還要去求福德比你少的鬼神幫忙你賺錢喔？結果可想而知。

所以說，那些人就像窮子一樣，到處「傭賃展轉」「求索衣食」，往往都還不可得。至於珍寶，那就別談了；因為你如果為他講什麼見道、修道這個珍寶，他們可都聽不進心裡去，他們想：「那個跟我無關，我來拜佛是為了求財神，只要事業順利、大發財、家庭平安，我就心滿意足了，那些見道、修道的珍寶跟我無關。」就像這個窮子一樣，所以佛教界的窮子到處都是。然而也有人想要獲得珍寶，比如說見道證果，結果總是被騙，百年來都是如此。所以，有人在那個道場被印證了，後來發覺眞的被騙了，又去到另一個道場，也被印證了，一樣發覺又是被騙了。終於來到正覺，心裡面想：「這回還會不會被騙？」學了很多年以後終於被印證了，經典請出來一看：「沒有錯啊！這眞的叫作珍寶。」就這樣待下來，一待就是二十年。

所以敢求珍寶的人永遠是少數，大部分人都像這個窮子一樣，都在求家庭平安、事業順利、發大小財等等。有的大山頭更是如此，從來都在講家庭和樂、事業順利、心情愉快等等，都是在講世間法，但是卻很努力勸募錢財；所以每一個人去到那邊回來，都說那個山頭的商業氣息好重。有的人後來終於想：「這不是辦法，我是要來學佛的，不是要學世間法。」離開另外尋覓佛法，終於找到一些道場，就被教導說：「緣起性空，一切法空。至於說有如來藏可證，那只是方便說。」等等一類的邪見。然後他們就自以爲得到珍寶了：「喔！果然一切諸法緣起性空，因爲《阿含經》中都在講緣起性空。」可是，他們都不知道如來藏空性卻是性廣而不是性空，自身無形無色而自性無量無邊。他們師徒眞是誤會得好嚴重呵！

如來藏雖是空性，卻有無量無邊的自性，怎麼叫作性空？只有如來藏所出生的五陰諸法才是緣起性空。所以那些聰明有智的少數人，雖然已經不是爲了求衣食而是爲求珍寶，尋找有實證的人修學佛法，可是竟一樣遇到了金光黨！一樣是被騙了！那些佛門中的金光黨就告訴信徒們說：「你們只要懂緣起性空就行了，沒有什麼唯心、唯識的，沒有這種佛法可修可證啦！」他們就這麼講，信徒就這麼學，結果都以爲說：「我眞的懂佛法了，原來一切都是緣起性空。」有一天，想一想卻說：「一切都是緣起性空，豈不是斷滅空，那我學佛幹什麼？我在世間法努力又是幹什麼？」於是心灰意懶就出家去了：「因爲一切都緣起性空，我只要把這一世的日子過完了也就解決了，反正一切都是斷滅。」這又成爲另一個極端的出家眾。後來又想：「這樣不就是斷見嗎？佛法應該不是斷滅空，所以應該是有一個細意識常住，留著細意識常住才是入涅槃。」又回墮於識陰之中，連初果也證不得。就是這樣啊！所以台灣佛教界分爲這兩大類：一類都在世間法上，另一類都在說緣起性空而主張細意識常住不壞。

後來終於有另外一派出來，已經是比較後期了。這一派說：「可以開悟啦！確實有眞如佛性。什麼叫眞如佛性呢？師父在上面說法的一念心，諸位在下面聽法時，清清楚楚、明明白白的一念心，這就是眞如佛性。」並且他都是閉著眼睛一直講下去。他是閉著眼睛一面講，一面在想著接下來要怎麼講，這是用很多言語去把所謂的佛法堆砌出來的；結果也有人去那兒打過七七四十九天的七個禪七，而且連續打了兩次以後，被他印證開悟了——是來正覺同修會之前被印證了。問題是，回家以後，祖師開悟的公案請出來，這邊也不通，那邊也不通。結果看看：這十件公案，九件通，一件不通。正是人家說的一竅不通，因爲這九件公案看來好像通，遇到這一件不通；當這一件不通時，回頭來看那九件時又都不通了。結果發覺自己又是遇到佛門金光黨了，所以眾生還眞的可憐。

但是「求索衣食」的人還是最多啦！眞正想要求得珍寶而遇到金光黨的人，畢竟還是比較少數。如果打個比方，大概求衣食的有九十九人，想要找珍寶的人卻遇到了金光黨，那大概就只有一個人，大約是這樣的比例。其餘極爲稀有難得而眞正獲得珍寶的人，不在台灣佛教界，應該叫作正覺佛教界。就只有在正覺同修會的佛法功能差別中，才能得到三乘菩提的眞正珍寶，保證你不會遇到金光黨。因爲正覺同修會裡面如果捉到有人在當金光黨，處罰是很嚴厲的。所以，當代佛教界大部分人都是「求索衣食」而不敢求索珍寶；即使是求索衣食的人，也是「或有所得或無所得」，大部分如此。

「飢餓羸瘦體生瘡癬；漸次經歷到父住城，傭賃展轉遂至父舍。」這就是說他表面看來是在學佛，實際上根本就不像個學佛的人，因爲他在佛法的實證上面非常貧窮而不健康。所以今天週末去作義工以後，因爲明天沒義工可作，所以今天義工剛剛作完了，回家的路上就電話打來打去：「明天來我家打牌，叫我老婆煮一鍋豬腳請你們。」那個大團體的信徒就是這樣，他們的信徒們所謂的學佛就是這樣子過生活的。當你問到佛法的時候，他們心中眞的是「飢餓羸瘦」。如果他們不肯接受你這樣的形容詞，硬要跟你談佛法，那就是「體生瘡癬」；因爲他們講出來的，你都會覺得好好笑，只好說：「你們那樣也叫作學佛喔？」像他們這種人，未來得要「漸次經歷」，就是說，他們未來得要想一想什麼是眞正的佛法，後來覺得說：「不對啊！我既然學佛了，爲何還是每天無肉不食？我怎麼學佛以後還要作方城之戰？」但他們那些信徒目前爲止就是這樣子，而且是那位比丘尼自己的書中這樣寫出來的，說她的信徒就是這樣。

但那些信徒未來多世以後，終有一天會想通：「我這樣眞的叫作學佛嗎？爲什麼我遇見鄰居隔壁這位老伯伯，他才學佛二、三年，他講起法來，爲何我都聽不懂？」他不信邪：「我學佛二十年了，這隔壁老伯伯才學佛二、三年，我才不信他。」於是這老伯伯介紹他到正覺來，他偏不想來，又到處去，一個大山頭又一個大山頭，到處去遊歷；就這樣「漸次經歷」，最後又經歷了二十年。這位鄰居的老伯伯想：「我都快要走人了，他竟然還在漸次遊歷。」終於忍不住告訴他：「你在幼時走失了，你的爸爸就在正覺，趕快回去啊！」他也眞的沒辦法了，後來想一想：「對啊！我每一個山頭都走過了，大部分的大師都拜過了。」拜過了好多碼頭，結果都沒用，就想一想：「我就去正覺試試看吧！」最後終於來到正覺。進到正覺講堂來聽經，看看這蕭平實在講什麼？有許多人是這樣第一次來正覺講堂聽經，不過老實說，能夠進到台北正覺講堂來也就不容易了；因爲若不是學員，週二晚上要進來正覺聽經，是要繳驗證件的，大樓管理處就是這樣要求的，沒奈何！終於下定決心走進正覺講堂來，這一聽才發覺說：「哎呀！講得太好了。」等你問他說：「那麼好在哪裡？」「不知道，只是好。我知道很好，但爲什麼好？我不知道。」

眞的是這樣，因爲全都是沒有聽聞過的法。這個叫作「漸次經歷到父住城，傭賃展轉遂至父舍」，像這樣的狀況是非常多的。

所以，能夠到正覺來安住是不容易的，引述一位黃居士二十年前的話（他自己也出了很多本書），他說：「你們正覺的法就像金字塔的頂端，佛教界能學你們的法，大概就是百分之五的人。」想想也確實如此，因爲我們的法太深妙，我們寫出去的或者出去演講，例如高雄巨蛋的「穿越時空超意識」演講，其實講得已經夠淺了，可是仍然有好多人抱怨聽不懂。那麼淺的法都還聽不懂，你鼓勵他說：「你來正覺修學，將來會開悟啊！」那不嚇死他才怪！所以，學佛的大眾，並不是每一個人都可以開悟的，不要以爲說：「我來正覺才三、五年，就開悟了。哎呀！開悟太簡單了。」然而那個簡單是針對你，也針對你的親教師具足傳授了許多正確的知見，才使你變成簡單的，其實是不簡單的。

如果眞的像你說的那麼簡單，請問那些大山頭的大法師們，他們都是很年輕就出家了，現在不能說是六、七十歲，而是七、八十歲了。後山那個比丘尼比較年輕，也許跟我年紀相仿，也快七十歲了。你想，他們大法師少小出家，現在七、八十歲都還弄不通基礎佛法，若眞要談到開悟，他們心裡面會想：「這沒我的分！」開悟哪有可能是容易的？所以我們還得施設各種方便，從各個層面來利樂眾生。不是要度所有人都來正覺開悟，而是要提升他們的佛法知見層次。知見提升了，未來懂得自己眞的走錯路，最後能夠回頭就夠了；他們不必都來正覺，我們道場硬體小，也容納不下。

只要他們不走進岔路，特別是避開密宗外道那一條大險路也就夠了；所以寧可讓他們繼續當個佛法中的窮子，只希望不要去作奸犯科。在佛法中作奸犯科的人是誰？諸位都知道是密宗。密宗就譬如幹奸犯科的人，而實際上他們不但在佛法中幹奸犯科，從世間法律來看他們與女信徒的樂空雙運，也是正在幹奸犯科。所以說，當代佛教界中，這一種「飢餓羸瘦體生瘡癬」的人是到處都有，但我們只要施藥治療他們的病就行了，不必想要他們都來正覺修學。只要讓他們身上的瘡癬（邪知邪見）可以消失，讓他們體力充沛衣食豐饒，也就是在聞慧、思慧層次的佛法上面，他們可以漸次具足知見，這樣就夠了。

如果他們的心量還很小，就得要讓他們繼續去「漸次經歷」，在「漸次經歷」的過程中到處去爲人除糞。貧窮獨居山中的老人，或是住於城市陋巷的貧窮老人們，不是很髒亂嗎？住的地方又狹窄、又髒亂，那些行善的董事長或者董娘們，就去爲他們掃除糞穢吧。眞的很委屈啊！他們在公司裡一呼百諾，竟然降尊紆貴去爲那些孤苦老人整理打掃，眞的就像經中這個窮子在除糞一樣。可是你若不讓他經歷這個過程，他未來不會覺悟佛法的啊！這樣經歷長久以後，當他們膩了、厭了以後，才會省悟說：「**學佛好像不單單是如此行善吧？**」這時才能表示他在世間善上面的福德已經夠了，才能使他在世間法上省悟，開始懂得要追尋眞正的出世間法；這表示他除糞快要足夠了，除糞還沒除夠的人，不會進入正覺的。

所以諸位也不必笑他們，因爲咱們過去世也都像他們現在一樣除糞過很久；除糞一劫又一劫，我們往昔早作，所以早些除糞完了，他們如今還在除。這就是在法上有沒有具足十信的問題，如果十信位滿足了，他就懂得開始眞修六度。如果十信位修不滿足，不會懂得要眞修六度，只會在六度的言語上面誤會，因此他們絕對不會去求受菩薩戒。受了菩薩戒之後，才算是正式在學佛，也還只是外門開始修學六度而已。因爲學佛是學習成佛的法，學習成佛之法的人就是菩薩；可是沒有菩薩是不受菩薩戒的，所以想要親得　佛陀的法，也就是想要繼承大富長者的財產，先得要是祂的兒子。你受了菩薩戒，才初步算是　佛的兒子，正式承認了說：「從今天開始，佛叫我爲兒子，我稱呼佛爲父親，因爲佛陀給了我一個名字叫作『兒子』。」這就是受菩薩戒的意義，卻還不是眞正的兒子，因爲是相認而只有義父義子的情分。

只有行菩薩道才能成佛，可是沒有不受菩薩戒的行菩薩道者；所以當然要經過這個過程，一步一步來除糞；將來除夠了、福德夠了，也就是說長者認爲說他可以了，然後才會宣布讓他成爲名義上也是兒子；再教導他全部的佛法珍寶，眞正的瞭解佛法珍寶以後，才會把所有的金銀珍寶財富交給他。這就是這一段講的道理。所以，如果鄰居還在世間法層面上慈濟眾生，到處去爲眾生作義工，他若是問你說：「你好不好啊？」你就說：「好啊！」他如果問你：「我要作到什麼時候才能夠像你這麼有智慧？」你就說：「等你爲眾生行善的事，已經作到厭了、膩了，你就會開始走我這一條路。當你還沒有厭膩以前，你還是得要繼續作下去。」就這樣告訴他。

所以，眞正開始學佛並不是容易的事，都要經過很長時間除糞的過程。

這個除糞的過程很辛苦而且很痛苦，因爲除糞的過程就是要把心中的各種糞穢除掉；而各人心中的糞穢就是邪見、我所執、我見等法。有的人賺錢喜歡耍小手段，類似輕秤小斗的手法一類，結果眞要開始修學正法時，現在得要開始除糞了；由於心中這些糞必須要除掉，從此以後得要規規矩矩作事；但這樣作生意，錢賺得好少喔！這時候心中可就難過了。有的人生意好，錢多，總是喜歡每日花天酒地，現在既然要除糞，這個花天酒地也是貪瞋癡等等，全都要丟掉，心裡也眞是難過。可是這個過程都得要經歷，這就是說，大富長者諸佛都是施設這個方便，要讓眾生先把心中的糞穢除掉。

佛陀就是這樣教導，所以針對外道來求法者，佛陀怎麼說呢？要教他斷我見證初果以前，還有一些次法得要教導。佛陀說法一向有個次第，所謂施論、戒論、生天之論、欲爲不淨。佛陀說法時通常都先有這個次第，先教導求法者：「貧苦的人，你願不願意救濟他們？你要先懂得布施，布施以後未來世會有好福報。」求法者聽得進去了，再告訴他「持戒可生去欲界天的道理」，這就是施論與戒論。施論與戒論都聽得進去，願意持戒了，再告訴他如何生天的道理，就是修習禪定而得出生在色界天、無色界天的道理，這叫作「生天之論」。如何生到欲界天，如何生到色界天、無色界天，這些都聽得進去了，再告訴他「欲爲不淨」，教導他要先離開欲界的境界。如果這四個部分都聽得進去，《阿含經》中形容說這樣的人心地「清淨猶如白氎，易爲受染」。猶如被漂白到很清潔的細軟布料一樣，易爲染色，你要塗抹上什麼漂亮的顏色都沒有問題。這時 佛陀才會告訴他四聖諦，使他如實了知五陰虛妄而讓他證得初果，所以二乘菩提「除糞」也是有次第性的。

「爾時長者於其門內，施大寶帳處師子座，眷屬圍遶諸人侍衛，或有計算金銀寶物，出內財產注記券疏；窮子見父豪貴尊嚴，謂是國王若國王等，驚怖自怪何故至此？復自念言：『我若久住，或見逼迫強驅使作。』思惟是已馳走而去，借問貧里欲往傭作。」對於一般佛教徒而言，就像這個窮子不認得父親，看見父親那麼富有尊貴、無比威德，就恐怕而逃走，根本不敢想要求證大乘菩提妙寶。

「長者是時在師子座，遙見其子默而識之，即敕使者追捉將來。窮子驚喚迷悶躄地：『是人執我必當見殺，何用衣食使我至此？』長者知子愚癡狹劣，不信我言不信是父；即以方便更遣餘人，眇目矬陋無威德者：汝可語之云：『當相雇，除諸糞穢倍與汝價。』窮子聞之歡喜隨來，為除糞穢淨諸房舍。」大富長者正是這樣子，交代一個沒有威德的人、瘦弱的人，看起來就不是作大事的人去找他的窮子，告訴他：「來我們家除糞，給你二倍的工資。」這就好像說，諸位如果要度親朋好友來正覺，你可不要說：「我現在智慧多麼好，我見道了，這個大乘無生忍多麼勝妙。」他一聽，心裡面想：「那是你的事，跟我們無關。」所以你就要把姿態放低，見了說：「阿彌陀佛！你好。」然後跟他講：「念佛要怎麼念才可以一心不亂，你不是要求生極樂嗎？只要能夠念佛一心不亂，一定可以往生極樂世界。」他想：「這個好啊！」你就告訴他：如何才是念佛，念佛的轉進，功夫的層次差別。他就聽得進去，這就等於說給他二倍的工資，他當然要，怎麼會不要？如果遇到參禪的人，你告訴他：「參禪要會看話頭，看話頭是如何如何，你知不知道什麼叫看話頭呢？」他說：「我知道啊！我就念『參禪者是誰』啊！」你說：「那叫話尾。」你就解釋道理給他聽。然後他說：「那、怎麼樣叫作看話頭？」你就解釋給他聽，他聽不懂，你就說：「沒有問題，你只要從無相念佛開始修學，當你學會了，功夫純熟了，未來你就會禪門的看話頭功夫。」他一想：「這個好啊！

我就學這個功夫。」你這樣就等於給他二倍的工資。

所以，一般人參禪沒有信心，最大的遮障在哪裡呢？就是沒有功夫。只要你把無相念佛功夫學會了，轉爲看話頭的時候，你就知道接下來的開悟，等的就是一念相應而找到如來藏眞如心，那你心裡就對大乘見道開始有信心了：「我今生有可能開悟，因爲我已經修到這個階段了。」以前有一個大道場，那堂頭和尚都說：「哎呀！我們這些幹部們，好幹部都是川流不息，好的人才來一段時間，不久就走了，都是留不住。」我說：「如果能夠幫他們把功夫作好，他們覺得開悟有希望了，自然就不會走人了。」因此我當時寫了《無相念佛》稿子送給他，作接引好幹部時使用，他還不想要，所以好幹部川流不息、始終留不住人才的情況，到如今還在延續著。爲什麼呢？因爲大家來了，當上了幹部以後，詳細看一看說：「這裡連參禪的功夫都沒有，我繼續留下來幹什麼？」只好走人了。

這就是說，你一定要給人家二倍的工資，才會有吸引力。譬如念佛的人，你告訴他：「你來正覺學法後念佛就可以一心不亂，往生極樂世界一定沒問題。」他想：「我到哪裡去找這種功夫？原來這裡有。」也就是像這個窮子想的：「我哪裡去找二倍的工資？」如果他是參禪的，你告訴他：「可以鍛鍊看話頭的功夫，將來參禪一定可以成就。」這也是二倍的工資，才會有吸引力，這就是我們正覺度眾的方便。我們要效法大富長者，他有這些方便，我們就應該運用這些方便，才能夠眞的度眾生。不管外面那些來不來學，只要他們願意讀我們的書，自己在家裡面努力把功夫修起來，一樣也得受用，那等於你把二倍的工資送到他家裡去了，那也行啊！因爲他得到二倍的工資，我們就把福田種成功了。所以種福田有很多的方式，我們要學大富長者的方便善巧。那麼因緣還沒有熟的人，你不要用繩子去綑他；可別五花大綁把他押進同修會來，那沒有用，因爲他有機會時還是會逃走。而且你也不能一直把他綁著，你以後總是要把繩子拆開；才一拆開，他就逃走了。你要綁住他的心才有用，要像大富長者這樣子。再來看下面，大迦葉又怎麼說？

經文：【長者於牖常見其子，念子愚劣樂爲鄙事；
於是長者著弊垢衣，執除糞器往到子所，
方便附近語令勤作：「既益汝價并塗足油，

飲食充足薦席厚煖，如是苦言汝當勤作。」

又以軟語若如我子，長者有智漸令入出；
經二十年執作家事，示其金銀眞珠頗梨，
諸物出入皆使令知。猶處門外止宿草庵，
自念貧事我無此物；父知子心漸已曠大，
欲與財物即聚親族、國王大臣刹利居士；
於此大眾說是我子，捨我他行經五十歲，
自見子來已二十年。昔於某城而失是子，
周行求索遂來至此；凡我所有舍宅人民，
悉以付之恣其所用。子念昔貧志意下劣，
今於父所大獲珍寶，并及舍宅一切財物，
甚大歡喜得未曾有。

語譯：【大迦葉又繼續說：】

長者常常在門窗的縫裡看見他那個窮子在工作，心中想：我這個兒子愚癡下劣，喜歡作這種下賤的工作；於是長者換穿了破敗污垢的衣服，也像他那個窮子一樣拿著除糞的器具，走到那孩子所在的地方，又施設了許多的方便來依附而靠近窮子；

然後就告訴那個窮子要好好地努力工作說：「我不但要增加你的工資，而且當你的腳太乾燥而裂開了，須要塗抹腳部的油類，在飲食方面也都很充足地供應給你；你的床鋪臥具如果不夠厚、不夠溫暖，我也都會充裕供應給你。」就像這樣子苦心地告訴他說：「你應當要留下來勤勞地繼續工作。」然後又以柔軟語告訴他說：「你就像我的兒子。」這位大富長者很有智慧，一步又一步漸漸地讓他在家裡面開始進進出出；

這樣經過二十年，讓他在家裡面作各種家內的事情而不再除糞了，也顯示庫房裡面的金銀、眞珠、頗梨等等各種寶物，讓他逐漸知道，把所有的寶物，凡有進出全都讓他知道。

而這個窮子仍然不敢起心動念想要成爲大富長者的兒子，繼續居住在大富長者門户之外，而住宿在外面的一間茅屋裡面，自己很安分守己想道：「我是個貧窮人，我本來就沒有這一些金銀寶物。」

但是他的大富父親繼續觀察著，知道這個孩子的心量已經漸漸變得曠大了，所以準備要把財物交給他，於是聚集了親族、國王、大臣、貴族、居士們；就在大眾中說：

「這就是我以前走失的兒子，以前小時候捨棄我而離開，如今經過五十年了，而我自從看見這個孩子回來，到現在又已經過二十年了。往昔我在某一個城市中走失了這個兒子，我到處遊行求索終於來到這個大城，因為都找不到兒子所以在這大城中安居下來；如今凡是我所有的房舍田宅以及我所使用的人民，現在全部都交付給他，由著他去使用。」

這個兒子想起以前貧窮時，幾乎飲食都難以溫飽，而且心中的志願和想法都很下劣；如今在父親這裡大大地獲得無量珍寶，以及房舍田宅等一切所有財物，心中生起了非常大的歡喜，從來不曾有過這樣的歡喜。】

講義：大迦葉以前聽聞 世尊演說《大法鼓經》時，已經親從 世尊聽聞大富長者與走失的兒子這個故事，知道 世尊攝受眾生時都是把走失的兒子方便攝受，次第接引以後才演說成佛之道，然後授記成佛，這時他就以 世尊所說的譬喻用來比喻自己，講出這個大富長者與迷失的兒子之間所發生的事，比喻 世尊對自己等人所作的方便攝受的奇特之事。這就是說，善知識度人要有方便，一定要先讓學人除糞，就是教導學人要先把心中貪瞋癡修除掉。如果他的貪瞋癡都還很重，你就幫他開悟明心，這個人最後一定會出問題。假使大富長者不這樣作，一認定了兒子就硬要說服他：「你眞是我的兒子。」然後逼著他接受。逼了幾個月，這孩子可能口頭上就會承認了。但他承認了以後，並沒有經過辛苦的除糞過程就繼承了那一些曠大的財寶，他會怎麼樣呢？不免夜夜笙歌、花天酒地，乃至於上了賭桌，不必幾年就全部花光了。

同樣的道理，我走過來的就是這樣子輕鬆便開悟了，但我早期沒有先理解大迦葉說的這道理，所以硬要逼著人家開悟，都沒有教他們說：「你們要先發起菩薩性，也要先把心中的污垢除掉。」都沒有。然後一開始就硬逼著大家都要開悟，結果開悟了以後到外面去，就宣稱說：「我是開悟的聖者，你們都要聽我的話。」要不然就是：「來啦！來我這裡啦！不必去正覺修學那麼辛苦，我這裡開悟很快啦！供養我五十萬元可以明心，供養我二百萬元可以眼見佛性。」就這樣亂搞起來，也不管對方到底適不適合開悟。而我雖然不曾要求誰供養，並且拒絕了各種可能引生的供養行爲，但卻是強逼著學人一來就要開悟，學人們都還全身糞穢就逼著他們開悟。這就是我以前走過的路，所以早期度了不少的不肖子。

後來我就改變了，覺得這樣不行；因爲後來在經典中也讀過 佛陀的告誡：一定要依照法毘奈耶來度人。法毘奈耶，就是法戒。菩薩戒、聲聞戒都有戒相，法戒卻沒有戒相；也就是 佛陀講經時曾經告誡的，在弘法時不許作的某些事情，是弘法上的根本守則，若是違背而行，法的弘傳將會滅絕；護法神對這樣的人會一直觀察，直到受不了時就會處理他，這便叫作法戒——法毘奈耶。依於 佛陀針對正法密意的保護而作的告誡，例如不許虧損法事、不許虧損 如來等事情，即是法毘奈耶。當我後來遵守法毘奈耶之後，剛開始時是先上課半年，然後再去打禪三；後來發覺半年所得的正知正見都還不夠，又改爲一年；一年又不夠，再增加爲一年半；一年半也還不行，乾脆改爲二年半。所以現在就是在禪淨班先學二年半，然後去打禪三，未來再延長的機會可能不大。如果眞的有必要，還再延長爲三年半也行，讓親教師們辛苦一點；好在也無所謂，因爲他們都覺得二年半時間不夠，講不完所有教材。

這就是說，一定要經過一段時間讓學人去鍛鍊功夫、修除不好的心性；當大家心性都轉好了以後，也就是除糞的事作好了，然後再開始修練參禪的功夫。就是等於先讓窮子知道家裡有許多寶物，這就是一邊鍛鍊功夫、一邊熏習正知正見。除糞，就是教導要把心中的貪瞋癡給除掉，這就是來正覺同修會二年半中要作的工作，這樣就符合大富長者的方便善巧，所以問題漸漸地少了。

這其實是說，你一定要有吸引人的地方，才能讓人進入正覺同修會來。咱們吸引人的地方是什麼呢？就是二倍的工資。念佛的人來了，可以修成一心不亂的念佛功夫；人家念佛三十年都沒有辦法一心不亂，我們可以啊！這是念佛門的二倍工資。又譬如說參禪，人家四十年鍛鍊，都無法鍛鍊成看話頭的功夫，老是在話尾繞；來到正覺，二、三年就可以眞的練成看話頭的功夫，這就是參禪門的二倍工資。這些都可以吸引人，但是我們也有必須要求學人的地方，就是該怎麼樣把心中的糞穢除掉，所以要作觀察：這個人現在適不適合開悟？如果脾氣比張飛還要暴燥，如果他的心性比曹操陰沉，那當然還不適合。又譬如說，如果他在世間法上非常貪，就表示他心中的糞穢還沒有除掉。在種種事相上，要作這些觀察。正覺會幫大家開悟，但是大家想要求開悟，也有自己應該要先作的事，就是除糞穢——領二倍的工資。這二倍工資不領還眞不行，就是說你該作的功夫得要先作起來，心中的糞穢也必須先除掉，這樣子就是除糞的工作以及領二倍的工資。

然後，接下來就是我們週二晚上的講經，不斷地把珍寶顯現給諸位看：我們有這個法寶、有那個法寶，還有好多好多的法寶，有學不完的法寶，這就是讓窮子於佛法內庭進進出出。至於什麼是該拿到庫房裡面存起來的，什麼是該付出去的，窮子已經知道了，這就是諸位來正覺共修所應該瞭解的。而我們作的就像這大富長者一樣，當你們到了該見道的時機了，我們就到大溪去，等於是把國王、大臣、刹利、居士們都找來，那些人是什麼人呢？就是禪三時護三的菩薩們，你們去那裡打禪三，就是去當那個要繼承財產的窮子。等你眞的悟了，當然叫作「大獲珍寶」。然後，你將會看見倉庫裡面有那麼多寶物，你要怎麼樣一件一件去把玩，這就是「禪三悟後整理諸法的所得」。那麼這樣看來，大富長者 佛陀眞的有方便善巧，我們得要學習。可不能像我這一世剛剛出來弘法時，雖然不像那個比丘尼那樣橫衝直撞（因爲她老是橫衝直撞），但是我不觀根器、濫慈悲亂給，等於是把沉香木拿給人家當木柴燒，這就不對了。沉香木有沉香木的用途，不應該拿到灶下去燒。所以我們要學習 佛陀的無量方便善巧。大迦葉這個譬喻是非常好的，我們就在這裡面多多少少也學一點。接下來，大迦葉怎麼樣說他們自己呢？

經文：【佛亦如是知我樂小，未曾說言汝等作佛，

而說我等得諸無漏，成就小乘聲聞弟子。

佛敕我等說最上道，修習此者當得成佛，

我承佛教爲大菩薩。以諸因緣種種譬喻，

若干言辭說無上道：諸佛子等從我聞法，

日夜思惟精勤修習，是時諸佛即授其記，

汝於來世當得作佛。】

語譯：【大迦葉接著說：

佛陀您也像是大富長者一樣，知道我們以前只知愛樂小乘法，所以那段時間裡都不曾告訴我們說：「你們大家未來都可以作佛。」只說我們這些人已經得到了種種的無漏法，成就了小乘法而成爲聲聞弟子。

然後佛陀最後敕令我們說應該要學習最高無上的法道，告訴我們說修習這個無上乘的人未來都可以成佛，我們秉承了佛陀的教誨，因此而成爲大菩薩。

佛陀藉著種種因緣並且加上種種譬喻，運用無量無數的言辭方便爲我們解說了無上道，告訴我們說：諸位佛子隨從我釋迦牟尼聽聞佛法，因此而一世又一世日夜思惟精勤修習無上道，這時諸佛就會爲大菩薩們授記，說你們於未來世將會作佛。】

講義：這就是說，大迦葉等人很清楚知道，剛開始自己其實只是愛樂於小乘法，都不曾聽過佛陀告訴他們說：「你們將來可以作佛。」所以 佛陀在初轉法輪時期，只是告訴他們說：「你們已經證得無漏了。」也就是可以出離三界生死，成就了無漏果；這時當然只是成就小乘聲聞的解脫道，只成爲聲聞法中的弟子而已。然後 佛陀開始二轉法輪，開始宣說實相般若的時候，就常常會衍生出來說：二乘小法不是無上法。所以在般若期就常常有一些法上的論義，在跟菩薩們對談時，使二乘聖人受到叱責。因爲轉實相法輪的緣故，開始常常訶叱聲聞大阿羅漢們的小乘心，然後又鼓舞他們應當要學習至高無上的大乘法。在第三轉法輪時，更是直接叱責不迴心的二乘聖者叫作焦芽敗種，這是很嚴厲的訶叱。也就是說，證得無漏果的大阿羅漢們，假使不肯迴小向大行菩薩道，畏懼未來無量世的生死，那麼他的佛菩提芽是已經燒焦了，他的佛菩提種是已經腐敗了，所以罵作焦芽敗種，這是很嚴厲的訶叱。然後又不斷地宣說佛菩提，告訴大家說：修習佛菩提道的人，最後一定可以作佛。

大迦葉等人這時是承認說：「**我們就是當時秉承了佛陀的教誨，所以今天才能成爲大菩薩。**」成爲大菩薩的意思是什麼？菩薩而能被稱爲大，就是一定已經入地了。因爲這裡是三轉法輪結束時，是講完《無量義經》而演說《法華》，這時把三轉法輪圓滿收攝於唯一佛乘中，示現入涅槃前又說《大般涅槃經》，把佛法攝歸成所作智所依的佛性中，所以這是五時三教中的最後一時說法，在最後說法時爲這些人授記。就是說，他們最少已經入了初地，所以大迦葉等人才敢說自己是大菩薩。從菩薩嘴裡說出自己是大菩薩，這要有相當的證量，這跟《楞伽經》裡面說的菩薩摩訶薩又不一樣了。《楞伽經》

中說的菩薩摩訶薩是明心見道而不退失的人，不一定要到初地通達位，因此菩薩摩訶薩就是大菩薩。但這部經中說的摩訶薩，是要被授記的，所以這裡的大菩薩定義不一樣。

大迦葉這時說：「我是秉承佛陀的教誨而努力修習，所以現在成為大菩薩，而佛陀藉著種種因緣而運用了種種不同的譬喻，並且使用各種言語上的方便來為我們解說無上道，還教誨我們說：『諸佛子啊！你們大家要隨從我來聽聞無上法，每天要日夜思惟，還要精勤不放逸地修學熏習。到這個時候承認為大菩薩了，諸佛都同樣會為大菩薩來授記說：「你們於未來世將會作佛。」』」所以《法華經》把三乘菩提收歸為唯一佛乘，這樣收攝圓滿了，當然同時就會交付家業；就是把如來的家業交付給這一些被度成為大菩薩的聖人們，就是這一些迴心證悟佛菩提而且已經入地的大阿羅漢們。這就等於當眾宣布說：「這些人就是我釋迦如來的兒子，我把所有財寶都交給他們。」交付完了，佛陀才會離開，否則不會離開。這就是這一段經文所說的道理，那麼接下來再看大迦葉怎麼說？

經文：【一切諸佛祕藏之法，但為菩薩演其實事，
而不為我說斯眞要；如彼窮子得近其父，
雖知諸物心不希取；我等雖說佛法寶藏，
自無志願亦復如是。】

語譯：【這一段重頌中，大迦葉說的是，佛陀幫助他們成為大阿羅漢以後，進入二轉法輪、三轉法輪，宣說般若和種智的時期，語譯如下：

一切諸佛祕密藏的重要法義，都是只為菩薩弘演其中的眞實道理，而不為我們這一些聲聞人演說這個眞正要義的所在；

就如同那個窮子雖然可以親近他的父親了，雖然知道他的父親有這麼多寶物，但心中都不曾希望去獲得；

我們這些大阿羅漢們雖然聽說佛法中有那麼多的寶藏，而我們各人自心之中並沒有想要獲得寶藏的志願，就如同那個窮子一樣。】

講義：第二轉法輪時期以及第三轉法輪──佛陀弘法的中期與後期──就是這個樣子，很多法是在 佛陀為菩薩們演說開示的過程之中，大阿羅漢、小阿羅漢們一起坐在 佛陀身邊聽聞，可是阿羅漢們都不敢想說：「這是我們該

得的。」阿羅漢們的想法是：「這是佛陀教給菩薩們的事，既是菩薩的事，跟我們無關。」這就是當時阿羅漢們的想法。諸位也許想：「那阿羅漢們爲什麼他們心量這麼小？」其實不是心量小，而是因爲他們無貪；他們自從證得阿羅漢果以後，心境都是住在可以出離三界的作意下，在灰身泯智預備入無餘涅槃的作意下，這樣認爲：「我就隨從菩薩們在佛陀座下聽法吧！至於證得，我就不一定要證得。」這是阿羅漢們共同的心境。所以如果度人先成爲阿羅漢，你未來要教他們迴心爲菩薩，得要費一番手腳，因爲他們想的是：「捨報要入涅槃，不再來三界了。」

那種情況，跟我現在度諸位不一樣；我度了諸位，不怕你們入涅槃，因爲你們的思惑還在，我知道你們不會入涅槃，我很安心。可是如果誰發起了堅固而不退的初禪之後，我就會小心了，我一定會找他聊一聊，隔個半年一年便找他聊一聊，瞭解他在想什麼。如果他急著要斷五上分結，我就不依了；我就要奮戰，打也要打到他生氣。無理地打他，打到他生氣，可就入不了涅槃，因爲他瞋心起了。所以度不同的人，各有不同的狀況要面對。所以如果是度成阿羅漢了，你得要讓他轉變心中的作意，要愛樂成爲菩薩，否則他將來一定會入涅槃；因爲他已經有把握入涅槃，知道捨報不會再起中陰身可以現般涅槃，他有把握了，你要叫他放棄很難。

也許有人想：「這一世不便答應不入涅槃，等下一世再入無餘涅槃也行，所以就先答應當菩薩，下一世再入涅槃。」其實不成，因爲阿羅漢們很怕下一世在胎昧的情況下，又沒有善知識攝受，或解脫道相應的經典沒有被自己遇見，未來世就無法繼續斷我見、斷盡思惑，或者成爲阿羅漢以前不愼造作了三塗惡業，於是未來世就無法入涅槃、解脫生死了。在這個情況下，想要教他們生起思惑而滋潤未來世的受生種子，是非常困難的。

可是在佛教還沒出現之前，佛陀來人間示現卻必須要先度他們成爲阿羅漢，讓他們可以去作比較：佛陀教導我們所證的，確實不是一切外道所能，也不是諸天天主所能。這樣他們對 佛陀有具足的大信，然後再來慢慢教育他們改變。那麼，當他們證得大阿羅漢解脫果以後，又經過般若期及唯識期，這樣三十幾年的說法，阿羅漢們的心態也就被漸漸地轉變，想一想：「菩薩能夠跟佛陀對談那麼深妙的法，而我們現在也聽聞到、接觸到了，但是佛陀並不是對我們演說大乘妙法，好像沒有準備教給我們。」當大阿羅漢們最後生起了這個心念的時候，佛陀當然會知道，這時佛陀就鼓勵他們要來承接一切的法寶。而這種鼓勵，就是到《法華經》的時候才會來作一個總結，也就是一一陳列出來，等於是大富長者把帳冊跟實物全部列出來預備要點交了，這就是《法華經》裡面〈授記品〉所要作的事，所以後面跟著還會再一一授記。

大迦葉這時知道 佛陀要爲大家授記了，就發露自己的心跡：「以前都認爲，諸佛祕藏之法，是要教給菩薩們的，而我們不是菩薩。所以佛陀演說般若實相、演說唯識增上慧學時都是向菩薩講的，不是跟阿羅漢們講的；我們大阿羅漢們只是有時候插進來對答一下，因爲這個佛法是要成佛的法，成佛的法就應該是菩薩才能得，所以這些成佛之法只爲菩薩說，不爲阿羅漢說。」可是，他們與聞大乘經典時並不知道說：「自己本來就是佛陀的兒子，是過去多劫以來就被佛陀所度的弟子，只是在長時期的生死之中走失了，佛陀如今來到這個地球時又把他們找回來。」這些大阿羅漢們不知道這個道理，因爲 佛陀走失的兒子很多，無量劫中生了許多兒子，可是大部分走失了；在這個地球上示現成佛時終於找回來這一些，但還有別的星球還得再去尋找，所以當大富長者眞的叫作家大業大。

因此說，當 佛陀絕對不輕鬆，這些被找回來的迷失孩子，不是找回以後就沒事了，還要施設各種方便，讓他們心量廣大而願意接受 如來給的廣大財富，挑起如來家業，這不容易啊！所以 如來要一個星球又一個星球，一個小世界又一個小世界，不斷地去尋找孩子們。所以成佛以後不是只坐在佛龕上面等著供養，所以如果有人說：「世尊！您都不入我定中來示現一下，或者來我夢中給我看一下。」佛陀忙得很，不可能隨便有人呼召就來示現，又不是閒著無聊隨時可以來。如來要作的事情多得不得了，祂要不斷地一個小世界又一個小世界，繼續示現成佛去找尋那些多劫以來走失的孩子，所以成佛以後是很辛苦的；成佛前如是，成佛後也一樣。因此說，如果想要趕快成佛，以爲成佛以後就是在那邊享受了，沒這回事啦！如果這樣想的人，其實他連見道的因緣都還沒有成熟，因爲他想的是享受。而 佛陀只是要把祂無量的法寶不斷地教給孩子們，那卻是無止盡的工作。可是，當年這些被度的大阿羅漢們就像是那個窮子一樣，雖然「得近其父」，也知道父親庫藏裡面有多少的金銀寶物，但是還不敢承認對方是自己的父親，而他們心中也沒有想要父親的所有法寶，爲什麼呢？因爲怕拿到那個鉢袋子。

鉢袋子，聽懂嗎？就是繼承佛法血脈。好多人一天到晚要搶鉢袋子——想要獲得住持那個鉢袋子，一天到晚想辦法要把住持的位子搶過來，很多人出家以後是這樣。可是眞正實證的人，不想要那個鉢袋子，因爲那代表自己要把弘法的重責大任承擔下來。所以證悟的禪師們，很多人寧可當老二——他們永遠要當老二而不願意當老大，因爲當老大最辛苦。但是如果有福報，當老大時就很輕鬆；因爲有一個願意拚死拚命爲他去幹的老二，而他從來不想當老大，可是他願意在老大規劃之下拚死拚命去幹。這樣當老大就輕鬆了，因爲他連那個鉢袋子都是老二幫他揹著；到了用齋的時間，老二就幫他拿出來給他用，用完了，老二又爲他去洗乾淨，老二又自動去揹起來；這就是有福報的住持，他只管應酬諸方來訪的大護法們，參學人全都轉付給老二處理，自己樂得輕鬆。老二也正好喜歡如此，厭於應酬諸方大護法們，那些世俗言語很討人厭。

那麼，大阿羅漢們心量其實是夠的，只是害怕未來世會繼續流轉生死。如果已經離開胎昧的話，這個恐懼就比較少；如果還沒有離開胎昧，這個恐懼就會很大。想一想：三大無量數劫，在沒有滿足三地心而發起意生身以前，是還沒有永遠離開胎昧的；但是入地以後要到三地滿心以前，要走多久？何況有的人要在四、五地滿心時才會發起意生身，永遠離開胎昧的時程會更長遠；所以想到這裡，心中有恐懼：因爲這一世有把握入涅槃了，永離生死痛苦；可是下一世再受生以後，換了個新的意識，忘了這一世的解脫果證，又要從頭開始修學，那時萬一不小心下墜了，該怎麼辦？就因爲這個緣故，大部分的阿羅漢們雖然在第二、第三轉法輪時與聞了大乘經，也很羨慕菩薩們不斷地從　佛陀那裡學到那麼多法寶，可是他們心裡面沒有過愛樂之心，因爲心想那個如來家業太沉重了。不但沉重，而且挑起來以後要走的路是非常遠的三大阿僧祇劫；想著想著心都畏懼了，所以他們雖然聽聞　如來爲菩薩們宣說成佛時有那麼多寶藏，可是自己心中沒有志願要得。就像那個窮子明知道大富長者庫藏裡面有那麼多的金銀珍寶，可是他沒有想要；因爲他一旦接了，就要負起經營的重責大任。一定要負起經營的責任，那可是永無盡期受生於三界中，利樂眾生永無窮盡，並不是說接了以後就每天花天酒地。

這意思就是說，菩薩是要願意承擔，而不是只想得到佛法中的珍寶。也就是說，開悟了以後，不是要用開悟的證量去獲取世間的名聞與利養，因爲開悟以後要作的就是爲 如來的家業去承擔。你在 如來的家庭裡面出生、長大了，就該隨分隨力，看自己能作什麼，就去作什麼，幫忙大家一起把 如來這個家業給挑起來，這就是大家應該作的事。可是當時想要大阿羅漢們發起這樣的心是很困難的，因爲他們的心境是很寂滅的，他們還放不下那個入無餘涅槃的功德；他們對未來世是有恐懼的，因爲未離隔陰之迷，對於自己在未來世能不能繼續這一世所修的菩薩道，他們心中有恐懼。

其實也不用恐懼，因爲你已經證得解脫果了，之後也證悟般若了，這個種子在你心中了，未來世雖然還是不離胎昧，但沒關係，緣熟的時候，佛菩薩自有安排，這些實證的種子自然就會現前，於是又重新實證而又漸漸完整起來。所以，如果不是佛菩薩有安排，諸位不會來到正覺同修會中。如果不是佛菩薩有安排，我也不會從浙江生到這個以前被叫作鳥不生蛋的台灣來，以前台灣眞是一窮二白。如果不是佛菩薩有安排，我也不會出來弘法，因爲我這個人說難聽一點就叫作沒有什麼野心，也就是沒有企圖心。可是因緣就這樣一步一步發展，弄到後來，正覺同修會不得不成立了，我卻抽不了腿，後來就眞的只能一直作下去了，爲什麼呢？因爲那一些大法師們把佛教搞成這個模樣，本來很潔淨、很純淸的一個佛教殿堂，弄得五色旗花花綠綠的，裡面又是狗屎、又是鳥屎——把雙身法也帶進佛教殿堂中，愚癡眾生就這樣在這裡面打混，眞的看不下去。

若是放任著不理它，這一世倒沒關係，到下一世去，我們大家的道業怎麼辦呢？而他們那些人跟著大法師們打混一世以後，下一世又該怎麼辦？都要跟著那些大法師和喇嘛下三惡道去，那時該怎麼辦呢？所以看到最後，眞的沒辦法，就從被動變成主動了，於是我只好努力奮起，要把廟裡的乞丐趕出去，把失去的廟公身分找回來，自己重新當起廟公來。我現在就是重新當廟公，本來被乞丐搶走了，現在重新要搶回來。我眞的也長得像廟公吧！（大眾笑…）有一次我買藥時——因爲我固定在一家藥房買藥——有一次看她從電腦中鍵入電話號碼叫出來，在她們的電腦中，我這客戶的名字叫作「廟祝先生」，我說：「我怎麼變成廟祝了？我是寫書的，一年最少出六本書。」她們後來就改了——寫書先生。不過當廟祝也好，最後總是要把強佔廟產的乞丐趕出去，我們再回來重新把佛教殿堂打掃乾淨。現在我倒變成主動去作了，以前是時勢發展一步一步被拖下去作，然後是不得不作，現在就眞的努力去作，想要復興佛教正法。

那麼「諸佛祕藏之法」，大家要瞭解的是：這是只傳給菩薩的，不傳給聲聞人。所以如果是不迴心的阿羅漢，佛陀根本不會給他機鋒，不想幫他實證；因爲這是成佛之道所應該證的內涵，不是成阿羅漢之道所應該證的；所以　佛陀在這個部分始終都是涇渭分明，不該得的人就不會給他得。單單是出家好了，佛陀認爲不該出家的，就是不讓他出家。譬如有的居士想要出家，佛陀認爲他的因緣不適合，就是不讓他出家，要求他在家，爲佛教來當護法。又譬如提婆達多，佛陀認爲他出了家，將來會壞法，不讓他出家；結果提婆達多使詭計，他跑到很遠的地方去找阿羅漢出家。那時不像現在用電話可以通來通去，如果那個阿羅漢是個慧解脫，沒有神通，佛陀也無法在遠地與他溝通；或者說他晚上都是入定而住在等至位中，佛陀也無法跟他溝通，因爲他不在等持位中；或者說他有神通，可是他都不住在神通境界裡面，就無法通知他。

當時有那麼多的阿羅漢，難道　佛陀得要示現神通，一個又一個去爲他們吩咐嗎？所以，提婆達多是使這個詭計就這樣出家了。那麼既然出家了，也只好接受了，所以才會有後來壞法的事件發生。因此，該給什麼人什麼法，佛陀是有原則的，該給菩薩的是無上珍寶，就把無上珍寶交給菩薩；該給聲聞的是那一些鍍金的銅，就給他們鍍金的銅，佛陀就是這樣涇渭分明。但是對這些大阿羅漢們，爲什麼在跟菩薩們論這些深妙法義的時候，都不遮止大阿羅漢們來共同聽講呢？爲什麼都要讓他們同時與聞？因爲想要改變他們的心志，要漸漸熏習他們。所以後來阿羅漢們才終於對佛法中的所有珍寶有了愛樂之心，最後終於起心動念想要成爲菩薩；只是 佛陀還沒有說出來之前，他們不敢請求，也不敢承認自己是菩薩。最後 佛陀看看因緣熟了，他們也證悟了，也熏習三十幾年了，菩薩應有的心性也足夠了，所以就公開說：「你們都是菩薩，都是我釋迦牟尼佛的兒子。」因此，才可以演說《法華經》，公開爲大家授記。

《妙法蓮華經》今天要從六十頁第二段開始：

經文：【我等內滅自謂爲足，唯了此事更無餘事。

我等若聞淨佛國土，教化眾生都無欣樂；
所以者何？一切諸法，皆悉空寂無生無滅，
無大無小無漏無爲。如是思惟不生喜樂。
我等長夜於佛智慧，無貪無著無復志願，
而自於法謂是究竟。我等長夜修習空法，
得脫三界苦惱之患，住最後身有餘涅槃；
佛所教化得道不虛，則爲已得報佛之恩。
我等雖爲諸佛子等，說菩薩法以求佛道；
而於是法永無願樂。

語譯：【這一段重頌中，大迦葉是說：】

我們這些人把自己的內法五陰十八界滅盡了，自以爲這樣就是把佛法究竟實證了，只要在無我上面把解脫道的諸法通達了以外，再也沒有別的事情需要我們繼續進修的了。

我們這些大阿羅漢們，以前如果聽聞到佛陀您說要如何清淨將來成佛時的國土，以及應該要如何來教化眾生，連一點點歡欣喜樂的心情都沒有；

爲什麼呢？因爲自從我們在佛陀幫助下證阿羅漢果，後來又明心而證悟佛菩提以後，再來看待一切諸法全部都是空寂，一切諸法也都是無生無滅的，既沒有大也沒有小，既是無漏也是無爲。

我們就是像這樣子來思惟一切諸法，所以對淨佛國土教化眾生，並不生起喜樂之心。

我們這些大阿羅漢們在無始劫以來的漫漫長夜無明乃至於到了現今，對於佛陀所得的智慧，心中沒有貪求也沒有執著，也不再有什麼志願想要得到佛地的智慧，而我們自己以爲這樣在解脫上就已經是究竟了。

我們這一些人從無始劫以來，都在無明長夜之中修習聲聞所證的空法，因此在五蘊空法上可以脫離三界生死苦惱的災患，今生已經住於最後身的有餘涅槃；

佛所教化而讓我們眞實獲得的法道並不虛假，我們證實了這一點就是已經完成報佛恩的事情了。

我們這些大阿羅漢們雖然有時也爲眾多的佛弟子們，解說菩薩法而讓大家來追求佛道；但我們自己對於成佛之道的種種法，卻永遠沒有志願和欣樂

之心。】

講義：這就是說，大阿羅漢們可以出三界以後，他們心裡面對於佛菩提的究竟功德，並沒有志願想要具足修證。如同我以前講過的，我說阿羅漢們證得有餘涅槃以後，確定自己死時是可以入無餘涅槃的，這時對入涅槃是有貪著的，要叫他放棄入涅槃是不容易的，這種心境跟凡夫的心境眞是天差地別。對一般人以及凡夫大師而言，你若告訴他：「**入無餘涅槃就是把自己滅盡，不再有一絲一毫的自我存在。**」他們聽了都會害怕。因爲一般人和凡夫大師們最重要的就是自我應該永遠存在，凡事以自我爲中心，不論什麼事情都不脫離自我爲中心。所以一般人與凡夫大師們，你如果要他們把自我滅盡，讓他們可以入涅槃，他們都是不想要的，他們都會恐懼。

可是，當我執滅盡成爲阿羅漢以後，對於入涅槃的事，卻變成執著，變成他們最大的目標。要求他們不要入涅槃，繼續受生到下一世去，盡未來際行菩薩道，他們是沒有一點點意願的。所以大阿羅漢們總是認爲生死已了，不再有後世的自我輪迴生死，這就是「**所作已辦**」；除了這個以外，對別的事情都沒有喜樂之心。所以，他們聽到 世尊對諸菩薩們說明：「**將來成佛時的佛土，現在就應該要如何清淨；爲了清淨佛土，在因地應該如何作；爲了攝受佛土，又應該如何攝受眾生。」阿羅漢們聽了都沒有喜樂，因爲心想：「那是菩薩們要作的事，不是我們阿羅漢要作的事。」他們都這樣想。

爲什麼他們對於成就佛土的事都無喜樂？他們對於佛菩提道沒有喜樂，對於盡未來際不斷受生來度眾生的事情也沒有喜樂；因爲他們成爲阿羅漢以後，佛陀帶領著他們，往往有機鋒示現而幫助他們親證空性如來藏。可是證悟了如來藏以後，他們仍然是聲聞，還沒有把菩薩性完全激發出來；只是菩薩所知道的，他們知道一些了；佛陀爲菩薩們所說的法，他們也聽懂一些了；可是他們的心態仍然是聲聞，仍然準備死時就要入無餘涅槃的，這就是當時大阿羅漢們的心境。但是佛陀何嘗不知，一時也不跟他們戳破，就按著方便善巧一步一步地次第施設來幫助他們迴心。

他們在 佛陀幫助下悟得空性如來藏以後，現前觀察「一切諸法，皆悉空寂無生無滅」，這跟以前在聲聞法中的說法不一樣，阿羅漢以前依聲聞解脫道所說的法，說一切法是很喧鬧的，一切法都不寂靜，一切法都應該滅盡。可是，現在反過來說一切法空寂，這根本就是一百八十度的轉變。在聲聞法中說一切法有生有滅，生滅不停，無有一法是不生滅的；現在來到大乘般若實相法界時，乃至最後到《法華經》的時候，這些大阿羅漢們竟然說一切諸法無生無滅了。這表示說，他們已經證得空性如來藏了，有了不少實相般若智慧，能夠現見「一切諸法」「空寂無生無滅」了，並且又說「一切諸法」是「無大無小無漏無爲」。

從阿羅漢位的所見，他們依聲聞法所見的一切法，明明是有大有小；現在他們竟說一切法「無大無小」，這是要從如來藏的境界來現觀，才可能是一切法平等平等而「無大無小無漏無爲」的。現在他們說一切法「無大無小」，顯然是已經證悟空性如來藏了。然後又說一切法「無漏無爲」，認爲一切法是無漏的，也是無爲的，可是明明他們成爲大阿羅漢以後去托缽時，明明都是有爲法，爲什麼又變成無爲法？即使成爲大阿羅漢以後，他們也現見五陰本身是有漏法，爲什麼現在又說是無漏法？原來現在是改依如來藏空性來說，依如來藏來說五陰十八界，乃至依如來藏來說一切的貪瞋癡萬法，全部都無漏也是無爲；因爲實際理地的空性如來藏就是這麼回事，縱使是在有爲法中，祂依舊是「無漏無爲」。

大迦葉現在說這個話，顯然是依空性如來藏的境界而說的，所以一切法變成「無漏無爲」了。由於這樣的思惟，對繼續留在人間「教化眾生」「淨佛國土」的事，他們就都沒有意願了。不曉得諸位還記不記得，我在早期寫的書裡面說，如果明心以後深入去觀察整理，但是在還沒有眼見佛性以前，一定會趣向空寂，會一直趕快想辦法成爲阿羅漢，將來死了就入涅槃。我早期的書裡面就有講過。（現場有人說：「是《悟前與悟後》。」）喔！是《禪—悟前與悟後》。如果有眼見佛性，一樣的空寂，可是卻如瀑流水一般非常地踴躍，我說「眞覺流注」而很踴躍，這時候就不會再趣向空寂了。

從經文記載的這個情況，大迦葉這麼說，表示什麼呢？表示他有明心、有證悟，可是他沒有眼見佛性。沒有眼見佛性時，就是會看到一切法空寂，因爲把一切法攝歸如來藏的時候就是空寂。雖然已經悟了如來藏，還是偏於空寂一邊，因爲他不能現見如來藏的本覺是如何清淨不斷地流注而從來沒有生死。他無法這樣觀察所以偏向空寂，他講這些話的時候就是這個境界。

不過，諸位可不許說：「這大迦葉到現在應該還沒有見性。」可不能這麼講，因爲他們後來都發起菩薩性而被 佛陀授記，然後繼續受生於人間—

—不一定在這個地球的人間，當然就有機會眼見佛性。佛世的大阿羅漢大部分是沒有眼見佛性的，絕大多數啦！那麼這並不可恥，因爲眼見佛性是菩薩法中非常重要的一個法，大阿羅漢菩薩們不一定要見性。從這裡來看，大迦葉當時偏向於空寂，因爲他已經證得如來藏而觀察「**一切諸法，皆悉空寂無生無滅**」，跟以前在聲聞道中說的一切法喧鬧、一切法有生有滅、一切法有大有小都是有漏有爲完全不同。在阿羅漢位所見的時候是這樣說的，可是證悟如來藏以後，說法卻反過來一百八十度的轉變了，然而完全沒有衝突。

說法完全不同，竟然沒有衝突，是什麼原因呢？是因爲他以前所見的一切法都是現象法界中的生滅法，而現在是依不生不滅法如來藏，來看待一切如來藏所生的生滅法，把所有生滅法攝歸於不生滅而完全空寂的如來藏，所以一切的生滅法就變成不生滅了。可是因爲沒有眼見佛性，他仍然不免偏於空寂，不是像眼見佛性的時候那麼踴躍——原來山河大地上都看得見自己的佛性，那麼眞實。從佛性的常住來看待山河大地的時候，那山河大地眼見之下就已經是虛妄的；不是去作思惟比對而說它虛妄，是眼見的當下就是虛妄的。但這一種證境是沒有幾位大阿羅漢實證的，所以這時候大迦葉也是如此。

因此他們就說：「我們這些大阿羅漢們在生死的漫漫長夜之中，對於佛菩提的智慧沒有貪愛也沒有執著，不會再生起至心求證佛菩提的大願；然後又自己以為在解脱法上面已經是究竟了。」那麼也不能夠說他們錯了，為什麼不能呢？因為如果只是談解脫生死，阿羅漢入了無餘涅槃，那已經是究竟解脫，因為假使菩薩們會入無餘涅槃，假使諸佛也會入無餘涅槃的話；或者說三種阿羅漢：三明六通大阿羅漢、俱解脫阿羅漢、慧解脫阿羅漢入無餘涅槃，結果入涅槃以後的境界是完全一樣的，並沒有差別。所以，他們認為說：「我們這樣在生死解脱的法上面已經是究竟了。」這樣說也沒錯啊！從無餘涅槃的境界來說，三乘聖者若進入時，其中的境界並沒有差別。可是如果從涅槃實際，也就是從所知障、煩惱障是否斷除淨盡的差別來看，那麼涅槃的本質就差很多了。可是即使成佛了，假使也入無餘涅槃，在涅槃裡面的境界是跟慧解脫阿羅漢完全一樣的，因為同樣都是五陰十八界一切法滅盡；既然都滅盡了，剩下的依舊是第八識空性如來藏的境界，那就沒有差別了。

可是，從菩薩的智慧所見來說，在無差別中還是有差別，菩薩們會告訴阿羅漢：「你先別入涅槃，因為你如果入了涅槃，在無餘涅槃中還是有自心種子流注，使你在世時聽聞大乘法要而產生的敬仰之情重新流注出來，那麼你將來免不了還得要再出離無餘涅槃，重新再來行菩薩道。除非你一生一世都不聽聞佛陀說大乘法，或是聽聞之時連一絲絲的景仰或愛樂之心都不曾生起。」菩薩會這樣告訴他。如果大阿羅漢有聽菩薩這麼說，他們已有一分菩薩性，就不會想要入涅槃。因為他會想：「我如果入涅槃以後很久了，不曉得幾萬劫、幾億劫、幾個無量數劫以後，還是要重新再來三界中廣修菩薩道，那我何必現在入涅槃？既然以後還是要再辛苦來走成佛之道，我不如現在就開始行道。」可是有的阿羅漢不會這樣想。菩薩把道理為他們講了，他們還是會繼續入涅槃，因為入涅槃了脫生死，對他們的誘惑很大。那時該怎麼辦？那就只好等待 佛陀宣講《法華經》時開始授記了，他們想：「原來我們眞的可以成佛。」於是他們就有意願要走上成佛之道了。

然而，對於還沒有正式修學佛菩提的阿羅漢而言，對於還沒有正式發起菩薩性的阿羅漢而言，他們會認為生死解脫之法，他們已經究竟了。所以大迦葉接著說：「我們這些阿羅漢們，在生死的漫漫長夜裡面都在修習空法，」也就是在修習聲聞解脫道。空法，就是諸法空：五蘊空、十二處空、六入空、十八界空，最後就是要滅盡自我，成爲一切法空，這就是修習空法。可是如來藏眞實不空，因爲祂有眞實的自性存在，卻不是自性見外道講的六識等自性。所以這是阿羅漢們所不欣樂的，因爲悟了如來藏以後，將來要生生世世行菩薩道；想到死後要重新入母胎，然後再從頭去當一個什麼事都不懂的嬰兒，每一世都要這樣子重新開始，他們的腳底就涼了，他們會覺得很恐怖。

諸位之中也許有很多人覺得說：**「死了就是應該再去投胎啊！爲什麼不去投胎？難道要斷滅空啊？」**阿羅漢們都知道死後入涅槃並不是斷滅空，可是他們很害怕再當一個什麼都不懂的嬰兒再從頭開始，很害怕！所以他們一心一意要解脫於三界生死的各種災患。而如今成爲大阿羅漢，就是**「住最後身有餘涅槃」**；從無量劫以來到現在，這一世擁有的人身已是最後身，因爲死後就入無餘涅槃而不再受生，所以不論欲界、色界、無色界，都再也找不到他們了，所以他們這一世的五蘊之身是最後身。住於這個最後身，死後就沒有中陰身，也不再入胎了，從三界中消失了；但是在入涅槃之前，他們終究仍然還有冷熱、痛癢、飢渴、病痛等苦，所以仍然有五陰上的餘苦未盡；既有餘苦未盡，就稱爲有餘涅槃。他們也認爲 佛陀所教化的這一些正法，已經讓大阿羅漢的他們實證了這一些法道，而且證明都不虛假，都是可以實證的，他們認爲這樣就是已報佛恩了。

可是那時大阿羅漢們其實太天眞了，能夠實證大阿羅漢果就是報佛恩嗎？他們還不很瞭解　佛陀來人間的目的是要作什麼？很多人都沒有想到的一點。也就是說，佛法的實證愈深入，證量愈高，責任就愈大。如果只是歸依三寶作爲一個凡夫弟子，責任就很小。如果你證了初果，你就有自己一分應該負起的責任；如果你證得阿羅漢果了，那責任又更大一些。何況他們成爲大阿羅漢以後，佛陀又幫他們證得空性如來藏了，有實相般若智慧了，所以懂得觀察說：「一切諸法，皆悉空寂無生無滅，無大無小無漏無爲。」他們大阿羅漢若眞的是聲聞人，佛陀幹嘛要把菩薩的根本大法送給他們呢？他們把　佛陀的大禮收了，佛陀給他們的是最大的摩尼珍寶，他們把　佛陀給的可以變生「一切諸法」的大寶珠收了，難道都不必付出什麼代價嗎？沒這回事！有誰收了那麼重大的可以變生萬法的珍寶，而不必付出任何代價的？他們還沒有想到這一點。但是　佛陀一時也不逼他們，反正就一步一步慢慢來，按部就班教導，最後他們還是得要承擔起來——講《法華經》時就是要他們承擔。可是佛陀也不白白要他們承擔，還給他們另外一個紅蘿蔔，放得遠遠地等著他們。那馬兒再怎麼鞭打，牠都不走，你沒奈牠何；但是只要弄個棍子，一端綁著紅蘿蔔拉得遠遠地，牠爲了吃紅蘿蔔就一直往前行走了。

「**我等雖爲諸佛子等，說菩薩法以求佛道；而於是法永無願樂。**」這時他們就是這回事，他們已經證實說：「**佛所教化的這一些法道，我們都證得了。**」確實是證道了，也眞的不虛假，因爲不但可以出離三界生死，連能夠出生萬法的如來藏這個摩尼寶珠，他們也從佛陀手裡得了。以前他們認爲這樣便是已經報佛恩了，所以他們明心之後，佛陀有時也爲諸佛子等「**說菩薩法**」，他們當然也隨從聽聞。因爲他們既然明心了，般若諸經也聽懂了，有的凡夫位佛弟子想要求得菩薩法，那麼大阿羅漢們也就隨緣隨分而爲佛弟子們演說，當然不可能是講一切種智，只能隨緣演講般若。因此，他也能「**爲諸佛子等，說菩薩法以求佛道**」，讓那一些凡夫位的佛弟子們可以藉著從大阿羅漢那裡所聽聞的菩薩法，來求證佛道。可是大阿羅漢們畢竟對於成佛的修行過程，以及最後所得的佛地果報，永遠都沒有願望；是沒有志願也不覺得有喜樂之心，所以不願意發心繼續受生上求下化。

也許有人說：「這《妙法蓮華經》會不會是後人編造的？因為阿羅漢有證如來藏嗎？」說的也是，問得也對。但是這麼一問，我們就說他只知其一、不知其二，因為大阿羅漢們並不是所有人都不迴心。那些不迴心的阿羅漢，佛陀也沒有預定他們會成為菩薩，當然不會幫他們開悟，所以他們是不證如來藏而不懂空性眞如的。可是 佛陀預定中的某一些大阿羅漢將來應該是要成為菩薩的，就會幫他證悟如來藏。所以大阿羅漢們之間互相也會討論到涅槃的本際，因此有一些大阿羅漢們的論裡面就有談到外識與內識的差別。這個事情，我在《阿含正義》中已經有寫過：他們把第八識稱作外識，把識陰六識以及意根稱作內識。為什麼他們要這樣說？因為第八識可以接觸外法，所以稱為外識。第八識可以接觸外面的六塵，但是覺知心接觸不了外面的六塵，只能接觸十八界中的六塵，可是那個六塵是內相分，所以這個覺知心便叫作內識。

那麼阿羅漢的論裡面都有這麼說，就表示大阿羅漢們都是不否定第八識的。假使有人宣稱他成為阿羅漢了，結果他竟然還在否定第八識，你就知道他根本不是阿羅漢，只是一個博地凡夫。因為當他否定第八識的時候，意思就表示他無法眞的斷我見。當他把第八識否定了，然後依據聖教量說入無餘涅槃時要滅掉十八界全部，他會想：「無餘涅槃是斷滅空。」這樣子，叫他把識陰否定就不可能了，因爲他必然「因內有恐怖」；「因內有恐怖」的人一定害怕入涅槃時要滅盡十八界全部，怕成爲斷滅空，就不敢想要滅盡十八界，一定會想要留著細意識不滅，就成爲「因外有恐怖」的凡夫，永遠都無法證得聲聞果。所以如果有誰自稱證阿羅漢，或自稱證三果、初果，結果他卻是在否定第八識，你就知道他一定是個凡夫。

這表示他對二乘涅槃是完全不懂的，因爲他如果知道入無餘涅槃是要滅盡五陰十八界，他就會思考：「那麼滅盡以後是不是斷滅空？如果滅盡十八界以後是斷滅空，我幹嘛要把覺知心自己否定？我寧可死了再去投胎，我不要當個斷滅空的愚癡人。」所以如果他否定了第八識以後，而又知道無餘涅槃是滅盡五陰十八界，他就不可能否定五陰十八界全部，那就表示他一定會回頭把意識心建立爲常住法，那他就變成常見外道了。這樣的人不管他是自稱菩薩，或者自稱是聲聞人，他都仍然是凡夫。

可是 佛陀認爲說：這一些阿羅漢們，將來要讓他們走上佛菩提道，不許他們入涅槃，所以佛陀就會幫助他們先悟得如來藏，證得眞如空性，讓他們知道佛菩提道不是虛妄的，所說的般若諸經不是性空唯名，而是實相法，不是虛相法（性空唯名就是虛相法）。那麼，大迦葉所說的這個部分，就是說明世尊先鋪陳出一條路，讓大阿羅漢先走一小段；當這些大阿羅漢們跟著 佛陀已經走上一段路了，卻還不知道這一段路已經是佛菩提道。因爲明心這一回事就是佛菩提之道，他們又跟著 佛陀聽聞般若諸經，有時候他們也會跟 佛陀對談一些般若實相，這其實是已經在佛菩提道上行走了，可是他們自己並沒有警覺，你們說 佛陀的善巧是不是太厲害了？這眞是厲害，讓他們自己先走了好大一段路，他們竟然還不知道。所以大迦葉這時才說：「『我等雖爲諸佛子等，說菩薩法以求佛道』，可是我們自己卻還對大乘佛法沒有願樂。」他們並不知道 佛陀已經拉著他們的手走了好長一段路。這就是說，大迦葉現在終於知道，自己其實已經不知不覺跟著 佛陀走了好長一大段的佛菩提道了。那麼接下來，佛陀再怎麼攝受他們呢？這還是要由他自己來講：

經文：【導師見捨觀我心故，初不勸進說有實利；

如富長者知子志劣，以方便力柔伏其心，

然後乃付一切財物。佛亦如是現希有事，

知樂小者以方便力，調伏其心乃教大智。

我等今日得未曾有，非先所望而今自得，

如彼窮子得無量寶。】

語譯：【大迦葉這一段話是在說明：

身為眾生導師的世尊，現前暫時捨棄了我們，不強逼我們發起菩薩願、行佛菩提道，因為觀察我們的心志還沒有強烈到願意繼續受生來行佛菩提道，為什麼這樣呢？因為已經觀察我們這些大阿羅漢們的心量還不夠大、志願還不夠強，所以一開始就不勸進我們，也不告訴我們說行菩薩道有眞實的利益；

就如同大富長者知道窮子心志仍然下劣，而以方便善巧的力量來調柔和降伏這窮子的心，然後才交付給他一切的財物。

佛陀也是像大富長者一樣顯現這種希有的事情，知道我們這些阿羅漢們只愛樂於小法，就以種種的方便力來調伏我們的心志，終於才教導我們佛菩提道的大智慧。

而我們這些阿羅漢們今天所遇見的妙法，眞是從來不曾有過的，也都不是以前曾經想要或者曾經希望過的，而如今竟然不求自得，猶如那個窮子突然間獲得無量的寶物一樣。】

講義：「導師見捨觀我心故，初不勸進說有實利；」因爲如果一開始就對阿羅漢們明說：「修學佛菩提多麼好、多麼好、多麼勝妙。」那阿羅漢們很聰明，因爲都成爲阿羅漢了，一定不笨，聽佛陀這樣一再強調、一再強調，就一定會想：「糟糕了！佛陀要我修菩薩道了。」他們一定會知道啊！且不說阿羅漢們，單說還沒有成爲三果、四果時候的阿難，他在初果、二果經歷過很長一段時間，那個時候阿難看見 佛陀嘴角稍微有一點笑意時，他馬上就會問：「佛陀！您是爲什麼事笑？」他立刻就問，他一看就知道一定有事。佛陀凡是有一點什麼表情，他的智慧知道 佛陀看見某一些事情不是平常事。一般人看著以爲是平常事，但是阿難尊者知道裡面一定有文章。所以有時候 佛陀托缽的時候，看見某一件事情笑了，或者看見一條狗時笑了，他馬上就問：「爲什麼佛陀您看了這條狗而笑了？」佛陀就會說那一條狗過去世的故事。

諸佛都不妄笑，諸佛如果微笑一定有事情，表示過去世有些什麼事情是值得一提的，所以 佛陀看見那一些事情時就會微笑。如果 佛陀一天到晚說：「菩薩道多麼好、多麼好。」阿羅漢們當然會知道：「這一定是要我們修菩薩道。糟了！糟了！不能入涅槃了。」一定會知道啊！所以 佛陀看見他們心量還狹小，就暫時放捨，只是幫他們去實證無餘涅槃；但是 佛陀能夠觀察他們未來的發展，知道他們最後一定會走向菩薩道，只要善巧加以勸誘，就可以走向菩薩道。佛陀早就看清楚所有阿羅漢們在想什麼，佛陀沒有不知道的，所以「初不勸進」；初，就是剛開始的時候就不勸他們；這個「初」有時候又解釋爲「一直」或「從來」的意思；所以也可以解釋爲從來都不勸進他們，不告訴他們說：修學佛菩提道有什麼眞實的利益。

「如富長者知子志劣，以方便力柔伏其心，然後乃付一切財物。」實際上修學佛菩提道有什麼不好？很好啊！眞的是眞實利益，因爲不是一切法空。當然，既然這麼好，得者當然要付出代價，所以不許入涅槃，這就是成佛的人一定要支付的代價。就好像大富長者知道他那個窮子心志，仍然狹劣不足以發大心，阿羅漢們剛開始時就像那個窮子，心裡面想：「我今天只要能夠有一餐可以吃，不會餓死就行了。」阿羅漢們的果位就相當於佛菩提道中一餐之資，因爲聲聞人一天只能吃一餐，所以他一餐之資就是一日之資、就是一世的所得，聲聞聖者一世的所得則等於菩薩一餐之資。因此佛陀要以方便力把他們的心性調柔下來、降伏下來，才可以把佛菩提中的一切寶物交給這些大阿羅漢們。

「佛亦如是現希有事，知樂小者以方便力，調伏其心乃教大智。」大迦葉這時很清楚這一點，一點都不懷疑。所以說，佛陀就是這樣示現希有之事，知道哪一些人是愛樂小法的人，可是他們有可能成爲菩薩，於是就用種種的方便力來調伏他們的心；把他們的心志調伏、增長廣大了以後，接著教導他們大智慧。否則的話，那些般若部的經典需要講那麼多嗎？如果不是爲了調伏這些阿羅漢們，《般若經》不必講那麼多，只要講一部《金剛經》就夠了，大不了加上一部《小品般若經》，也就足夠了。《大品般若經》有六百卷，還有《仁王經》等等，份量不少啊！看來是不需要那麼多部經典啦！可是爲什

麼　佛陀要講那麼多？就是要讓大阿羅漢們知道，藉由這個般若的實證以及悟後的進修，可以入地乃至將來如何次第完成佛道。

這就是讓他們瞭解，要成爲眞正的菩薩以前應該先具備什麼；也讓他們瞭解，證悟這個眞實心如來藏，將來是可以成佛的。但是不能特地這樣講，所以把佛菩提道的內容全部打散開來，在般若諸經裡面，先作一個概略的說明，讓他們通達大乘見道的所有道理，讓他們瞭解怎麼樣可以成就佛道。這就是入地所必須的條件、入地必須有的智慧，這樣才能叫通達般若而入初地；爲了讓他們的般若見道可以通達，所以須要講那麼多的《般若經》。關於《般若經》，諸位證悟後如果有空，你可以把《小品般若經》或《大品般若經》拜讀看看，你會發覺說：佛陀爲何這麼囉唆、這麼老婆，重複地講而且不怕囉唆？當你證悟了以後去讀《般若經》時，一定會說：「喔！佛陀眞的夠老婆。」好像怕大阿羅漢們聽不懂，所以講了又講、講了又講。

佛陀講那一些般若諸妙法的時候，菩薩們配合演戲也跟著　佛陀那樣講，很多時候講的每一句話都是「絡絡長」，都是很囉唆的口氣，就深怕大阿羅漢們聽不懂，這就是故意讓他們知道整個佛菩提道的內涵。但先不跟他們宣講一切種智，只是講成佛之道的整個概要內涵，想要讓他們見道的見地得以通達。可是讓這些大阿羅漢通達，知道證悟如來藏以後，將來怎麼樣繼續修行可以成佛，但他們都還沒有愛樂之心。你看：佛陀度這些人有多麼辛苦？眞的好辛苦啊！因此，你們在正覺學法，就不要一天到晚喊辛苦，因爲不論怎麼辛苦，都不可能比 佛陀當年辛苦。我也不曾想過說：我比 佛陀辛苦。因爲比起 佛陀度那些大阿羅漢們來說，我現在算是輕鬆多了。

「我等今日得未曾有，非先所望而今自得，如彼窮子得無量寶。」所以，世尊先讓他們通達般若以後，接著才開始作授記；因爲他們已經通達了，而且也爲佛子們不斷地演說這一些菩薩法了。他們早就都沒有性障了，因爲他們貪瞋癡已經斷了，不再有現行了（雖然還有習氣種子，但已沒有現行了），所以有足夠的聖性可以入地，接下來就是要讓他們眞的入地了。但是想要讓他們入地時該怎麼作？得要使他們願意發起十無盡願。發十無盡願，叫作虛空願，爲什麼呢？因爲這十個大願無窮無盡猶如虛空。這十個大願的發願，在每一個願發完時都還要再這麼發願：「虛空有盡，我願無窮。」就算虛空眞的滅了，但我的願還在，永遠不滅。這十個大願都不小呵！可是這十個大願是無窮無盡的，所以成佛以後還是被十無盡願所持，轉到別的星球繼續再示現受生成佛度眾生，所以成佛以後是不得休息的。既然要這些阿羅漢們願意發起十無盡願，要他們對十無盡願生起增上意樂，總得要給幾個糖果吧？這些糖果就叫作授記，要確定他們將來眞的可以成佛。這樣，大阿羅漢就有願望繼續來修菩薩道了。他們把這個願望發起了，心量廣大了，當然就可以把一切佛法中的法寶全部交付給他們。那麼，佛陀原班人馬又可以到別的地方再去合演另一場無生大戲，這裡就交給所度的大阿羅漢繼續去度，這就是佛陀方便的施設。

大迦葉現在終於懂得這個道理，由於那個授記好迷人，確定自己將來可以成佛，佛號也有了，將來的佛世界名稱也有了，佛世界是怎麼個狀況，聲聞弟子、菩薩弟子各有多少，正法、像法、末法住世各多久等等全都有了，原來這是眞的啊！因爲 佛陀的授記從來都不虛妄，不是只有一次、二次被檢驗，佛陀的授記是被檢驗過幾十次、幾百次了，包括對外道的授記、對凡夫的授記，都一樣應驗。如果 佛陀授記說這個凡夫死後到哪裡去了，有神通的人一定可以看到他眞的往生到那裡去。如果 佛陀授記這個人入無餘涅槃，不再來三界了，天眼通再好也找不到他。佛陀的授記是一再被檢驗、一再被證實的，所以現在作了成佛的授記，大阿羅漢們當然信啊！因此這時候終於定下心來，願意好好去行菩薩道了。今天知道說自己眞的可以成佛，所以說「我等今日得未曾有」，因爲以前都不敢想說自己是眞的菩薩，雖然也知道菩薩三賢位的法，可是還不敢肯定。而現在不但被 佛陀說是眞正的菩薩，而且未來還可以成佛，這不是先前曾經希望過的、曾經想像過的，而如今自然而然得到了，那當然就像窮子得到無量寶一樣。接著再看大迦葉怎麼說？

經文：【世尊我今得道得果，於無漏法得清淨眼。
我等長夜持佛淨戒，始於今日得其果報，
法王法中久修梵行，今得無漏無上大果。
我等今者眞是聲聞，以佛道聲令一切聞。
我等今者眞阿羅漢，於諸世間天人魔梵，
普於其中應受供養。】

語譯：【大迦葉說：

世尊！我們今天已經獲得佛菩提道了，我們也證得聲聞果，在無漏法中我們已經有了清淨眼了。

而我們這些阿羅漢們在生死漫漫長夜之中受持佛陀制定的清淨戒，才終於來到今天獲得這樣的解脫果報；我們很多世以來就跟著佛陀在法王之大法之中長久修持清淨行，今天得到了無漏的聲聞果乃至佛菩提道中的無上大果了。

可是檢討起來，我們其實也眞的是聲聞人，因爲我們是從佛陀演說佛菩提道、聲聞解脫道的音聲之中令一切人得聞，所以我們才能聽聞到。

我們這一些人是眞正的阿羅漢，在一切世間中，包括諸天、人類、天魔以及色界天，我們都應該在他們之中接受他們的供養。】

講義：「世尊我今得道得果，於無漏法得清淨眼。」這一段是先說自己的所得；這就是說，他們很清楚知道自己在法上的所得都不虛妄。在佛菩提道中自己是否眞的有實證，他們很清楚。因爲佛陀說實相般若的時候，他們聽懂，並不是完全懵懂無知，所以佛菩提道中他們眞的有得道。而在佛菩提道這個法道實證之前，他們已經先證得聲聞果了，所以也有得果。可是這個得果，當然還得要函蓋菩薩果。在聲聞、緣覺法中所謂的證果，無非就是四雙八輩加上個緣覺果，這就是二乘果。聲聞果的實證無非就是四向四果，加上成爲阿羅漢以後修學緣覺法、修學因緣法成爲緣覺，所以有時候又稱爲四向五果：初果向到四果向，初果到緣覺果。

可是佛菩提道難道沒有證果嗎？一樣有啊！佛菩提道的證果就是：十信位到等覺、妙覺、成佛，總共五十三個階位，佛地就是第五十三個階位。可是在正覺出來弘法以前，大家說：「禪宗開悟了，是證初果，是證阿羅漢。」從來沒有人說：「禪宗開悟了，是證得菩薩道中的什麼果位。」從來沒有！因爲大家都把聲聞法當作佛菩提道，所以嘴上說他是大乘、是菩薩，其實都是小乘、聲聞；因爲所修的都是想要在斷我見、斷我執上面獲得果證，從來沒有人說過要證如來藏、要證五十二個菩薩位階。在正覺出來弘法以前，你們有沒有聽誰講過「開悟就是證如來藏、證阿賴耶識」？都沒有啊！所以我出來弘法的時候，就成爲佛教界的異類，當年有很多人罵：「大家說的都一樣，就只有你蕭平實講的不一樣。」而我當時最喜歡回應的一句話就是：「我講的如果跟他們都一樣，佛教界就不用我出來弘法了。」就是要不一樣啊！若我說的法義跟他們一樣的話，他們都已經講了，我又何必再出來講呢！我又不是想要強出頭的人。

所以，佛菩提道中的得果，還得要判定在菩薩位的五十二個階位中。佛果則是第五十三個階位，不屬於菩薩位。要能夠確定菩薩五十二個階位裡面，自己現在是證得哪一位，那才叫作大乘果。這些大阿羅漢們過去多劫以來追隨於 釋迦牟尼菩薩，勤行菩薩道以來已經很久，只是還沒有辦法得解脫之前，有時候走失了，離開 釋迦菩薩很久，不曉得走失幾劫了。大富長者說窮子走失了五十餘歲，我們剛開始可以說，這些阿羅漢們走失了五十幾劫；或者也許你可以說走失了五萬大劫、五千萬大劫、五萬億大劫等等。現在在這一世遇到了 釋迦如來，因此「得道」亦「得果」。所以，他們一世又一世這樣行道以來，累積的福德其實也不少了，否則他們不會在沒有佛法的年代也願意出家修行。像迦葉三兄弟都是還沒有佛法的時候，佛陀還沒有示現成佛，他們就已經出家在修行了，三人都已經是一方之師；這位大迦葉阿羅漢迴心成為菩薩，也是一樣的情形。所以，顯然他們一世又一世出家利樂眾生，教大家修清淨行，累積的福德都已經夠了，現在又因為　佛陀前來示現而使他們成為大阿羅漢，沒有性障了；然後　佛陀又以教外別傳方式幫他們證悟如來藏，再一步一步教導他們實相般若，也通達了佛道的見道功德了，這時當然可以說已經「於無漏法得清淨眼」了。大迦葉如是，他的弟弟二迦葉、三迦葉也是如此。

法眼清淨有二類：一類是在二乘法中，一類是在大乘法中。二乘法中也有講法眼清淨，那就是見道得初果；所以你們如果讀四阿含諸經，看見經中說某某人、某某外道聽聞　佛陀說法以後當場法眼清淨，你就知道他這時候已經得初果了；然後緊接著他就會求　佛陀：「我能否在世尊您的座下出家修清淨行？」佛陀通常會說可以，就交代某某阿羅漢幫他剃髮，剃了頭髮時就給他授具足戒（當然，剛開始時具足戒就只有四句聖教，名為「受具足」）。然後他就獨自於清淨處：或者山洞空閒處、或者樹下坐，思惟佛法，明天就來佛陀跟前報告說：「弟子我如今是：我生已盡，所作已辦，梵行已立，不受後有，知如真。」然後　佛陀就問他：「你為何說你不受後有，知如真呢？」他就把自己所斷煩惱的內容加以說明，佛陀就說：「你真的是阿羅漢了。」

就是為他授聲聞法中的第一記。都是他們先去跟 佛陀報告說自己是阿羅漢了，也說明為什麼自己眞的是。因為他們已經確定自己死後不會再出現中陰身，也確定自己死後可以不再受後有了，所以知道自己是阿羅漢。

所以當他們聞法後，還沒有請求 佛陀准許出家時，那經文記載說他法眼清淨，你就知道他那時便是證得初果，那是屬於聲聞見道。可是在大乘法中一樣也有見道，大乘法中的法眼清淨——得清淨眼，就是見道通達位，就是可以到達初地的入地心了。這時候，大阿羅漢們這三個條件具足了：入地所需的廣大福德、性障永伏、實相般若智慧通達了，就是對佛菩提道已經通達了；這三個條件具足時，現在就差一樣，就是願意發十無盡願。願意至心誠意發起十大願，就是對十大願的受持已經生起極為增上的意願和喜樂，簡稱為增上意樂。十無盡願的內容，我們這裡不說；如果諸位有興趣，去查《四十華嚴》、《六十華嚴》、《八十華嚴》，三種譯本裡面都有。但是想要大阿羅漢們發起十無盡願，佛陀當然會作授記，來引生他們強烈的意願。這時候大迦葉很清楚知道，我們今天「得道」也「得果」，「於無漏法」已經「得清淨眼」；換句話說，他已經法眼清淨，可以入地了。

「我等長夜持佛淨戒，始於今日得其果報，法王法中久修梵行，今得無漏無上大果。」接著他追憶說：「我們這些大阿羅漢們過去很多劫以來，都在生死漫漫長夜中不斷地流轉；今世受持佛陀的清淨戒，才能夠在今天得到這樣的果報，而我們長久在佛陀法王的法裡面修學梵行，」也就是修學清淨行已經很久了。因爲確實是很久了，只是他們中途走失了，沒有緊緊跟著 釋迦菩薩而迷失了。因爲 釋迦菩薩因地度的人很多，有的跑到這個星球來，有的跑到那個星球去，大家到處流浪去了，那麼世尊成佛之後當然要一處一處去尋找回來。所以諸位想想，如來的擔子上挑著自己的家業，究竟大不大？大啊！因爲不是只有這個地球而已，三千大千世界中有多少個小世界？我們這個太陽系只算是一個小世界，這麼多的小世界裡有太多的窮子們，都要一個一個去找回來。所以成佛以後不輕鬆、不簡單，也不可能一個人獨自成佛，一定要很多弟子幫助。

那麼，大迦葉今天很清楚知道說：「我們是在法王法中久修梵行，今天才眞的獲得無漏果以及無上大果。」無漏果就是聲聞果，無上大果就是佛菩提果，因爲能夠通達而入地，這是很不容易的事情。但是，他也很清楚知道自己眞的是聲聞。「聲聞」二字常常被拿來罵人，比如說，如果 佛陀指稱某某人是聲聞人，就表示那個人的心量狹小，不願意繼續受生來行菩薩道，只想自己出離三界生死，所以說他是聲聞人。聲聞人的意思就是說他死後是要入涅槃的。但是，從另一方面的定義來說，所有的菩薩們也都是聲聞，爲什麼呢？因爲都是因聲而聞，才能證法。如果不是因爲 佛陀說法的聲音來讓菩薩們聽聞，菩薩哪裡能夠懂得佛法呀！而我出來說法也是要以聲音來說法，諸位藉著我說法的音聲來聽聞，那諸位也是另一種定義的聲聞。此時這個「聲聞」是不是罵人？不是罵人了，所以聲聞有這兩層的意思，要弄清楚。

「我等今者眞是聲聞，以佛道聲令一切聞。」大迦葉說自己眞的是聲聞：「因爲我是藉著佛陀說明佛菩提道的聲音，令一切眾生可以同時聽聞而懂得佛法，所以我是聽聞佛陀說法音聲的人，我就是聲聞。」他這時候把聲聞的定義作了轉變：「以前我是佛陀所叱責的一心想入涅槃的聲聞，現在我是聽聞法王法的聲聞，我是菩薩。」他現在轉變了，爲什麼轉變了？因爲 佛陀即將授記他將來會成佛，所以他轉變了。換句話說，他因爲知道有那個紅蘿蔔可吃，所以不再想要入無餘涅槃而轉變了。大迦葉說：「我們這些人今天是眞正的阿羅漢。」爲什麼說是「眞阿羅漢」?因爲 佛陀出現在人間以前,以及 佛陀出現在人間度很多人成爲大阿羅漢以後,還有很多外道也都自稱阿羅漢,依舊是眞假不分:魯魚亥豕、魚目混珠。

這就像十年多以前,海峽兩岸佛教界個個都自稱開悟,當時的開悟聖者何其多,你出門一不小心就撞到一個開悟的聖者。然後我們寫了書,說明什麼才叫作開悟,結果剛開始時人家就否定,說我們沒有開悟,說我們悟錯了。爲什麼呢?因爲我們悟的內容跟人家都不一樣,人家都說放下煩惱時就是開悟,或是說心中沒有語言妄想時就是開悟,也有說一念不生就是開悟,更有人說清清楚楚、明明白白不打瞌睡時就叫作開悟,說好聽一點的是證得離念靈知叫作開悟,全都是以意識或識陰六識沒有妄念時叫作開悟,後來也有人說意識心可以處處作主時就叫作開悟。結果我們說要證得第八識如來藏才叫作開悟,我們跟人家都不一樣,當然大家都要封殺我們,因爲如果我們對開悟的定義是正確的,那就顯示他們所有人都悟錯了。所以,我們初弘法時,從來不說他們悟錯了,他們卻不斷地私下指控我們悟錯了。

於是我想:現在 如來的正法眞正證悟,也可以幫大家回歸佛菩提實證的，也就只有正覺這麼一個地方；眞要讓他們再否定掉了，那正法命脈豈不是就全部斷送了？所以不得不就開始作法義辨正了。從什麼時候開始的呢？是從《楞伽經詳解》第三輯開始的。那時我就開始作法義辨正，那時主要是針對最有名聲、最有力量的台灣佛教界「導師」釋印順。那時楊先生、羅小姐他們都來反對我。「羅小姐」，聽懂不懂？就是以前的羅老師啦！因爲她如今已經回歸世俗法了，我就稱她爲羅小姐。當時他們都反對，然而我還是得要作，因爲我後來判定：這件事情若現在不作，二十年後還是得要作。等到二十年後再來作，不嫌太晚嗎？眞的會太晚啊！所以乾脆那時候就開始，因爲假的佛法太多了，不早一點作，以後該作的法義辨正就作不完了。

更早期，也有一批人說我們的法錯。我們調查以後終於弄清楚：原來他們在搞月溪法師的東西。我就開始蒐集月溪法師的書籍，結果一看：哇！他錯得一塌糊塗。因爲以前我都不說人家錯，我早期也願意當老好人，所以人家來問我：「你看月溪法師這個法好不好？」「好啊！我看他寫得不錯啊！很好啊！」不管問誰，我都讚歎。結果後來證明我讚歎錯了，爲什麼呢？因爲人家都說：「月溪法師講的是這樣，跟蕭老師你講的不一樣；而你說月溪法師的法正確，所以蕭老師你錯了。」好啦！既然這樣，就不得不開始破他，於是我就開始講《批月集》，就是批判月溪法師，後來更名爲《護法集》而出版流通。那本書剛剛出版一週，桃園縣長劉邦友官邸中所有人全被幹掉了，當時好多師兄弟們很緊張：「欸！老師啊！您要小心啊！您可能什麼時候也會被幹掉！」因爲那時月溪法師的法，在台中、彰化、台南、高雄，連東部的羅東全都有，台北市也有，當時大乘精舍樂老先生推廣得很努力，一時風行。所以他們擔心我被幹掉。因此從那個時候開始，我每一次開車，都會注意有沒有人在跟車（大眾笑⋯），於是就養成這個習慣了。

因爲魚目混珠實在太多了，我們剛開始想要跟他們和平共存，結果不可得。我不說他們悟錯了，他們卻都說我們錯，我只好開始辨正法義了。辨正法義下來，眞的也是不歸路。但是比較懂得佛法的人，他們就不予回應，不懂佛法的小法師才會回應我們所作的法義辨正。所以到後來，凡是寫書出來說我們不對的，都是什麼人呢？都是密宗的人，因爲密宗那些人完全不懂佛法。那麼，後來有人私心不遂，想要當會裡的領導人而當不成，也就反叛了，就是我們的第三次法難，他們說阿賴耶識不是如來藏，他們也說已經證得佛地眞如，結果我們出了五、六本書，就把他們全都破斥了，他們至今無法出一本書來回應。

他們以為我的所證，他們全都知道了，認為我沒辦法破斥他們。但他們沒想到的是，我寫出來的法義大約只有心中的三分之一，還有三分之二沒寫出來，他們根本不知道。老實講，我所寫出來的，他們也讀不懂。他們的落處，我在《起信論講記》裡面早都講過了，都已經講完了，結果他們發動法難事件時都還會落在那邪見裡面，我有什麼辦法？所以我講的東西，他們也沒有能力吸收。諸位想想，在會裡面知道密意了都還會退轉，結果他們所說的法義就變成假的佛法。當年他們才一退轉，我就先公開為他們授記（不是授記證果，是授記他們將來會怎麼走下去），結果他們退轉以後所走每一個階段的路子，都在我的授記中，都沒有超出我所授記的範圍。

到現在都還是如此，他們永遠逃不出去的。雖然我不是如來佛，但是他們也逃不出我的手掌心，全都依照我一開始的公開授記順序在前進。而現在的他們，正應了我當年對他們的最後授記：他們最後會偷偷回到阿賴耶識，但是不公開承認回歸了。現在就是如此嘛！他們都逃不開我預作的授記，因為佛菩提道就一定是如此，他們不可能違背佛菩提道，因為這是法界中的實相。那麼我們賣的是眞貨，可是市面上的假貨太多了，咱們就得要把眞假區分清楚；而所有的學佛人就是買貨的人，因為學佛人付出好多的精神、時間、體力與勞力，而且還護持錢財來支持道場，這不就是付出嗎？大家學佛時以善心付出了這些，想要買到的是什麼？總不是想要買到假貨吧！如果人家賣給你一個名牌包說：「原價八十萬，我賣給你五十萬元就好。」結果你買回來以後，又發覺在路邊攤，用二千塊錢就買得到，你能接受嗎？不接受，因為那是仿冒品。

接著說：「我等今者眞阿羅漢，於諸世間天人魔梵，普於其中應受供養。」所以，假阿羅漢處處有，是 佛陀弘法的年代就已經如此。我在增上班講過了，說善星比丘愚癡到竟然當面毀謗 佛陀說：「佛陀！你不要毀謗苦行阿羅漢究羅帝，你否定究羅帝的阿羅漢果位，就是嫉妒他。」（大眾爆笑⋯）佛陀說那個秖糠外道（秖就是用舌頭舔），那外道伏在糞堆的地上舔穀皮吃，是個修苦行的無智外道，善星比丘竟然說那個外道是阿羅漢；佛陀說他不是阿羅漢，善星比丘不信，佛陀早就預見了未來，便預記那外道七天以後會命終成爲起屍鬼。這善星比丘竟然還不信，還當面指責 佛陀說：「佛陀！你不要毀謗阿羅漢，你生起嫉妒心了。」也有這種比丘啦！可是 佛陀的授記從來都是絕對靈驗的，永遠不會有錯，後來究羅帝果然在七日後死了，成爲起屍鬼。這證明 佛陀的年代，假阿羅漢比比皆是，個個外道都自稱阿羅漢，其實都只是凡夫。既然 佛陀在世時就已經如此，如果你現在看到佛門也有凡夫自稱阿羅漢，就不要覺得奇怪，都是正常事，因爲這裡是五濁惡世。

所以，大迦葉這時強調他們四個人是「眞阿羅漢」，表示自己的得果不虛假。既然是眞阿羅漢，就表示當時也有假阿羅漢。如果是「眞阿羅漢」，於一切的世間，也就是說，不管三界世間中如何尊貴的有情，即使是欲界天的天主、天人，或者色界天的天主、天人，乃至於一切天魔之中，阿羅漢們都是應當受到供養的。阿羅漢另一個名稱叫作應供，應供這個名稱，不是只有如來有，阿羅漢們也有。因爲阿羅漢已經出離三界世間，諸天天主都還無法出離三界世間，所以天主們並不可貴。天主們也只是凡夫，當天主凡夫遇見了能出世間的阿羅漢，當然應該要供養阿羅漢，所以大迦葉說阿羅漢們：「我等今者眞阿羅漢，於諸世間天人魔梵，普於其中應受供養。」

如果有人不斷地推崇說：「我們天主如何、如何……。」請問他們天主有沒有斷我見？結果是沒有。所以天主雖然威德那麼大，卻遠不如一個穿著破衣在托缽的慧解脫阿羅漢；因爲阿羅漢可以出三界，有這個功德，而天主沒有，連我見都還具足存在。不信的話，你們把《新約》拿出來看；《新約》是已經被修改過的，才叫作《新約》，那《舊約》就更不可讀了。你如果讀了《舊約》，一定會發覺上帝多麼邪惡；他眞的很邪惡，而且瞋心很重。他怎麼邪惡呢？很多人讀了《新約》、《舊約》，不知道他的邪惡所在，我說這現象眞的很奇怪。爲什麼呢？上帝自稱弄了泥巴捏成亞當，然後看亞當一個人孤獨無聊，就從亞當肋骨裡面；肋骨知道嗎？把亞當的肋骨抽一根下來，變成夏娃來陪亞當。那這樣應該可以結束了，因爲兩個人「從此以後快快樂樂過著幸福的日子」（我是學某大法師的語氣來講）；好了，但上帝沒安好心，又弄了棵蘋果樹生了蘋果來引誘亞當、夏娃，叫他們說：「這麼好吃的東西，你們都不能吃。」引誘了他們以後，結果說他們偷吃禁果犯了罪，把他們趕出伊甸園，然後就讓他們去流轉生死。你說這不是居心不良嗎？對啊！所以，上帝眞的居心不良。你無緣無故創造了他們，然後再來引誘他們、陷害他們，這眞的叫作邪惡。然後，亞當、夏娃的後代就因爲第一代的亞當二人不聽上帝的話，便得繼承原罪；但，這罪干他們的後代何事？眞是不可理喻。又說，信徒們若是不聽上帝的話，就要判入地獄永不超生，這不是邪惡嗎？可是，有多少人讀了《新約》、《舊約》懂得他的邪惡呢？都不知道啊！那《新約》、《舊約》眞的令有智之人不忍卒讀！

所以，如果再有誰說他們天主的境界如何、如何，你就告訴他：「你們天主耶和華，是這樣的一個人或者一個神，你接受，我不接受；而且，你是被人家從伊甸園趕出來的亞當、夏娃的後代，我們是本來就住在伊甸園外的，所以我們不是上帝的子民。」有沒有道理？（大眾回答：有！）有嘛！因爲這是他們《新約》、《舊約》都明文記載的。因爲亞當、夏娃被趕出伊甸園外的時候，伊甸園外早就已經有很多人了，那些人顯然不是上帝創造的。因爲上帝創造的人，最早的人就是亞當與夏娃，他們是人類的始祖，什麼樣的人類呢？就是基督教人類的始祖。可是伊甸園外的人，是亞當、夏娃出生之前就已經存在的。你看，他們《聖經》竟然這樣前後自相矛盾，然後說一切人類都是上帝創造的，其誰能信？鬼才相信！有智慧的人類，沒有那麼容易就相信的。

所以，他們在傳福音的時候，就常常遇到這樣的問題質疑。以後每當有人高聲炫燿說「我們天主如何、如何」的時候，你就說：「請問你們天主能出離三界生死嗎？」我告訴你，他們的天主連三界這個名稱都沒聽過，何況能出！所以，「眞阿羅漢，於諸世間天人魔梵，普於其中應受供養。」大迦葉說這些話，一點點都沒有誇大，因此阿羅漢也是應供。所以菩薩就看在這上面，爲了護持正法，雖然自己的證量遠比阿羅漢高，但是只要阿羅漢來了，照樣供養，因爲要成就 佛陀所說的「應供」這兩個字。以上就是大迦葉宣說他在佛陀座下的經歷，那麼接著大迦葉怎麼說呢？

經文：【世尊大恩以希有事，憐愍教化利益我等，

無量億劫誰能報者？手足供給頭頂禮敬，

一切供養皆不能報。若以頂戴兩肩荷負，

於恒沙劫盡心恭敬；又以美膳無量寶衣，

及諸臥具種種湯藥，牛頭栴檀及諸珍寶，

以起塔廟寶衣布地；如斯等事以用供養，
於恒沙劫亦不能報。】

語譯：【大迦葉接著說：
世尊施給我們大恩，以各種希有難遇的事情，憐愍我們、教化我們，這樣來利益我們這些人，像這樣的大恩，我們即使用無量億劫來回報，又有誰能夠報答完呢？
乃至於無量億劫中，以自己的手、自己的腳來供給，再加上頭頂禮敬以及一切的供養，都還是無法回報世尊的大恩。
假使我們這些阿羅漢們以頭頂戴著世尊，或者以兩肩荷負來挑著世尊，不必讓世尊在地上走路，並且再加上恆河沙數劫的長時間用盡全心來恭敬；
又在每天以精美的膳食並奉上無量的寶衣，以及種種妙好的臥具和生活上所需要的湯藥，再加上點燃牛頭栴檀和奉上種種珍寶，還建造如來塔廟，在塔廟中還用珍寶所成的衣物披於地上；
用這樣種種難得的大供養來供養世尊，連續供養了恆河沙劫，也還是不能回報世尊的恩德。】

講義：世尊對這些大阿羅漢們眞的是大恩，想想看：走失這麼久以後，世尊特地來找回他們，然後教化他們成為大阿羅漢，而且隨後又在一世之中通達佛菩提而得入地，這種恩德，要怎麼報？一世之中成為入地心的菩薩，是在一世之中完成第一大阿僧祇劫的道業，這也只有 世尊才能辦得到。諸位想想看：你這一世之中明心而能夠不退轉，也只是第一大阿僧祇劫過完三十分之六，剛才進入第七住位，諸阿羅漢們的解脫果你還遙遙無期，如何能跟這些大阿羅漢們相比？他們又是在佛菩提道中過完一大阿僧祇劫了。如果你再努力進修、努力修集福德等等，慧力、功夫也夠了，這一世又眼見佛性了，那也只是第一大阿僧祇劫過完三分之一，還是無法跟這些大阿羅漢們相提並論，在解脫果上還是差太遠了。所以，世尊對這些大阿羅漢們，眞的是無比深恩，而這也只有 世尊才能作得到。

當然也許有人說：「那是小事情啦！我們讀了你蕭平實的書以後，早就進入初地、二地去了。」我就授記說他是個凡夫。為什麼呢？因為佛法中沒有這樣的初地菩薩，除非我現在是究竟佛，否則不可能啊！一世之中要到達初地，沒那麼容易的事。但是既然有人大妄語了，我當然得要解說一下；因爲我知道現在大陸有人大妄語說他已經入地了，而且還不只一個人。所以，咱們《法華經》這個〈信解品〉剛開始的時候，我爲什麼要把〈信解品〉講那麼多？因爲有人犯了大妄語業仍然不曾自知，我若想要救他們，就得把「信解」這個部分講清楚。因爲入地是對實相般若通達了，不再屬於〈信解品〉；那麼要信解具足了才能入地，而信解具足時的內涵是什麼？永伏性障如阿羅漢，這是第一個條件；這個條件的完成是要有什麼內涵？至少要斷五下分結，並且還有初禪的實證；而且那個初禪得是滿分的初禪，不具足的初禪都還算不上。如果是退分的初禪，那就更甭提了。首先這個「永伏性障如阿羅漢」，他們就作不到了，竟敢自稱是地上菩薩。因爲想要入地，不是普通的三果就能入地，得要極品的、頂級的三果解脫證量。這第一個「永伏性障如阿羅漢」，他們就作不到了。因爲佛法中沒有不得初禪的三果人，也沒有不得慧解脫的地上菩薩，何況能有不得初禪的初地菩薩？他們個個都沒有初禪的實證，我見也都具足存在，竟然也敢說他們入地了，那不是大妄語嗎？那眞的很可憐，我們得要救啊！

他們也宣稱已得如夢觀，問題是：他們有沒有辦法進入等持位裡面，去看見往世、往劫的事情？都作不到啊！他們既沒有禪定，如何能入等持位？連未到地定都沒有，又如何能入初禪乃至二禪的等持位呢？因爲等持位、等至位的區別，是過了未到地定，入了初禪以後才能有這個區別。老實說，如夢觀的品質若是要好，那得要有二禪的證量。可是打從我弘法到現在，沒有見過誰是有初禪的；以前曾見過有一個有初禪的，也是我們的會員，卻已經捨報了。結果他們都沒得初禪，竟然敢宣稱說有如夢觀，那不是大妄語嗎？爲了貪圖這一世的名聞利養，賠了未來的無量世，很不值得；因爲那個大妄語是很大的大妄語，已不只是開悟明心的大妄語了，而是入地的大妄語；那個重罪下去地獄以後是要很多劫才能回來人間的，所以我們得要講清楚才能救得了他們。雖然他們現今還是外道，我們也要救，至少讓他們死前懂得懺悔，不要下無間地獄去。

接著說入地該有的大福德吧！剛剛講了二個部分，對不對？一個是初分無生法忍——般若別相智的通達，第二個是性障永伏如阿羅漢，接著說入地應該要有的福德。這些大阿羅漢們入地前，已在過去世幹了某些驚天動地救護眾生的事，要不然的話，這一世如何入地？再不然，至少應該是從 佛陀那個年代到現在爲止，曾經作了多少救護眾生、護持正法的事，喪身捨命也算是其中之一，他們究竟幹了哪些，至少心中自己得要知道才行。如果這一世眞的有入地了，而現在還繼續在當法主，一定往世曾經有過這一些大事：在護持正法上面作了什麼？乃至爲正法喪身捨命。有沒有作過了？這樣來衡量自己入地的福德夠不夠，而無生法忍的智慧也必須經得起檢驗，才能夠說是眞正的入地。

所以說，一世之中入地，那是 佛陀的功德所致，不是自己很行啊！如果這三個條件都沒有，就宣稱自己入地了，要知道那個「地」的定義是什麼？如果是入初地境界，那個「地」是可以的，但就怕是地獄那個「地」呵！那就可憐了。可是 世尊就有這個功德，把這些人度了成爲大阿羅漢，然後暗地裡帶著大家繼續往佛菩提道進發，不勉強他們發菩薩心，卻把他們拉升到能夠對佛菩提道已經通達，這樣一世完成，這才是眞正的化長劫入短劫。這眞的不容易，古來有多少人能這樣？現在則是絕無其人。佛陀在世時，一千二百位大阿羅漢就這樣一世到初地，所以才被授記，這當然是大恩。所以大迦葉說明：這是 世尊的大恩。也說明：這眞的是希有事。因爲只有 佛陀才能作得到，我們沒有誰作得到。凡是空口白話，沒有人信得過，只有愚癡人才會信得過。

上一週講到六十一頁倒數第四行，說世尊「以希有事」，是說：因為 世尊的種種方便施設確實都是很希有的，以菩薩們所作不到的希有事情，來憐愍於這些大阿羅漢們，來教化這些大阿羅漢們，來利益這些大阿羅漢們。說這一種無上希有的事情，不是菩薩們所能作得到的，所以阿羅漢們獲得 佛陀這樣的攝受和利益，成為能出離三界生死的大阿羅漢之後，又被 佛陀以方便善巧攝受而熏習了菩薩法，在他們不知不覺之中已經證得菩薩法了，在最後要再作一個希有的事情，就是授記大家將來可以成佛。這樣子使這些阿羅漢們可以廁身於菩薩數中，並且已經確定：將來何時可以成佛，以及將來成佛後的狀況。使這些大阿羅漢們必定迴心成為菩薩摩訶薩，將來可以按部就班無所顧慮走上成佛之道。而這些阿羅漢們成為被授記的菩薩之後，心中也很清楚自己未來將經歷什麼樣的過程，多久以後確實可以成為究竟佛。這個對於從大阿羅漢迴心而成的菩薩們來說，是極為希有之事，只有 佛陀能辦到，不是別人能作得到的，所以說這樣的恩德沒有辦法形容。因此說：

「無量億劫誰能報者？」無量億劫中的每一世都把所有的生命財物拿來回報 世尊，也都還報答不完。就算是無量億劫之中，以自己的手與腳砍下來供養 世尊，乃至無量億劫中，把 世尊頂戴於頭上來禮敬，並且作一切的供養，都還沒有辦法回報 世尊所布施的恩德。那麼，如果把 世尊頂戴於頭上，或者以兩肩挑起來，不需要讓 世尊辛苦地走路，並且在恆河沙數劫那麼久的時間盡全心來供養，又以美食和無量的寶衣、種種臥具、各種所需的湯藥，再加上燃起牛頭栴檀等最珍貴的香來供養，又再奉上一切的珍寶用來建造佛塔、佛廟，在佛塔裡的地面還用寶衣鋪陳起來，讓 世尊於佛塔中不必踩在髒汙的泥土上；像這樣子無量億劫之中努力盡心地供養，還是沒有辦法回報 世尊的大恩德。

這就是說，一般人不曉得 世尊對眾生有什麼恩德。但那也是很正常的，因為他們在法上沒有實證，所以無法瞭解究竟 世尊對眾生有什麼恩德。可是如果證得初果，也就是斷三縛結以後，他將會發覺：在三界中，除了 佛來示現於人間能幫我們斷三縛結以外，沒有誰能幫我們斷三縛結。這就是第一個知道 世尊恩德的人。也許有人心裡面想：「你蕭老師未免說得太誇大了吧？難道諸阿羅漢、諸菩薩們沒有辦法幫我們斷三縛結嗎？」可是請諸位想想：在　世尊來示現於人間之前，有誰能幫人斷三縛結？一個也沒有啊！這在聖教裡面記載分明，從四阿含諸經中都可以看得很清楚。世尊示現在人間時，特地示現如同一般凡夫一樣，然後隨從那一些自稱阿羅漢的外道們修學解脫法，一位又一位的一一經歷過以後，發覺沒有誰是眞的阿羅漢，全都是誤會。那時候自稱阿羅漢的外道很多，可是沒有一個人是眞的阿羅漢，那就表示沒有一個人是斷我見的。除非是佛法滅盡之後出現了獨覺辟支佛，才是眞斷我見的人；但也只有他自己能斷我見，因爲他只示現神通而不爲人說法。或者佛法滅後，一來、七來人間成爲阿羅漢的聖者，一樣是往世承受　如來深恩所成，沒有誰是可以在無佛之世自己斷我見以後成爲阿羅漢的。

那些外道們很厲害，往昔有一位釋提桓因都曾輸給聲論外道。那你說，諸天天主能來人間幫人家斷三縛結嗎？往昔有一個聲論外道具有神通，而他有聲明學，也就是以他的聲明配合著他的因明學，所以很善於辯論；然後他以神通去到忉利天上找釋提桓因，結果他辯論贏了，釋提桓因輸了。但他們在辯論開始之前，這個聲論外道化作千頭龍——變化作一條龍而有一千個頭，他來跟釋提桓因（忉利天的天主）作個要約：「咱們來辯論，你釋提桓因如果輸了一個題目，你的千輻輪寶車（他那個寶車的輪子是千輻輪，輪柱總共有一千枝），每輸一次，我就要斷掉你的千輻輪中的一輻。我如果輸一次，就給你砍掉一顆頭。」

釋提桓因想：「這樣是我佔便宜，我最多不過是把這個寶車給壞了，就只是下生人間墮落而已，可是他如果一千個頭被我砍光了，他就得死啊！」可以啊，就接受了。但辯論的結果，這個聲論外道全贏，把釋提桓因的千輻輪寶車給壞了；釋提桓因沒有那輛寶車，不得不下墮人間。那你想，聲論外道行不行？真厲害啊！天主都無法辯贏他了，人間還有誰能辯贏他？可是，那個聲論外道畢竟還是沒有斷我見，三縛結俱在。那麼你想，人間還有誰能幫人斷三縛結？

或許有人想：「但是菩薩、阿羅漢可以啊！」問題是，佛來人間示現教導之前，有誰是菩薩、是阿羅漢？完全沒有啊！所以只有 佛帶著菩薩們來人間宣示了法義之後，才有人可以在人間繼承 佛陀的法，來教導大眾斷三縛結、證初果。證初果的人，有一天一定會去檢查：大梵天在人間傳教，那麼大梵天的經典我得請過來讀一讀，看看大梵天王有沒有斷三縛結？一定會先去檢查嘛！那麼還有哪一天的天主在人間傳教？也把他的經典拿來檢查。檢查完了，所有宗教的教主所說的全都檢查完了，一定會發覺沒有一個教主是可以幫人斷三縛結的。這一點是確定的，我為諸位打包票。諸天天主連聲聞初果都證不到了，更何況是幫人開悟明心？乃至眼見佛性或者證得三賢位的諸位，乃至十地的諸地果證，更不可能有人能得。所以，最先瞭解 佛陀恩德的人，就是實證聲聞初果的人，因為他發覺三界中沒有誰能幫眾生斷三縛結，只有 世尊啊！

第二個感受到 佛陀深恩的人就是二果人，因為證得初果以後又進修二果而進入薄地了；乃至證得三果、四果，或者菩薩證悟之時明心，又加上眼見佛性乃至入地等等，證量愈高便愈瞭解 佛陀的大恩大德，因為了知三界中沒有任何人可以教導這樣的深妙法。眾生還沒有在三乘菩提中有所實證，就無法領會 佛陀的恩德，因為他們想：「佛陀就是跟天主一樣，就是跟眾神一樣；我只要上香求祂保佑，祂就加庇我事業順利、家庭和樂，從此以後一生都過著快樂的日子。」這就是凡夫，只知道「佛陀會加持人家過著快樂的生活」，套一句南部大師講的「從此以後過著幸福快樂的日子」，好像在講童話故事！如果只是這樣的話，佛教跟別的宗教還有什麼差別？豈不是相同了？那這樣就符合他們的說法：「三教九流都一樣，只要行善就對了，所以只要存好心、說好話、作好事就對了，就是在行菩薩道。」他們認為不論什麼宗教都一樣，因此就可以萬流歸宗。這樣的大法師就是不懂佛法的人！這樣的人，當然不瞭解 佛陀對眾生有什麼大恩德。得要去實證了，然後發覺：「原來證初果斷三縛結，是所有的宗教教主都作不到的，只有佛陀作得到。」那他對 佛陀就有了第一分的清淨信。

也許有人還不相信，那沒關係，今天聽經完了之後回家，你把所有宗教的所謂《聖經》或什麼經，全都拿來讀。你去找找看，他們有誰能教導你斷三縛結？你去找找看，你會發覺沒有一個宗教能教人斷三縛結。假使你眞的可以找得到有哪一本外道的《聖經》（不管它是哪一個教都行，反正就是地球上所有的宗教），只要有他們的經典證明可以幫人斷三縛結，你就拿來證明給我看，我出一百萬元買你那一本外道《聖經》，這話我是公開說的。你如果不信邪，可以一直找下去，找到捨報那一天，你才會發覺說：「原來，我都是白費力氣！」因為你一定找不到。所以，只要真的斷三縛結而不是思惟想像的，也就是說他的疑見以及戒禁取見真的斷了，他就會發覺到這一點。如果說他證果了，卻還在跟外道交流，你就知道那一定是個凡夫，他一定是因中說果的大妄語人。還會跟外道交流，每年還舉辦什麼聯誼交流座談，那絕對是佛門中的具足凡夫。他如果宣稱說有證果，一定是大妄語人，因為三乘菩提不共外道。

所以真正斷三縛結的人，是第一個領受到 佛陀大恩大德的人。沒有斷結的人，他對 佛陀沒什麼感念，也就很平常，都不奇怪，因為他不知道 佛陀的功德在哪裡。所以從初果、二果、三果乃至四果，越往上實證就對 佛陀的恩德愈發深刻領受到了。如果迴向大乘再開悟明心了，甚至於眼見佛性了，那對 佛陀的恩德又會更強烈；因為大乘智慧境界太不可思議，不必入無餘涅槃就知道無餘涅槃裡面是什麼境界，這是不迴心的所有阿羅漢們無法想像的，所以明心的菩薩當然比阿羅漢更能夠感念 佛陀的恩德。如果眼見佛性了呢？這無形無色的佛性，竟然可以在山河大地上看見，怎麼想像？沒辦法想像。可是親見的時候就是這麼單純，也沒有什麼需要想像的。但是這樣的實證，除了 佛陀來人間教導以外，人間是沒有辦法有誰能教授的。

也許有人想：「我看見的佛性不就是您蕭老師教的嗎？」但問題是，我是從哪裡學來的？我現在這智慧，不是此世的師父教的，這還是往世從如來口中出生才有的；不是我媽媽生了我，我就能夠看見，還是要追溯到佛陀那邊，才能有這樣的證境。乃至次第進修圓滿了十行位、十迴向位、初地等，再進修而一直到妙覺位，結果還是從 佛陀來的。所以感念 佛陀恩德最深刻的人，其實是等覺與妙覺菩薩，妙覺就是最後身菩薩。因此，不懂得感念 佛陀的恩德，其實是凡夫眾生之中很平常的事，不足爲奇。所以凡夫位的法師或居士，他們剛學佛的時候往往這樣講：「世間好話佛說盡。」還有一句什麼？有二句，我現在忘了（編案：天下名山僧佔多），他們批評說：「爲什麼世間所有最好的讚歎語言，都被你們拿來讚歎佛陀？全部都給你們在佛教中讚歎佛陀而用光了。」質疑說，爲什麼全部好話都拿去讚歎佛？因爲他們不懂得 佛陀的恩德，就以這樣的一句話來批評。

可是佛法中一個最粗淺的實證者，譬如聲聞初果，當他斷三縛結之後，他如果有用心去檢查一切宗教，看世間所有的宗教之中，有哪一個教主是能教人斷三縛結的？他將會發覺完全沒有，那時候再也不敢說：「哎呀！世間好話佛說盡。」他不敢再講這個話了。他會想：「就算加一倍的世間好話來讚歎佛，都還不夠。」怎麼會嫌說「所有世間好話都拿來讚佛」而覺得不好呢？所以，這經中大迦葉說的「頂戴」或者「兩肩荷負」之後，「於恒沙劫盡心恭敬；又以美膳無量寶衣」，以及臥具、湯藥等等，乃至起了塔廟，在裡面的泥土地上用寶衣蓋滿了，不讓 佛陀走在泥地上；這樣來供養，並且是供養了恆沙數劫，都還回報不了 佛陀教導妙法的大恩德。

這是事實。可是，如果沒有把這個道理講清楚，一般人讀過也就讀過了，心裡面還是會帶著一點點的疑惑：為什麼對 佛陀這樣子恆河沙數劫盡心盡力供養來報答，都還報不完？真的嗎？最後一定會加上這三個字「真的嗎」？大約是這樣想的啊！可是你如果瞭解其中的道理，就會知道果然如是，一點都不誇張。那一些主張「大乘非佛說」的六識論者，他們都說：「這些大乘經裡面講的道理，都是神話啦！」當他們說大乘經所說都是神話的時候，是指證大乘經中的法義是玄學，就是不可實證的意思。這表示他們對 佛陀的恩德是完全沒有辦法感念到的，也就表示他們都是一般凡夫。因為他們如果斷三縛結了，有一天起心動念去檢查諸天天主在人間傳教，所有宗教、教派所說的經典全部拿來檢查，一定會證明：除了佛教以外，所有的宗教的教主都是凡夫。不信的話，你們去找找看，所有的宗教，不論大小，你都拿來看看，有哪一個教主是斷了三縛結的？都沒有啊！至於開悟明心或是眼見佛性，就更別提了。

因此，這一段經文說的恆河沙數劫盡心盡力供養服侍 世尊，都還不足以回報，因爲能幫我們斷三縛結證聲聞初果以及證得菩薩果的，就只有 佛世尊，再也沒有別人了。所以，這些經文中大迦葉說的都是如實語，這些大阿羅漢們也不會打誑語，因爲成爲慧解脫阿羅漢就已經不可能再打誑語了；所以對經文中所說的事情，不能理解的話就存疑，但不要出口評論，這才是在生死流轉當中最安全的事，因爲不能理解不代表那就是假的，才不會墜入三惡道中。要這樣想：有時候覺得經中的說法誇大，那可能是因爲我們的理解不夠。所以這樣一段經文，我舉了這個對於 佛陀的恩德能夠了知的不同層次差別以後，諸位聽了也就瞭解這經文說的是如實語，並沒有一點點的誇大。而「不誇大」正是我們正覺所學習的，我們也是從來不誇大，有就說有，無就說無；我們按部就班弘法，有一分就說一分，沒有的一定不作編派。

那麼編派得最厲害的就是西藏密宗，問題是假使哪一天有個菩薩出世弘法，他們四大派的所有牛皮就都被戳破了。密宗根本不是藏傳佛教，只有覺囊巴弘揚他空見如來藏妙理，才是眞的藏傳佛教，卻被密宗四大派消滅了。你們看看西藏密宗吹了多少牛皮？從中脈的觀想、明點觀想，寶瓶氣、禪定，到最後的報身佛，所有的見、修、行、果，全部都是吹牛皮，沒有一樣不是牛皮。現在被我們一一戳破了，他們能夠針對法義寫書出來辨正嗎？不行！連達賴自己也不敢寫出來辯論，只有學密而學成半吊子的所謂仁波切或喇嘛，才會因爲無智而有膽敢寫，那些人都是學密學成半吊子而對密法似懂非懂的愚人。

對密法眞懂的人，不敢寫書出來與我們辯論法義，所以你看四大派法王哪個敢寫？沒有一個人敢寫。但是密宗裡面的半吊子，像索達吉和他們門徒等人，例如多識喇嘛一類的愚癡人，他們就敢寫；那是因爲他不懂，就好像一條剛剛初生二天的牛，才剛學會慢慢跑時，牠看見了獅子也敢向獅子咬一口，就像是這樣。可是那一些對密法有理解而深入去研修的人，當他們讀了

《狂密與眞密》以後，都是不敢寫文章出來回應的。所以我說密宗他們的牛皮吹得最大，但是吹得太大了就會被輕易戳破。牛皮吹得小小的，厚度還有一些，咱們還不太容易戳破它；但只要密宗的牛皮吹得夠大，我們要戳破它就很輕易。

但是大乘經中所說諸法，沒有一點點是吹牛皮，全都是如實語；問題出在那一些六識論的聲聞僧眾讀不懂，所以他們才會妄加月旦。那這樣子，我今天把這個道理說了，諸位就瞭解原來這一些經文說的一點都不誇大，接著就可以對　佛陀生起具足的清淨信；也就是說，以後就可以深入地完全信受三乘菩提，依著佛道的次第如實履踐，那麼這一世就正式進入三乘菩提的實證者行列中，正式成爲菩薩摩訶薩，這才是最好的修學佛法正路。如果對經典都先抱著存疑的心，不論是正經或僞經，老是先一味否定，一概認爲大乘經典講得太大，不如實，這個「疑」若是不能去掉的時候，就永遠無法如實信解。不能如實信解，就無法如實修證。既不能修證，就得每一世都在外門廣行菩薩六度，可是心中老是有一堆的疑問不能解決，永遠進不了內門。所以，這個道理諸位要懂，雖然也許心中覺得有些誇大，但一定有不得不「誇大」的道理；如實瞭解不得不「誇大」的道理以後，就會覺得眞的都不誇大，這才是眞正的佛法。接下來：

經文：【諸佛希有無量無邊，不可思議大神通力，
　無漏無爲諸法之王；能爲下劣忍于斯事，
　取相凡夫隨宜爲說。】

語譯：【諸佛出現在人間是非常希有的，具有無可測量無有邊際，不可以意識思惟議論的偉大神通和十力功德，證得圓滿的無漏無爲功德，是一切諸法之王；竟然能爲下劣的凡夫們忍受這些猥瑣繁雜之事，下來人間爲執取表相的凡夫們，隨著各人不同的根性而觀察合宜的諸法，爲大眾方便演說。】

講義：這一段重頌是讚歎說，諸佛非常地希有難遇，因爲諸佛出現在人間猶如優曇鉢華，優曇鉢華很少開花，卻是開不了多久便謝了。最近這幾天，天好像曇花都在開，我說晚上要記得把它拍照下來，結果忙著忙著就忘了，天亮時才看見它謝了，一個晚上就不見了。總是在第二天早上，看見它垂在那

邊，只好說原來它已經開過了。一年三百六十五天等著，那個曇花花苞準備好了在那邊，你看到也有幾天了，不巧那個晚上你忘了，這一年就看不見它開花了，且等明年再見。三百六十五天就只能看到那一天，而且不是一整天，只是一晚，到清晨時就謝了。但優曇鉢華比曇花更難得開花，幸運的話，經過幾個小劫以後看見它開花了，但往往是經過很多小劫而仍然看不見它開花；諸佛在人間示現，就像這樣希有難得；雖然希有難得，可是十方虛空無邊無際，世界國土不可限量，所以在無量無數的十方世界中一定有非常多的世尊住在人間。

這樣稀有的諸佛，祂們都有無量無邊不可思議的大神通力，並且還有無漏無爲的諸法，又具足十力，因此被尊稱爲法王，能夠爲下劣的眾生忍受五濁惡世，在人間爲取相貪著的凡夫們，隨順機宜施設種種方便善巧來說法。諸佛確實稀有，在《長阿含經》中有說過去九十一劫時，曾有一尊佛 毘婆尸如來出現於人間；然後整整六十劫之中不曾有一佛出現，直到過去三十一劫才有第二尊佛 尸棄如來；從三十一劫前直到賢劫中間，只有一尊 毘舍婆如來出現在人間；然後到這個賢劫才陸陸續續又有三佛出現，到現在 釋迦牟尼佛是賢劫中的第四佛。那麼你想：諸佛多不多？不多欸！所以諸佛陀不容易遇見，能夠遇見都是福報很大的人。

可是有很多人取相分別：「哎呀！佛陀原來長這樣子，跟我一樣，只有一個頭、二個眼睛，不是二個頭、四個眼睛。」他們就想：「佛陀跟我一樣，那沒什麼了不起嘛！每天中午還是得要吃一餐。」他們不曉得佛陀是不必來人間的，佛陀是爲了來度我們才需要來人間；既然要與人類同事來度人類，當然得要示現跟我們一樣，難道祂應該用天身來人間度人嗎？假使祂用天身來人間，那麼大家都看不見祂，因爲沒有天眼的人，再怎麼樣也看不見、聽不見祂，如何能聽祂說法、修行？假使祂用報身佛來人間好了，報身佛的身量，若是色究竟天人的一般天身，也有一萬六千由旬，佛的身量比色界天人更高大，你要怎麼看得見祂的臉？人類就好比一隻小螞蟻。以小螞蟻與人類來譬喻，當你站在那邊的時候，牠在你的大拇指前面，只會看見一面牆壁，牠看到你的大拇指就等於是一面牆壁，不可能看見你的臉。人類若是站在報身佛的腳趾頭前，所看到的就只是一面大山壁，那報身佛又要如何度我們呢？佛陀根本不必來人間，可是爲了利樂我們，特地受生於人間，才能以人身和我們同事利行，那當然要跟我們一樣成爲人類之身。既然取得這個人類的色身，當然就一樣要吃飯睡眠，這才是正常的。

所以，諸佛以那樣無量無邊不可思議的大神通力、大智慧力，卻願意來受生於人間，這眞的不簡單！假使誰具足五神通而不相信我的話，他不必去問佛陀（因爲他想要見佛陀也是見不到的），請他去問四王天的天人就好了，還不必問天主；只問天人就好：「你願意不願意捨掉你在四王天的天身來受生在人間？」天人一定告訴他：「我們才不要。」爲什麼呢？因爲他在四王天看人類吃的食物：「哎喲！那麼髒！」看人間住的地方：「喔！好臭！」這就是四王天人的所見。人們每天吃飯時說：「哇！這個菜，色香味俱全，好好吃呵！」四王天人看了，連聞都不想聞，爲什麼呢？他們天上的食物甘露遠比人間勝妙。連四王天的天人都不願意捨棄天身來人間當人類，更別說初果人可以七次人天往返，或者二果人一往返，或者三果不必來人間，或者世間凡夫證得禪定的人也都不想再來人間出生，何況是諸佛呢！

所以諸佛眞是憑著大慈悲大願力才願意來不清淨的人間出生，可是眾生不能瞭解諸佛這個悲願，看見諸佛時，他們想：「哎呀！原來跟我一樣。」

所以佛陀講經的時候，這種人來到現場聽經，他們看見佛陀時點個頭，也就直接坐下了。有的人是連點頭都沒有，他們直接找個位子坐下就聽了。可是菩薩、阿羅漢們來到佛陀面前，都一定右繞三匝、頂禮三拜才坐下聽經。這就是說，聖者對於諸佛的稀有是很瞭解的，對於諸佛擁有無量無邊不可思議的大神通威德力，以及諸佛同有的十力，也都是有所瞭解的；至少也能瞭解諸佛是「無漏無爲諸法之王」，也知道諸佛都是實證無漏法者。

無漏法，世間所有宗教中，沒有哪一個宗教有誰能實證。現有的全球宗教（古時候的印度不談，免得離題太遠），我說現有的全球宗教，假使有誰能教人家實證初禪，就已經很了不得了，更別說是教人斷三縛結。不信的話，你們去找找看，現今數得出來的全球宗教，現在最大的是什麼教？天主教、基督教，再來是回教，再來是道教，還有什麼教？（有人回答說：儒家。）儒家不是宗教，因爲儒家的原則是：「子不語怪力亂神，敬鬼神而遠之。」因爲他對於自己不知道的，他就不講。還有什麼教？剛剛誰講的？一貫道呵？還有什麼教？還有沒有？（有人回答說：天帝教。）天帝教？好！總之，你在人間所能夠知道的現代所有宗教，有誰能教人證得初禪？都沒有。如果有誰不信說：「我們道教有啊！《道德經》有啊！」那你把《道德經》拿出來給我看看，什麼地方講到初禪？並沒有啊！現代不管什麼宗教都一樣。但這個最淺的禪定還只是人天之法，連這種人天有漏之法都沒有辦法教導，也都沒有實證，何況是斷三縛結呢！所以，無漏法在外道裡面是不存在的。

印度在古時候的外道，還有很多人實證禪定的，但是現在已經難可得了！因爲現在印度都是屬於印度教的天下，印度教裡的性力派就跟西藏密宗一樣，專門在修雙身法，所以他們想要證得初禪也都不可能了；因爲信受譚崔性交修行的思想，不可能離欲，既不離欲就證不得初禪。所以你們如果有機會去印度觀光，在印度教寺廟外面都有個石磨，但是沒有上面那個圓的磨石，只有下半部，那是代表什麼意思？其實是象徵兩性的交合，但是不跟你明講，作爲教義上的一種圖騰。你們如果去觀光的時候，看就看，不要指指點點，犯人家的忌諱，因爲那對他們來講是很神聖的聖物。這個性力派的印度教既然已經遍及印度了，他們就是「坦特羅」、就是「譚崔」，就跟西藏密宗四大教派的性交修行完全是一樣的。所以現在的印度教徒根本不可能得初禪，也就淪落到現在。

如今全球已知的文獻證據上是沒有人證得初禪的，能得初禪的只有在正覺同修會裡面。但這還只是世間法，如果要談到三縛結的斷除，那更談不上了；所以無漏法只有佛教中有，外道宗教中都沒有無漏法。未來如果外道全部都能夠教人斷除三縛結，諸位想想看，那時會變成怎麼樣？有沒有人想過這個問題？會變成怎麼樣？那些宗教一定會產生內部分裂，那時就看誰的勢力強？如果能教人斷三縛結的宗派勢力最強，整個統一了那個宗教，那個宗教就變質了，整個變質之後再經過一、二百年，那個宗教就會回歸正法而改名叫作佛教。但是原則上不可能發生，因爲他們一定會被舊勢力排擠消滅，然後被趕出去；老舊勢力最大，他們會堅持原來的世間信仰有漏法。

如果是在外道裡面，修行的結果證得聲聞初果以後，當他開始教導道友們也跟著斷除三縛結，大家一定後來都會發覺：原來我們的教主沒有斷三縛結。他們一定會發覺，這些少數人都會知道。然後舊勢力中的所有人就開始攻擊他們，他們就必須被驅逐出門了。這是必然的，所以說無漏法只有佛門中才會有。不但是無漏，而且在一切無漏無爲之法裡面，還可以具足一切的無漏有爲法，而這些無漏有爲法仍然歸屬於無漏法。所以修行到佛地以後，具足了一切無漏無爲、無漏有爲諸法，才能叫作成佛。那麼這樣成佛之後，不但函蓋了一切無漏無爲，而且函蓋了三界中的一切諸法，世出世間一切諸法莫不了知，所以就稱爲法王。成爲法王而無敵於世間，但是卻跟世間無爭。

如果當了法王之後還要當世間王，老是在世間法上用心，那就表示他不曾證得無漏法，那他就只有一個悲慘的下場，就是要被世間的人王所戕害；於是就得被釘上了十字架，因爲他要當王，而他所要當的王卻是要統領世間人，那就跟人王有衝突；跟人王有衝突時，人王在利慾薰心的情況下，豈有可能和他並存呢？於是他就被釘上了十字架。一個宗教有沒有圓滿，這正是一個表徵。咱們永遠無法想像佛教的教主會被釘上十字架，眞的不能想像，因爲放諸十方三世都永遠不可能發生這種事。那表示福德不圓滿，福德圓滿的人怎麼可能被釘上十字架呢？所以那種宗教就必定會揹著一個悲慘的包袱，信仰者就不能離開那個悲慘的包袱；從古時一直到現在都還是如此，而這個結是解不開的。所以九一一恐怖攻擊，這一類恐怖行動，未來會不會繼續發生？保證會！因爲他們是具有悲慘背景教義的宗教。

作爲那一種宗教的信徒本身也是悲慘的，因爲一出生就有了原罪，而那個原罪不是信徒自己所造的，卻是上帝給的，你說悲慘不悲慘？如果是自己造的孽，自己承受，還有道理啊！結果上帝把我造了，然後再弄個蘋果來誘惑我，明知道我不可能經得起那個誘惑，卻故意誘惑我，再把我趕出伊甸園受苦，然後拒絕我回到上帝身邊。說我有原罪也就罷了，連我的子孫也要繼承原罪，眞沒道理。這樣的罪，我沒辦法接受，所以小時候看見那些傳教士在說話，我都不聽；如果大人沒制止，我會當場跟他們頂嘴，他們拿我無可奈何。他們都說：「**我們所有人都是上帝生的。**」我說：「**你騙人！我是媽媽生的。**」因爲我們小時候剛剛有收音機，覺得好稀奇，他們爲了讓我相信，就說：「**這收音機也是上帝創造的。**」我說：「**不是！是人類創造的。**」反正我都跟他們唱反調，因爲我聽了沒辦法接受，認爲他們全都是迷信者，不理性；但是念佛的祖母每次都會當場制止我，叫我閉嘴。

這就是說，他們對於無漏法是完全不懂的，無爲法也是完全不了知的，就別提什麼無漏有爲法了。至於世間諸法的由來、三界的由來，他們更不懂，全部推給上帝。所以他們完全無法理解：釋迦牟尼佛到底是什麼樣的心境、住在什麼樣的境界。唯有具足了知世出世間一切法，才能夠稱爲法王，可是如今西藏密宗四大派——假藏傳佛教，他們有四大派的法王，這些法王們竟然沒有一個人敢回應我們《狂密與眞密》的法義辨正，那還能夠叫作法王嗎？我這個修行這麼差的人所寫的東西，他們所有人都無法回應了，何況是法王佛陀之所說！那麼，由這裡就可以粗淺地瞭解法王是怎麼樣的尊貴。

可是法王紆尊降貴，以那麼高貴的身分委屈自己下生於人間，這樣來爲下劣的眾生忍受種種不合理的猜測與毀謗，努力來利樂人間有情，而且是五濁惡世的人間眾生。這眞的很難想像那樣的大慈悲心，因爲你單單要求一個四王天人放棄四王天身，下來人間受生，他們都不願意；可是法王身分的 佛陀世尊，願意紆尊降貴來人間，而且特別是 釋迦牟尼佛在人壽不滿百歲的時候來人間，這可是五濁惡世欸！又放棄既有的一切享受，並沒有說：我成佛以後，還想要保有太子身分所有的一切。都沒有啊！尚未成佛時就全部放棄了，而且成佛以後是完全像一個苦行僧一般，不過日中一食，三衣一缽；以 佛陀之尊，爲了度五比丘，從菩提迦耶走路去鹿野苑 ，那大約是二百公里左右；因爲以前我們坐遊覽車要坐七個鐘頭，現在不曉得路況有沒有改善，以前大概四、五十公里的時速要走七個鐘頭，那這樣應該是不只二百公里，而佛陀都是用腳走路過去度他們，是何等慈悲！

為了度五比丘，三界至尊願意為人類這樣作；但眾生都是取相分別，乃至那五比丘剛開始也都還不免取相分別。他們在鹿野苑遠遠看見說，那好像是 悉達多太子來了，大家就互相約定：「我們都不要起身迎接祂，祂來到我們這裡時，也不要請祂坐，讓祂自己找座位坐。」就這樣子約定，這不是取相凡夫嗎？雖然後來 佛陀走近了，大約距離一公里處，他們卻因為 佛陀的威德力，不知不覺站了起來，然後又不知不覺走上前去迎接了，所以後來才會有一個迎佛塔蓋在那個迎接的地方作紀念，鹿野苑的迎佛塔就是這麼來的。可是，他們剛開始是把 佛陀當作是凡夫一樣看待的，所以也都是取相分別。可是，佛陀對於這樣取相分別的凡夫，卻願意隨順於各種不同的根器，依照他們不同的心性來作各種權宜方便的善巧說法，這眞的很不容易啊！

正因為能夠這樣「隨宜為說」，所以佛陀所度的弟子就沒有什麼問題出現。我這一世剛悟的時候，由於沒有此世的師承，當時也還沒有深入經典去研讀，所以我當年沒有「隨宜為說」，不管是誰來了，我先幫他們明心再說——都是幫他們先開悟再說，這就有過失。當年都是連三縛結還沒有斷除，就先幫他們開悟了，怪不得都要回墮到我見裡面去，結果個個落入離念靈知便都退轉了；退轉以後還宣稱說，他們的證量比我更高。這就是我當年沒有「隨宜為說」，不能怪他們退轉，因此我得自己辛苦去收拾爛攤子；而我從來不敢罵他們說：「你們為什麼這樣個個退轉了來反咬我？」我不能這樣怪他們。這就是說，度化眾生時一定要有方便善巧，必須「隨宜為說」，一定要有事先的施設然後次第說法。諸位想想看：釋迦如來能為下劣的眾生而忍受於種種凡夫眾生無理的懷疑和毀謗，這樣，是不是能夠感受到 釋迦牟尼佛的恩德？下一段：

經文：【諸佛於法得最自在，知諸眾生種種欲樂，
及其志力隨所堪任，以無量喻而為說法。
隨諸眾生宿世善根，又知成熟未成熟者，
種種籌量分別知已，於一乘道隨宜說三。】

語譯：【諸佛於世出世間法是最自在的人，已經獲得一切種智，所以世出世間法無有不曉，對於所有眾生心中的一切想法以及喜樂，全部都能瞭

解，並且也能夠善於觀察眾生心志和他們的願力，隨著眾生的心志與願力之所堪任，用無量譬喻來為眾生說法。

進而觀察一切眾生從過去無量世以來所種下的善根，了知他們在三乘菩提中的實證時機是否已經成熟，由於這樣一一觀察，所以有種種的策畫思量而分別具足了知之後，才把唯一佛乘的佛菩提道，隨順於眾生根器的機宜而拆解為三乘菩提來宣說。】

講義：諸佛當然是於一切法最得自在的人，因為諸佛都具足一切種智。一切種智就是具足了知法界實相心如來藏所含藏一切種子的智慧，也就是如來藏心所含藏的一切功能差別的智慧。既然一切有情乃至十方世界山河大地，都是從如來藏心而來，而諸佛對於如來藏所含藏的一切種子已經具足了知，當然是具足了知一切世出世間法的聖者了。既然能夠具足了知，當然是於一切法得最自在的人，因此就能夠完全了知一切眾生心中所希望的是什麼；而眾生最喜愛的又是什麼，如來當然都可以具足了知。具足了知以後就可以觀察：哪一些眾生有什麼能力、有什麼志願、有什麼喜樂，他們的希望又是什麼。當然就能夠知道不同的眾生應該有不同的實證，對每一個有情在三乘菩提中所能夠實證的層次可以到達哪裡，都能觀察出來。

然後就依這樣的觀察，施設無量的譬喻，來讓眾生瞭解　佛陀所要表達的三乘菩提意涵，因此　如來眞的是「以無量喻而爲說法」。單單是一個如來藏心，佛陀用了多少譬喻，很難加以統計啊！只因爲有的眾生不懂某一種譬喻，所以　佛陀又施設另一種譬喻，這就是「以無量喻而爲說法」。可是眾生實證的因緣如果尚未成熟，舉出再多的譬喻也沒有用；就好像《如來藏經》裡面，世尊用萎花喻來說明如來藏，但是有多少人能夠實證呢？仍然是極少、極少。在經中，當你悟了以後，往往你會說：「在這部經裡面，世尊都是明講了。」問題是，你們認爲　世尊已經明講了，爲什麼眾生讀不懂？爲什麼你們自己悟前也還是讀不懂？都是因爲證悟的機緣還沒有成熟。

又譬如斷除三縛結、證初果，在《阿含經》裡面講得那麼清楚，說明五陰虛妄、如何虛妄。佛陀還拆解開來講：色陰是如何虛妄，並且還把過去世的色陰虛妄，未來世色陰虛妄，粗的色陰虛妄，細的色陰虛妄，遠劫以前、遠劫以後的色陰虛妄，像這樣拆解開來詳細說明，然後才說「受想行識亦復如是」。都是這樣詳細講解，可是《阿含經》已經有很多人讀過，有大法師號稱說他閉關六年讀經，竟然沒有辦法斷我見；甚至於印順「導」師，據說他那一套《大藏經》已經快要被他翻爛了，每一本的邊口都起毛了，竟然到死都還斷不了我見。這表示說，他們斷我見的機緣還沒有成熟。這意味著說，這一類大法師們過去世學佛以來沒有幾劫。你如果已經斷三縛結又明心了，顯然你學佛以來是超過他們很多、很多劫。可是「取相凡夫」會怎麼看這件事情？他們會看說：「喔！人家道場那麼大，名氣那麼大，他又是出家人。」所以凡夫大法師們死的時候，有一大堆人跪拜，對不對？可是請問你們明心的人：「外面那些學佛人有哪個願意跪拜你？」一個也沒有！所以說，大部分人都是「取相凡夫」，他們只看表相，不看實質內涵。

但是，我如果想要度表相凡夫，那我明天（我不必落髮，因爲早就理光頭了），去受個三壇大戒，出家了，把僧服穿起來；我告訴你：「佛教正覺同修會從此天下無敵，沒有誰再敢毀謗了。」可是我這樣子出家以後，來了一大堆的人要追隨我，可能幾萬人、幾十萬人，甚至於十年後會有幾百萬人，信徒有那麼多，可是度來的都將是「取相凡夫」，那可不是我要度的。因爲如果來了幾十萬人，我還有命爲正法作更重要的事情嗎？啊！還有很多復興佛教的重要事情要作，我不能度那種人，因爲「**取相凡夫**」永遠是多數。這表示說，當代那一些大師們，他們的「**宿世善根**」是不夠的，所以即使四阿含裡面講得那麼清楚說「五陰虛妄」，也很詳細說明「識陰六識虛妄」；「六識虛妄」講得清清楚楚、明明白白，結果他們還主張「意識是不生滅的」，你又能奈他何？奈何不了他們欸！所以，我們那麼多書不斷地說明意識是生滅法，已經從三量都加以說明過了，到現在十幾年了，也沒有哪一個道場出來附和一下說：「**意識果然是生滅的。**」全都沒有啊！這就表示說，他們的「**宿世善根**」是不夠的。因此，他們實證聲聞道的時機還沒有成熟，悟入大乘道的時機，當然更不可能成熟的。

因此，我當年一開始弘法就講明心、見性，其實是不對的，其實是應該先來寫《阿含正義》，先來教導佛教界斷三縛結；教上個五年、十年，有一些人實證了，接著再來講明心與見性，應該這樣。然而，我今生是將近五十歲開始正式弘法，我如果那樣作的話，今天大乘法能不能像現在這樣復興起來呢？顯然是來不及的。所以這叫作陰錯陽差，使得今天大乘法可以來促使佛教界產生質變，也開始把二乘菩提復興起來。正因爲我們陰錯陽差，先從明心、見性開始，因此反而是使大乘法在今天可以較快興盛起來，而且促使佛教界開始有了質變。現在佛教界本質已經開始在轉變了，就因爲我們證明如來藏是可證的，也證明佛性是可見的，然後我們再回頭把二乘法拿出來講，因此今天正覺所代表的大乘菩提，就可以沒有阻撓而繼續弘揚下去了。

今天沒有人能夠再阻撓正覺同修會弘揚三乘菩提了，正是因爲我們陰錯陽差先弘揚大乘菩提，因此有了許多證道者，可以回頭把整個三乘菩提都圓滿地弘揚出來。其實說穿了，也就是 世尊的安排，否則我們如果依照三乘菩提的次第來弘揚，那麼大乘佛法現在才剛剛起步，我想諸位大概也不願意看見這樣的情況吧！如果現在才斷三縛結，才證二果、三果，然後明心是什麼都還不知道，才剛剛要開始參禪求開悟明心，諸位願不願意？我想你們都不願意。這就是說，在 世尊的安排下，不同的年代要有不同的作略。而我們很多事情的演變發展，都是有宿因的。雖然剛開始那十年，我並沒有預計要怎麼樣去發展大乘菩提的弘法事業，當年我也沒想到要正式來復興正統佛教，但其實都在 世尊的預設之中。那麼，我們是隨順著因緣而這樣去發展，是到了大約五年前（編案：這是二〇一〇年夏天所說），我才定下目標說，我們接下來路要怎麼走。以前都只是隨緣去弘法而已。可是 如來於人間的弘法就不是這樣，都是示現成道時便預先計畫好，一步一步去弘法的；並且隨順著眾生的「宿世善根」，來分別施設不同的方便善巧，逐漸地一一加以成熟，所以是在種種的「籌量分別」，而且具足了知眾生的「宿世善根」之後，才施設了三乘菩提的次第說法。其實，諸佛之道就是成佛之道，成佛之道中並沒有三乘菩提可說，本來就是唯一佛乘；但因爲眾生的「宿世善根」各有差別，成熟與未成熟者的差距很大，所以必須「於一乘道隨宜說三」。

講到這裡，就要從這個「於一乘道隨宜說三」，來表明一件事情。那一些主張「大乘非佛說」的人，他們不斷主張：大乘經典是部派佛教以後的佛弟子一代又一代創造增加，最後才編輯出來的。現在我們要探討：這個說法有沒有道理？那麼當然得要說到部派佛教的事。部派佛教是怎樣演變成的？是從上座部開始分裂之後才有部派佛教，可是上座部是菩薩僧團？或是聲聞僧團呢？是聲聞僧團。上座部是聲聞僧團，然後有一批凡夫不服證得四果的長老們，於是分裂出來；接著雙方都再繼續分裂，最後有十八個部派時，上座部也沒有證果的聖人了。這十八個部派的法教全部是聲聞法的法脈，聲聞法中是不必實證如來藏的。但菩薩不屬於聲聞部派，菩薩僧團自古以來一脈相傳，從來沒有分裂過。佛教歷史中只有部派佛教的分裂事實，所以只有聲聞教中才有分裂。菩薩僧團既然沒有分裂過，而與聲聞部派佛教同時存在，那麼請問：菩薩從 佛陀那裡承繼下來，一脈相傳下來時都沒有自己的經典嗎？只會有聲聞法的《阿含經》典籍嗎？

聲聞的經典，菩薩們不看在眼裡，因爲菩薩所證是超越聲聞經典的。菩薩僧團的一脈相傳且先不談，先談聲聞上座部分裂出來的所有部派，他們全都屬於聲聞法，他們不懂什麼是明心、什麼叫見性，更不懂般若以及種智，連我見都還具足存在，那麼請問他們有能力創造出遠勝於二乘經典的般若、種智的大乘經典嗎？連讀都讀不懂！如果改口說大乘經典是那一些大乘菩薩們所創造的，那麼要請問：歷代的實證菩薩們有沒有誰是屬於部派佛教中的僧人？有沒有誰是其中的僧人？都沒有啊！能夠數得出來的大菩薩們，把他們全都表列出來，看看有誰是從聲聞部派佛教中分裂出來的？一個也沒有！有誰敢說無著菩薩是部派佛教的僧人？有沒有？有誰敢說玄奘菩薩是部派佛教的僧人？沒有啊！

假使有人說：「有啊！世親菩薩是部派佛教的。」那要問他：如何證明？更何況世親菩薩本來是個聲聞人，後來爲什麼變成大乘菩薩的？而他所得的菩薩法是從部派佛教中的僧人證得的嗎？是從聲聞人那裡證得的嗎？都不是欸！而是從兄長 無著菩薩那裡證得的。所以說，「聲聞法的部派佛教能夠創造大乘經典」，這眞要叫作天方夜譚，只能夠列入第一千零二夜的說法。他們那些六識論的學術研究者及聲聞凡夫僧，說話都不經過腦筋，說謊也不必打草稿，就這樣主張「大乘非佛說」而講了出來。可笑的是，竟然也有很多佛教中的大法師相信！所以，他們說的部派佛教後期發展而創造出大乘經的說法，是完全不可信的；那個說法的漏洞是很多的，不但違背佛教的歷史事實，也違背三乘菩提法教迥然差異的三量事實，而他們自己完全不知道。

所以，三乘菩提確實是 佛陀的方便施設，是隨著眾生的「志力」之所「堪任」，以及觀察眾生的「宿世善根」，瞭解眾生證悟三乘菩提的機緣熟或未熟之後而施設出來的，本來就只有「唯一佛乘」。如果大乘法是經由聲聞法部派佛教的凡夫僧發展而有的，他其實是在指控：「釋迦牟尼佛還沒有成佛，只是阿羅漢而已。」他們所說的本質就是作這樣的指控。那麼問題來了，那就應該是釋迦阿羅漢成爲阿羅漢以後，再來度別人成阿羅漢，而不該是成佛以後度別人成阿羅漢，諸阿羅漢們也不該稱呼祂老人家爲「釋迦牟尼佛」，世尊也不該是十號具足者。

可是，佛教的歷史事實是世尊成佛來度人成阿羅漢，沒有人一天到晚叫喚說：「釋迦阿羅漢！您好！」從來沒有！都是稱呼說「佛陀、世尊」，都是這樣問候的。沒有人遇見了佛陀而說「釋迦阿羅漢」，沒有人這樣問候的。連阿羅漢們都稱佛陀爲「世尊」了，所以是先有佛才有阿羅漢。那麼請問他們：有佛示現了，難道沒有佛法而只有羅漢法嗎？所以，聲聞人的部派佛教能創造大乘經，眞的只能叫作一千零二夜的神話故事。就是說，天方夜譚講了一千零一夜，我們爲他們再加上一夜而成爲一千零二夜的「天方夜譚」。這表示什麼？表示他們那個說法只是想像而編造出來的神話故事說法，然而編造的神話故事並不是佛教的史實。

可是，我們出來主張佛教歷史事實之前，全球整個佛教界都是一面倒的說法。他們公開而且大聲地講「大乘非佛說」，整個佛教界也沒有人敢出來對他們反駁，全都中了日本人脫亞入歐、脫佛入基的圈套。所以，當年汐止慈航法師刻意買了一套釋印順的《妙雲集》，當眾把它公開焚燒表示抗議。雖然他也沒有辦法去反駁《妙雲集》爲什麼是胡說八道的理由，不過他有先見之明，先撂下一句話：「未來一定會有人來收拾他。」啊！我們就扛下這一句話，就挑起這個任務來把釋印順等人收拾掉，而且一定要把他從法義的根本上解決掉，不能再讓那種「大乘非佛說」的六識論聲聞僧繼續胡說八道。所以，近代佛門中的這個毒瘤，我們一定要把它割掉，絕對不能心軟，因爲這牽涉到佛門血脈能否久續流傳，也牽涉到眾生法身慧命能否實證的問題。在這上面，我們絕對不能手軟，一定要堅定心志去把它完成。

我們有沒有希望把它完成？（大眾回答：有！）有！因爲諸位這麼有信心，大家都說有了，我怎麼能夠沒信心呢？諸位有信心，我們就更努力去作，就在這一世把它完成，把這一種推翻佛法根本的謬論趕出佛門之外。可以預料的、可以預見的，我們這個年代是中國佛教、大乘佛教的復興期；諸位未來世重新受生再來的時候，一定會看到有一些研究佛教的人寫了一些論文或書籍出來說：「佛陀入滅後二千五百多年，在西元二〇一〇年的時代，就是佛教復興的年代。」你們未來世一定會讀到。但是你們得要有宿命通或是如夢觀，才會記得說：「原來過去世的我，是曾經參與這個佛教復興大業的人。」參與了這個佛教復興的大業是很辛苦，但是積功累德非常快速。

由此而積功累德，就表示福德會快速增長，道業也將快速提升，這樣才有功德。功德是可以受用的，不是只有表相的名稱。諸位參與了這個佛教復興的大業，未來世在 彌勒菩薩成佛時，在 彌勒佛座下成爲大菩薩的時候，你們會發覺：「好在當年我有參與那一件復興佛教的大事。」因爲那時候你一定會看見現在世的狀況。可是，千萬不要在現在世覺得說「這也沒什麼」，因爲你現在覺得好像沒什麼，未來世你看到的時候，卻會發覺：那一世參與了那一件大事業，眞是了不得的事情。因爲，它會是你在佛菩提道中，一個很重要的里程碑。那麼，這一品講完了，接下來要進入卷三的〈藥草喻品〉。

現在進入〈藥草喻品〉。「藥草喻」，就是藉植物來譬喻什麼樣的佛弟子是大樹，什麼樣的佛弟子是小樹，而什麼樣的佛弟子只是藥草。諸位可以先猜猜看：什麼樣的人是藥草？先看第一段經文怎麼說：

《妙法蓮華經》

〈藥草喻品〉第五

經文：【爾時世尊告摩訶迦葉及諸大弟子：「善哉！善哉！迦葉善說如來眞實功德。誠如所言，如來復有無量無邊阿僧祇功德，汝等若於無量億劫說不能盡。迦葉！當知如來是諸法之王，若有所說皆不虛也。於一切法，以智方便而演說之，其所說法皆悉到於一切智地。如來觀知一切諸法之所歸趣，亦知一切眾生深心所行，通達無礙；又於諸法究盡明了，示諸眾生一切智慧。」】

語譯：【聽完大迦葉的譬喻和感恩戴德的說法以後，世尊又告訴大迦葉和諸大弟子們：「說得非常好！說得眞好啊！大迦葉眞是善於宣說如來的眞實功德。事實眞的猶如迦葉所說的那樣，如來還有無量無邊難以計算的功德，你們如果眞的理解了，假設於無量億劫之中來加以宣說，也還是講不完整的。迦葉啊！應當要知道如來是諸法之王，如果有所演說都是眞實不虛的。如來於一切法，以智慧方便而演說出來，所演說出來的一切法，全部都是到達了如來一切智慧的境界。如來也觀察一切諸法的根源，了知一切諸法應當歸於何處；也了知一切眾生深心中之所運行，並且能夠通達一切眾生心想而沒有任何阻礙；如來也在一切諸法中窮究到具足明了，然後來顯示給眾生如來所有的一切智慧。」】

講義：這就是說，世尊印證了大迦葉的所說，但是印證之前先要加以讚歎，因爲大迦葉說的確實不虛妄，也因爲大迦葉讚歎 佛陀那麼多，或許有些人難免心生懷疑：「你大迦葉有沒有讚歎得太過分了？」因此先讚歎大迦葉說：「你講得眞好，大迦葉眞的善於宣說如來眞實不虛妄的種種功德。」也就是說，迦葉的所說是誠實語，如來確實有許多的眞實功德。可是迦葉的所說畢竟還不具足，因爲如來還有許多無量無邊數不盡的功德，是迦葉還不知道的；縱使每一個人都知道一部分，一一加以宣說，經過無量億劫也是說不完的。如果一個無數劫就能夠說得完，那表示一大阿僧祇劫修完就可以成佛了，因爲一大阿僧祇劫就可以講完了；但是事實上不可能，因爲要三大無量數劫才能修得成功，表示你要去眞實理解和宣說，得要經過三大阿僧祇劫；但他們顯然都還沒有經歷完這樣的完整時程，所以一個無量億劫裡面來說還是講不完的。

如來既然是諸法之王，法王所說之法當然都不虛妄，所以一定是說如實語、不欺誑語。如果弘法的時候不知言知、未證謂證，遲早會被人家戳破；因爲瞞得了一時，騙不了一世。不管口才多麼好，文章寫得多麼棒，所說的證量如果是假的，有一天還是會被拆穿；因爲不可能在承平之世而菩薩繼續躲著不出來救眾生，當菩薩出來弘法的時候，那些未證謂證、不知而說已經具足了知一切法的人，就會被菩薩在說法時間接之中顯示出他的虛妄本質。菩薩所說都不虛妄了，何況是如來呢！因此 世尊對迦葉說，法王「**若有所說皆不虛也**」。今天說到這裡。

天氣很熱呵！但是台灣應該還好，今日天竺是四十七度，所以早期就想著要去朝聖的事情，我們如今就免了。當然天氣只是一個原因之一，更大的原因是我們還有很多事情要作，又何苦把羊肉送到虎口裡去。請義工菩薩是不是可以把二樓冷氣調涼一點？因爲我看大家揮著紙張，好像是很熱的樣子。以後這種天氣，是不是二樓可以提前開冷氣？因爲大家都很熱，看二樓冷氣是誰管的，以後提早開，並且先把它調涼一點。十樓也很熱嗎？也有人在搧風，是不是也把它調一下？可能我們九樓也得要調一下。

回到《妙法蓮華經》，上一週講到六十三頁第三行，已經進入〈藥草喻品〉，是　世尊告訴大迦葉以及諸大弟子們的話。那麼接續上一週所講的最後一句：「當知如來是諸法之王，若有所說皆不虛也。」今天接著說：「如來於一切法，都以智慧和方便而加以演說，所說的法全部都是到於一切智地。」這裡講的一切智地，就是一切智慧的境界，地就是境界。可是這裡的一切智，並不是阿羅漢的一切智。阿羅漢的一切智共有十智，從世俗智、知他心智，乃至盡智、無生智，總共有十個。而這裡講的一切智既是一切智慧，當然包括二乘菩提的一切智，所以這裡說的「一切智地」是如來的一切智慧境界。這就是說，法王於一切法都以智慧和方便來爲大眾演說，而法王如來所說的法，全部都會說到究竟佛地的一切智慧境界。

這一句話的意思也是在表明：如來下生人間爲大眾說法，一定是具足圓滿地宣說以後，才會示現入涅槃。諸佛如來示現於三界中，不可能在化緣未滿之前就入無餘涅槃。現成就有一個問題，有人主張說：「大乘非佛說。」如果「大乘非佛說」，那我們就要追究：如來既然入涅槃了，應該是把成佛之道具足宣說過了，顯然應該在四大部阿含諸經的二千多部經典裡面，已經把成佛之道具足宣講了；因為 佛陀已經示現入涅槃，表示化緣已經圓滿了，那就一定講過成佛之道了，而不是只有講羅漢道而已。那就要探討：四阿含共有二千多部經典，有沒有講到菩薩見道是悟什麼？而菩薩進入聖位以後的修道應該是修什麼？然後是，從見道而進修到究竟佛地的過程到底是要怎麼到達？有沒有說到？探究的結果：四阿含諸經裡面，並沒有談到菩薩見道就是證如來藏，其中是有說菩薩應該證如來藏，但並沒有標明證如來藏就是大乘見道。而且，證如來藏之後是不是就成佛了呢？又不是！既然還不是成佛，那麼證悟如來藏之後，到達佛地要經過什麼樣的過程以及應該證得什麼內涵，也是付諸闕如。顯然四阿含那二千多部經典，並沒有把成佛之道演述出來。

如果「大乘非佛說」的主張是事實，四阿含又沒有講成佛之道，他們又認為《般若經》也不是佛陀親口講的，是許多的後代弟子長期寫作然後編撰出來的，那顯然 釋迦佛的化緣還沒有圓滿，就不應該入涅槃，應該現在還繼續在人間宣演成佛之道。一定是要這樣，因爲諸佛如來所說的法一定都是「到於一切智地」，一定都是把佛地所應該有的智慧境界宣演出來，才能說是化緣已滿，才可以示現入涅槃。可是四阿含諸經中顯然沒有，而《般若經》裡面雖然有說了一部分，也沒有具足宣演，因爲都沒有談到一切種智的內涵；然而他們又主張「大乘非佛說」，顯然 釋迦佛化緣未滿卻已經入涅槃，那麼至少走人以前應該有宣示說：什麼時候還要再來，把未圓滿的化緣加以滿足。卻又沒有！所以本質是聲聞僧的六識論者「大乘非佛說」的主張，眞的漏洞百出矛盾多多，沒有辦法成立。

諸佛如來是法王，其所說法「皆悉到於一切智地」，所以不可能不談成佛之道以及如來的境界。因此，那些人主張「大乘非佛說」，那不過是附庸風雅；其實也不該叫作附庸風雅，因爲日本人這種主張並不風雅。他們主張「大乘非佛說」絕對不風雅，都是跟著二十世紀初年的那些日本人胡言亂語。他們想要當胡人，可以啊！因爲日本學術界那些人是外國人，但台灣那些佛教僧人都是中國人，何必要去追隨胡人幹嘛呢？對不對？不需要去當胡人啊！如果聰明一點，想要當胡人時也要先選一選，去當西天來的「碧眼胡」，那倒也不錯！「西天碧眼胡」是指誰？達摩祖師啊！如果學他，倒也是很好啊！偏偏去當一個凡夫而謗法亂講的胡人幹什麼？那叫作末流。

所以說，如來不可能化緣未滿就示現入涅槃，一定是化緣已經圓滿了，該說的法全部都說完了，從凡夫地直到佛地是怎樣的過程和內容，也都已經說完了才可能示現入涅槃。釋迦如來既然化緣圓滿而示現入涅槃了，而四阿含與般若諸經都沒有具足宣說成佛之道，顯然方廣唯識第三轉法輪經典一定是佛說。如果那些經典都是 佛陀所說，而方廣唯識經典的基礎經典則是般若系列經典，當然更應該是 佛陀所說，不可能「非佛說」。這一些簡單的道理，他們都還弄不懂，所以合該繼續當凡夫而當到死後，所以他們所有人繼續當凡夫都是有理由的。但是有智慧的人，讀了他們的文章—論文或者書籍—都是讀不下去，會覺得那是胡說八道。可是沒智慧的人，一看到他們宣稱是據實考證出來的結果，也就迷信了。考證，大家都可以作，但是考證時，一定要依據文獻學所說的：求眞擺在第一位。結果那些六識論聲聞僧的考證文獻，都是故意忽略某一部分，或者故意取材錯誤，或者故意斷章取義，那樣的考證值得信受嗎？所以，有智慧的人不會相信那些錯謬的說法。

既然諸佛如來「其所說法皆悉到於一切智地」，一定會把成佛之道的內涵具足宣說，不會單單講解阿羅漢的修行內容，更不會講完這些就入涅槃。所以，一個不懂得大乘法的聲聞人，絕對不可能創造出大乘經典。一個聲聞人是如此，一百個、一千個、一萬個、十萬個、一百萬個不懂大乘法的聲聞人，一樣不可能創造出可以實證而且具足演述成佛之道的大乘經典，這是一定的道理。譬如說，大學教授列出一個微積分的考試題目出來，一個小學生或者一個幼稚園生，一定不可能解答。有人說：「**一個人不行，我找一百萬個幼稚園學生、一百萬個小學一年級的學生來合作，就可以解答了，因爲人多力量大。**」但是行嗎？還是不行！聲聞人是不懂佛法的，他們只懂羅漢法。不懂佛法的人從上座部分裂出去之後，依舊是個聲聞法中的凡夫，都還不及上座部早期的阿羅漢長老們，竟然分裂出去以後可以編造出大乘經典，而大乘經典是阿羅漢所不懂的，卻又是菩薩們可以實證的勝妙法；證明他們的說法講不通，我們只能丟給他們四個字：「**豈有此理！**」眞的沒那個道理嘛！所以，凡是示現成佛在人間說法，一定要把佛菩提的內涵具足宣演了以後，才算是已經圓滿了化度的因緣，才可以示現入涅槃。難道諸佛都沒有智慧可以判斷說：什麼時間該怎麼說法，然後到什麼時候把整個化度的因緣給圓滿嗎？不可能啊！所以，主張「大乘非佛說」的人，不但是不懂大乘法，更是凡夫，因爲一定也是不懂羅漢法，所以還應該叫作愚癡人！

接下來說：「**如來觀知一切諸法之所歸趣，亦知一切眾生深心所行，通達無礙；**」假使成佛了，沒有辦法觀察而了知一切諸法之所歸趣，就不可能是已經成佛的人。一切諸法之所歸趣，是說一切諸法究竟從哪裡來，最後又應該回歸於哪裡。這就好像禪宗講「**了生脫死**」：人之出生從何而來？死往何處？有好些人就講：「**開悟眞好，悟了就知道生從何來，死往何處。我來正覺同修會學法，我如果悟了，就會知道我這一輩子從哪裡來，死後將會往生到哪裡去。**」那眞是誤會大了！祖師講的了生脫死，可不是這個意思。生不是父母生的，是自己的如來藏生的，父母是提供藉緣和幫助生存成長的因緣，其實還是自己的如來藏出生了這個五陰。你證了如來藏，現前觀察自己是從如來藏中生出來的，這個「**生從何來**」的問題不就解決了嗎？然後再來觀察一下：死了以後五陰歸於壞滅，我這一世所有的善淨業種或者所熏習的一切有漏、無漏的法種要歸向何處呢？原來還是歸於自己的如來藏。那麼這意思就是說，死後還是回歸如來藏，所以生從自心如來藏而來，死後回歸到自己的如來藏心中；了生脫死，這樣就了了，這才是般若正理上的實證。

想要知道上輩子從哪裡死後往生過來，以及下輩子要出生到哪裡去，不必求開悟，只要去修天眼通、宿命通就行了。可是天眼通、宿命通修完了，仍然無法解決「生從何來、死往何處」的根本問題；因爲宿命通假使很厲害，像諸佛一樣都無所限制的話，讓他一世又一世往前追，追不到源頭，因爲往世的生死是無量劫，沒有最早的源頭可以定下來。再以天眼往未來世去看，未來世還是會有無窮的生死，根本沒辦法了生脫死。所以了生脫死，是要現觀你的五陰是從哪裡來的，是從何處出生起來的，不是指上輩子從哪裡死後生來這裡的事相之事；這意思是說，只有證得如來藏才能了生脫死嘛！

同樣的道理，一切諸法是從哪裡來呢？一切諸法從八識心王來，只要八識心王具足就能生一切法。所以一神教那些傳教者說：「這收音機也是上帝製造的。」我說：「不！」可是他若今天問我，我還是會告訴他：「收音機是上帝創造的。」他說：「那你不是跟我講的一樣嗎？」我說：「不一樣，你說的上帝跟我的上帝不一樣。」他一定反駁：「上帝只有一個，眞神是唯一的，不可能有兩個上帝。」我說：「不！上帝有無量無數，你的上帝也是被無量無數上帝中的一個上帝所生的。」這要氣壞他了！「那你說，這收音機是哪個上帝創造的？」我說：「這個上帝創造的。」他說：「你就是上帝啊？」我說：「我就是上帝啊！爲什麼不是？不信的話，你找你們上帝來跟我談。」一定難倒他了！因爲他們所信仰的上帝根本不存在，是人類施設而創造出來的，他哪裡找得到一個上帝來跟我談？

可是我說的沒錯啊：上帝就是如來藏。一切諸法都由八識心王生，如果不是八識心王，諸位今天要來正覺講堂聽經，可沒那麼容易欸！現代人無所謂舟車勞頓，其實現代人在交通上已經夠舒服了；但舟車也是要靠八識心王和合運作才能造得出來，可是這八識心王還是要匯歸到第八識如來藏，所以總而言之，一切諸法都從如來藏來，一切諸法滅了以後也還是要回歸如來藏。菩薩們實證了如來藏以後漸漸去觀行，可以證實如來藏是「一切諸法之所歸趣」，何況 如來而不能知！

但是阿羅漢們，不管是大阿羅漢、小阿羅漢，也就是說從慧解脫、俱解脫到三明六通大解脫的阿羅漢們都一樣，他們都沒有辦法「**觀知一切諸法之所歸趣**」，所以這些大乘經典不是部派佛教那些聲聞人所能創造出來的。假使聲聞人能夠想到說：這一部《法華經》該怎麼寫，應該加上一句「**觀知一切諸法之所歸趣**」。我就說他絕對不是聲聞人，他顯然已經現觀一切諸法的歸趣，才能夠講出這一句話來。然而聲聞人是連如來藏是什麼東西都不懂的，因爲沒有實證，更沒有能力去觀行：如來藏生一切法，成爲一切法之所歸趣。他們都沒有這個能力，沒有這個智慧，如何能夠創造大乘經王的《法華經》呢？所以說，那一些主張「大乘非佛說」的人，眞的只是無明凡夫；總而言之，就是愚癡！他們只是追著日本人後頭趕時髦、標新立異，想要讓人覺得他們所弘揚的佛法也是很新潮的。可是，學佛弘法難道是爲了新潮嗎？如果要新潮，他們何不追隨那些電影明星們，甚至肩膀上弄一隻鳥，頭上戴個怪帽子或什麼東西也可以，那才是更新潮啊！但是有智慧的人會想：何必要把佛法弄新潮？佛法是很古老很古老，並且永遠都不可能被改變、被演變的，我們學佛人跟人家趕時髦作什麼？

所以「**如來觀知一切諸法之所歸趣**」，這不是二乘聖人所知道的，更何況從上座部分裂出來的那一些部派佛教僧人都屬於聲聞凡夫。上座部阿羅漢長老們都還不知道「諸法之所歸趣」，分裂出來的聲聞凡夫僧們反倒能夠知道，眞是很奇怪底事。他們從上座部分裂出來，當然有很多原因，其中一個原因就是他們想要用二乘法來套用大乘法的名相與果位。問題是，大乘法不是他們的所證，也不是上座部的阿羅漢長老之所證。他們要把聲聞法硬套到大乘法中，前期的上座部阿羅漢們不可能答應，因爲連那些聖者們也不懂大乘法。那些凡夫聲聞僧們堅持要套上去，當然就是套不攏，上座部的阿羅漢們也不可能同意，所以他們只好分裂出去；然後就有聲聞法從這二個部派繼續分裂出去，後來連同晚期上座部的凡夫僧，總共有十八個部派。

可是，聲聞法中分裂出去的十八個部派會是菩薩僧嗎？不可能是菩薩僧，沒有誰可以指出來說：從上座部分裂出來的十八個部派中有哪一些人是菩薩。菩薩們從來不歸屬於那十八個部派，那怎麼能夠說是由那些聲聞部派的人來創造大乘經典呢？此說大大不通啊！因爲他們根本不知道「如來觀知一切諸法之所歸趣」的道理。且不說這個道理，單說如來藏在何處，那些聲聞聖人就已不懂了，何況是分裂出去的聲聞凡夫僧呢！所以，那些主張「大乘非佛說」的人，他們的果報就是永遠當凡夫，而且要背負謗菩薩藏的大惡業，那可是一闡提業。

接著說如來「亦知一切眾生深心所行，通達無礙；」阿羅漢能知一切眾生深心所行嗎？不知道喔！阿羅漢們不曉得喔！也許有人不服氣，那我們就說個簡單的例子好了：佛教界有流傳說，有一位很有名的阿羅漢，他那時候還在聲聞法中，此阿羅漢教一位弟子修不淨觀，教另一位弟子修數息觀，結果這兩位徒弟久年修行都無所證；後來 佛陀知道了，告訴他們對調，結果對調了以後，那兩個徒弟很快都變成阿羅漢了。爲什麼呢？因爲對調以後的法門適合他們的根性。其中一個徒弟是金師之子，就是專門冶煉黃金的人家所生的兒子來出家，他在家裡看慣黃澄澄的黃金，熔化了以後總是光彩燦爛、潔淨可愛，他的師父卻教他修不淨觀，哪能修得成？而且要把黃金熔化時得要有鼓風爐。那鼓風機要人力一下又一下踩著：一、二、三、四……，就這樣子鼓風；那唧筒一來一往、一來一往，他很習慣這樣子，那你就教他數息，這不是很好嗎？當他數息時，一、二、三、四……，就像在踩鼓風機一樣，他很相應啊！這阿羅漢卻叫他修不淨觀；他心裡的種子都是習慣於觀察黃澄澄的黃金，覺得好漂亮，怎麼能修不淨觀呢？所以 佛陀教他改修數息觀，他沒多久就具足次法獲得禪定，然後觀修四聖諦以後便成為阿羅漢了；因他制心一處修數息觀，然後就很深細思惟四聖諦，整個也就完成了，不再散亂了。

另一個弟子是屠夫之子來出家，屠夫的兒子看見老爸一天到晚殺豬宰羊，血肉狼藉很不清淨，結果阿羅漢師父教他修數息觀，跟他就是不相應。佛陀教他改修不淨觀，他就把以前出家前看父親殺豬宰羊時，狼藉滿地的景象帶進來，觀自己的色身如果壞了，將會跟那些被殺死的豬羊一樣，九想觀便很快成就了，所以他就離了貪欲而發起初禪；接著修四聖諦，不久把整個見、思惑斷盡，隨即就成為阿羅漢了。所以你看，那兩位阿羅漢還是大阿羅漢，結果沒有辦法知道他們自己徒弟的「深心所行」。還是因為二個弟子努力修行都無法實證，於是毀謗正法說：「沒有眞正的涅槃、無漏法可證。」佛陀知道了，叫他們來問清楚了就說：「你們學錯了。」叫他們兩個人把方法對調，結果不久兩人就成為阿羅漢。

這證明 佛陀很深切地了知：一切眾生深心裡面到底在想什麼，他們心裡面的心行又是如何。所以，假使有人跪在佛陀面前說：「佛陀啊！請你幫助我證道，我將來一定會如何如何護持正法。」跪在佛像前許願開期票，他心裡面想：「我雖然開假的期票，但我這樣講一講，佛陀應該就會幫我。」殊不知佛陀早就知道他在開空頭支票。但有時佛陀也會幫忙，爲什麼呢？因爲知道說：這一個人如果悟了，那個願心一定會在後來發起；雖然現在是開空頭支票，到時候他也會兌現，因爲他的菩薩性夠了。可是，有的人菩薩性不夠，他開的空頭支票越開越大，佛陀始終都不理他，爲什麼呢？因爲知道他的「深心所行」。如果有人不能知道眾生深心的所行，而自稱說他成佛了，那叫作大妄語。

從佛教歷史典故中可以證明，阿羅漢不能知一切眾生的「深心所行」，那怎麼能夠說阿羅漢就是佛呢？不但如此，而且這兩句話說的都要通達無礙，也就是說「如來觀知一切諸法之所歸趣，亦知一切眾生深心所行」，二者都是要具足通達的，不是只有知道一部分就行了。也就是無所不知：「一切諸法之所歸趣」是什麼原因？而眾生的深心所行也是一切皆知，無一不知。至少要在這二方面具足通達無礙，才能夠說是法王。然而現在密宗法王們全球滿街走，一不小心你就撞到了一個法王，這叫作「密宗法王多如狗」，簡直比街上的流浪狗還多；因爲他們都自稱性交修行而成爲報身佛了，那就是法王嘛！問題是，單問最簡單的大乘入道，問他們說：如來藏在哪裡？他們可就全都不懂了，這叫哪門子的法王呢？所以，那些人叫作無慚無愧的仿冒法王，有慚愧心的人不會這樣亂宣揚。

接下來說：「又於諸法究盡明了，示諸眾生一切智慧。」法王 如來於諸法是窮究到最根本、最具足的地步，沒有一法遺漏，全部都明了。如果連五陰虛妄的道理都不懂，顯然還沒有證得聲聞初果的智慧，竟然還不斷地主張說：「離開語言妄念的覺知心、離開語言妄念的意識心，就是常住法。」這顯然是連聲聞解脫道都不懂的凡夫，怎麼能夠說他「於諸法究盡明了」呢？連聲聞菩提中的證初果都不懂了，更別說是佛菩提的見道，更何況是一切種智諸佛境界？如來一定能夠「示諸眾生一切智慧」，也就是說，眾生此世作了什麼事情，後世將會往生到哪裡去；此世作了什麼惡業，後世會生到什麼地獄；從地獄中受苦回來以後會變成哪一類鬼道眾生，鬼道受報完了將會成爲哪一類的傍生動物，在那一類動物中受報完了來到人間，將會成爲什麼樣的人，這都是不能不知道的，然而能夠知道這些，也才只是佛地智慧中的一部分而已。

可是，那一些密宗的法王有誰知道？全都沒有啊！他們跟許多女信徒亂倫了以後，都還不知道自己要下墮無間地獄，還洋洋得意說他們死後要往生去烏金淨土；他們卻不知道那個烏金淨土另外一個名稱叫作阿鼻地獄，因爲生到那裡去以後眞的叫作淨土：讓他們沒有辦法再起邪思邪念了，讓他們受苦都來不及而一心想死、一心想逃離，他們那時哪有機會跟時間、哪有心情再去生起邪淫等惡念？所以那裡也可方便叫作淨土，就叫作密宗喇嘛死後領受苦報的淨土，專門供應給他們用。我這不是詛咒哦！因爲這是因果律中不可改變的事實。如果說的是事實，就不是詛咒。我們這樣講了，將來整理在書中，他們讀了，看會不會警覺一下。如果能夠救得了一個、兩個，就不枉費我今天這些口水。

如來的「一切智慧」中，除此而外還有什麼？例如：如何保住人身，如何往生欲界天，如何往生色界天、無色界天，這也是函蓋在一切智慧裡面。密宗那些法王們有誰能教人往生欲界天以及往生色界、無色界的？一個也沒有！不但現在如此，自古以來就是如此。因為如果想要保住人身，就得要守住五戒，可是他們五戒有沒有守住？顯然都是沒有，死後都保不住人身的。想要往生欲界天，五戒以外得要加修十善，可是他們撒下彌天大謊，瞞盡天下人，不但無善可陳，而且造下惡業，如何能往生欲界天？然後往生色界天的事，那可得要離欲才能發起初禪等，有了初禪等定境才能往生色界天；但他們個個都不離欲，而且是最深重的貪欲，更不可能往生色界天，何況是無色界天？所以，他們根本就沒有三界世間法的智慧，何況是如來的「一切智慧」。

那麼「一切智慧」，例如以三乘菩提來講，連聲聞菩提的斷我見，他們都已經作不到了，更別說到斷我執。如果要講緣覺菩提，他們更不懂；至於佛菩提，可就全都不必談了。而他們那樣的人，可以自稱是報身佛，可以對人說他們在教導智慧，未之有也！「如來法王」一定是「於諸法究盡明了」，而且能「示諸眾生一切智慧」。結果他們一無是處，這樣竟也可以自稱法王，個個自稱活佛。這樣的活佛只能加個註腳，因為現在天氣熱了，中元節快到了，我就給他們一個註腳——七月半的鴨子。歇後語是什麼？諸位都知道了

（編案：不知死活），所以他們還眞的很可憐。但是那些喇嘛們救不回來，也無所謂，我們最重要的是防止不知情的善心人繼續陷下去，所以我們必須要努力把假藏傳佛教四大派都不是佛教、不是佛法的事實，來教育社會大眾；要努力在這上面去作，這是修世間福德最快速的方法。不必說今年捐一億元、明年捐二億元，不必這樣子作；只努力去救護眾生來世不墮惡道，這個福德遠比你每年拿出一億元台幣去布施的福德更大；因爲財物布施所能得到的，是救護那一些人這一世不飢不凍；可是這一種救護眾生的事情，是救護他們永遠不墮入三惡道。這福德大呀！但是不要求在這一世立即回報，因爲到未來世受福報，那福德累積才會大，現世報的福德小。

那麼由這樣來看，如來的智慧、如來的所行就可以很清楚看得出來了：顯然不是二乘聖人所能夠知道的。因爲二乘聖人所知的，畢竟只是二乘菩提的部分。連菩薩的所知，阿羅漢們都不知道了，何況是聲聞法中的凡夫呢！所以，世尊對大迦葉及諸大弟子們所說的這一段話，全都是如實語，絲毫無有虛假。既然沒有絲毫虛假，爲什麼我們不肯相信？爲什麼要去聽信那一些六識論的聲聞僧所說的「大乘非佛說」的謗法之言呢？所以，我們還得要很努力把所有學佛人多年以來熏習的錯誤知見扭轉回來，讓大家都可以回歸大乘法來，不要再像部派佛教那一些凡夫僧人一樣：嘴中說他們是大乘人，骨子裡都是聲聞心態與聲聞法。那麼這樣子，就是諸位的大功德，而累積了這樣的大功德，對未來的道業一定有很大的幫助；也許不是這一世便看得見，但也許這一世就看得見，那就得看宿世的因緣如何。

但是，這一些救護眾生的大事業看來似乎都不大，因爲場面都不大；你出去發資料或者發小冊子，救護眾生離開密宗假藏傳佛教，也許你是獨自一個人，也許是三、五個人一起，那場面怎麼會大呢？可是那個福德之大，卻不是一時之間看得出來的。而我們信受佛法，卻要從如實理解經文中的眞義開始，可是經文中的文字看起來都很粗淺，每一個字從表面上看來似乎都沒什麼，字典中也都查得到，這表面上的意思都懂嘛！可是骨子裡是在講什麼，可就不一定懂了。這就是經典裡面隱藏的許多眞實義被忽略掉的地方，所以我們講《法華經》時絕對不要像一般的大師那樣的講法，而要把它裡面隱含的眞實道理宣示出來，這樣讓它流傳到未來世去，大家就不會再被誤導，大乘法就可以長治久安，外道的破法行爲乃至佛門中的獅子蟲，在一段長時間裡就無法再來毀壞正法。這就是諸位要作的事，我們大家就一起來完成這一件大功德。接下來這〈藥草喻品〉中，世尊又怎麼說呢？

經文：【「迦葉！譬如三千大千世界山川谿谷土地，所生卉木叢林及諸藥草，種類若干名色各異；密雲彌布，遍覆三千大千世界，一時等澍，其澤普洽。卉木叢林及諸藥草，小根小莖、小枝小葉，中根中莖、中枝中葉，大根大莖、大枝大葉，諸樹大小，隨上中下各有所受。一雲所雨，稱其種性而得生長華菓敷實。雖一地所生，一雨所潤；而諸草木，各有差別。」】

語譯：【世尊的上一段開示算是序曲，接著進入主題曲了。世尊說：

「迦葉啊！譬如一個三千大千世界之中所有的山川谿谷土地，所出生的花卉樹木叢林以及種種藥草，它們的種類非常之多，它們被施設的名稱以及形狀色澤也都各不相同；雖然各不相同，可是當天空濃密的烏雲布滿了以後，假使把三千大千世界全部遮蓋了，同時下起雨來的時候，這雨水的潤澤是普遍霑洽而不作選擇的。這時候花卉樹木叢林以及所有的藥草，不管它們是小根小莖、小枝小葉，或者中根中莖、中枝中葉，乃至於大根大莖、大枝大葉，不論那一些藥草或樹木是大是小，隨著它們的上中下狀況互不相同而各有所受。然而同樣都是那樣的雲所下的雨，卻是隨著這一些樹木花草的不同種性而各自生長了不同的花果以及飽滿的果實。雖然是同樣一地所生，同樣一雨所潤；然而在這一些草木身上，卻各有不同的差別。」】

講義：這就是說，佛陀說法其實本來就是唯一佛乘，猶如大雨普潤而不選擇所潤的對象。但是同樣的一部經典，二乘人聽了成爲二乘法，菩薩聽了成爲大乘法，因爲那些經典本來就是大乘經，可是二乘人聽了就變成二乘法。也許有的人以前曾經有所懷疑：「奇怪！這大乘部的經典，在四大部的阿含諸經裡面也有，可是內容竟然大不相同。」那麼，有的人讀了四阿含以後，發覺阿含部的這些經典裡面也有大乘經典，可是內容大不相同。我想，許多人具足閱讀三乘經典的時候一定有這個發現，然後就覺得奇怪：「也許人家說『大乘非佛說』，可能是眞的哦！也許佛陀講的大乘法義就是阿含部裡這樣的大乘經典，然後再由後代的佛弟子把它編造成現在的大乘經。」

可是，如果有人這樣說，那就有一個問題必須探究了：所謂的後人創造編寫的大乘經典法義，是不是比阿含部經典裡面講的更勝妙？顯然是更勝妙。當然僞經除外，密宗的那些密續全部除外，大乘經典顯然更勝妙。因爲自從實證如來藏之後，你來閱讀、檢查、比對的結果，一定會發覺：阿含部裡的大乘經典所說的法義，遠不如般若部、方廣唯識部裡的大乘經典，可是兩者又沒有衝突與矛盾，大乘部的經典卻遠比阿含部所說的更加深廣、勝妙。那是不是就聯想到一個可能，也就是 佛陀演說大乘法的時候，定性聲聞凡聖四眾同時與聞。

不要推翻這個可能，譬如大家來同修會中學法，在親教師的教導下，學完了四加行；作完了觀行以後，依大乘法而斷了我見，同時證得聲聞初果而成爲通教初果了，那麼去參加禪三時並沒有破參，當週二我講經的時候，我如果告訴你說：「每週二，我蕭平實都要講經，你來聽聞吧！」你是不是要向我拒絕？會不會拒絕？不會呵！因爲我親自開口說我要講經了，而且你也來到正覺同修會裡面斷除三縛結了；除非你住得遠，假使你是住在附近。意思就是說，成爲阿羅漢以後跟隨在 佛陀身邊，跟 佛住在同一個道場、同一個精舍、同一個園林裡面，當 佛陀講經的時候，他們卻故意走開而不來聽聞 世尊演說大乘經，有沒有這種可能？沒有可能啊！

比如說，你是一個大家庭裡面的成員，今天爺爺要講經，這些孫子們已經在爺爺或者父親的教導下斷了三縛結，聽說爺爺今天要講經，你反而走開不聽，有這回事嗎？顯然不可能。所以跟在 佛陀身邊的聲聞阿羅漢們以及三果以下，所有人一定會同時參與大乘經典的聽聞。菩薩在場聽聞，不迴心的阿羅漢們也聽聞，所能領受到的法義內容會不會一樣？不會一樣。就好比天上下雨了，大樹霑潤了，小樹也霑潤了，那一些雜草也霑潤了，花卉也一樣霑潤了，可是誰吸收的水分多？大樹啊！那小草吸收的水分當然少啊！所以說，菩薩大樹吸收的法義很多，最完整；聲聞阿羅漢那一些小樹吸收的就少，當然凡夫藥草吸收的更少。可是他們不能抱怨說：「佛陀！您怎麼只給我們這麼少水？卻給菩薩特別多。」沒有啊！佛陀同樣下雨，佛陀下這些法雨的時候沒有作選擇，你能得多少就是多少。

且不說 佛陀，我也是一樣。你看，我講經完了整理出來，書籍印出去以後，我並沒有限制說：「哪一些書，你們六識論者不許買。」我都沒有限制。或者也許限制說：「你們某一些菩薩接觸這個法的因緣還不夠，所以你們讀這一本書的時候，你們只能領受到百分之十。」我沒有作這個限制，事實上也限制不了；可是爲什麼有的人讀了以後馬上建立正知見，有的人讀了以後反而誤會而引生了毀謗，另外有人讀了以後自稱全都讀不懂，這又是爲什麼？所以是同樣的道理嘛：因爲根性不一樣。去禪三精進共修時也是一樣，我對所有人是一樣的開示，過堂時也是大家都一樣的機鋒，也是一樣的小參，爲什麼有的人可以過五關、斬六將，依禪門的話就說是「百丈重關攔不住」，他就是闖得過來；監香老師們一考、再考乃至六、七考，他還是考過去了。可是有些人，我們千方百計給他許多方便，他就是沒辦法；方便給得愈多，他們反愈迷糊。

還有第二個問題也得探究：大乘經典的內容除了更勝妙以外，其中所說的勝妙法義是否可以實證？才能證明是不是智慧遠遜於 世尊的後代佛弟子所能創造的？若都不能實證，當然可以推定所有大乘經典都是戲論或玄想，就可以推定是好幾世代的佛弟子們集體創作而編造出來的。然而大乘諸經中的法義，卻是可以實證的，自從正覺同修會出世弘法以來，已經不斷地有人實證而站出來證明了。然而卻也印證一件事實：單是《雜阿含經》就有一千三百餘部，總合四大部《阿含經》約有二千多部長短經典，所說法義全都遠遠不如大乘經典，卻與大乘經典都無互相衝突或互相矛盾之處，只是粗淺而範圍狹窄，內容大多是二乘菩提，把阿羅漢道鉅細靡遺一一細說具足圓滿；但在大乘的成佛之道法義上面，只能及於第八識如來藏的實證，說的卻是菩薩實證如來藏而非聲聞人實證如來藏；也沒有明確定義大乘見道就是實證如來藏。顯然大乘經典不是智慧遠遜於 世尊的後代佛弟子們所能寫作創造編輯成立的。

這意思就是說，如來說法是平等一味地把佛菩提的勝妙法說給大家，可是阿羅漢聽了，他們只能對經中與解脫道有關的部分生起勝解，他們就記住了；可是 世尊講經時所說佛菩提道的部分，他們聽了不能勝解，不能成就念心所，當然記不住。因此他們聽了大乘經典以後，結集下來就變成阿含部解脫道經典中的大乘經了。然而菩薩所聽的內容相同，勝解卻與阿羅漢們不一樣；菩薩聽到的是佛菩提的內涵而函蓋解脫道的內涵，全部都有勝解，當然就有具足的念心所，於是菩薩們結集出來時就成爲現在我們所讀到的大乘經典。

因此，阿含部裡面的大乘經典有時是同一部重複結集，裡面的經文完全相同的不在少數；可是這些阿含部經典，卻與菩薩結集出來的般若部、方廣唯識部等大乘經典內涵大大不同。這就是說，「小根小莖、小枝小葉，中根中莖、中枝中葉，大根大莖、大枝大葉」，隨著這一些樹與藥草的根莖大小不同、吸收能力不同，所獲得的法雨霑潤與吸收就不一樣。因爲不一樣，所以同樣一場雨，同樣是那樣的雨水，也就是 佛陀所下同樣的法雨，結果不同的人們聽聞以後生長出來時，有的人成爲人天善法果實，有的人成就了聲聞菩提果實，有的人成就緣覺菩提果實，乃至有的人成就佛菩提果實，各不相同。這叫作「一雲所雨，稱其種性而得生長華菓敷實」。雖然同樣是「一地所生，一雨所潤」，可是這「一雨所潤」之後「而諸草木，各有差別」。然而 世尊在第二、第三轉法輪諸經中所說，本來全部都是唯一佛乘之法，但不選擇聽眾，三乘凡聖全部都可以同時聽聞，而三乘各有四眾同時與聞，各人所能領受的法義則是各有不同。

《金剛經》講的「一切賢聖皆以無爲法而有差別」，原因也就在這裡，然而 佛陀並沒有偏心說：「你們這些聲聞人，我只給你們聽聞聲聞法；當我講大乘經時，你們不許聽聞。」並沒有這樣限制啊！講大乘經的時候，所有迴心的大阿羅漢乃至不迴心的聲聞羅漢與凡夫，都同樣歡迎他們聽聞；甚至於聲聞法中的凡夫們，佛陀也沒有拒絕過。所以開講《法華經》的時候，聲聞四眾有五千人退席，聲勢浩大，那是他們不願意接受《法華經》，佛陀也不勉強他們聽講，卻是從來不曾限制他們不許聽聞，因爲說法時得要隨順一切眾生的因緣。假使不迴心的阿羅漢們拒絕聽聞 佛陀宣說的大乘法，才可以說大乘經典裡面跟阿含經典裡面，同樣經名的那一些大乘經典是後人所編造。假使 佛陀從來沒有拒絕聲聞阿羅漢及凡夫們聞法，那麼只因爲阿含部裡的大乘經典與般若部、方廣唯識部的大乘經典不同，就說這二部經典是後人寫作與編造，可就講不通了。所以世尊說：同樣是一雨所潤，大中小的樹木以及花卉雜草等，所能獲得的霑潤是各不相同的，因此所結出來的果實，當然也就各不相同，這是一定的道理。那麼接下來，佛陀又怎麼說呢？

經文：【「迦葉！當知如來亦復如是，出現於世如大雲起，以大音聲普遍世界天、人、阿修羅，如彼大雲遍覆三千大千國土。於大眾中而唱是言：『我是如來、應供、正遍知、明行足、善逝、世間解、無上士、調御丈夫、天人師、佛、世尊，未度者令度，未解者令解，未安者令安，未涅槃者令得涅槃，今世後世如實知之。我是一切知者、一切見者、知道者、開道者、說道者，汝等天、人、阿修羅眾，皆應到此，為聽法故。』爾時無數千萬億種眾生，來至佛所而聽法。如來于時，觀是眾生諸根利鈍、精進懈怠，隨其所堪而為說法，種種無量，皆令歡喜，快得善利。是諸眾生聞是法已，現世安隱；後生善處，以道受樂，亦得聞法。既聞法已，離諸障礙；於諸法中，任力所能，漸得入道；如彼大雲，雨於一切卉木叢林及諸藥草，如其種性具足蒙潤，各得生長。」】

語譯：【世尊接著說：

「迦葉！應當知道如來就像是這樣子，出現在世間的時候就好比大雲生起了，如來以大音聲說法時，普遍遮覆世界中的天、人、阿修羅，一切有緣人都可以聽聞得到，就如同那個大雲普遍遮覆了三千大千國土一樣。如來於大眾之中高唱這樣的話：『我是如來、應供、正遍知、明行足、善逝、世間解、無上士、調御丈夫、天人師、佛、世尊；還沒有度過生死彼岸的人，我教令他們得度；還不能理解涅槃的人，我教化他們而讓他們瞭解；還沒有得心安的人，我讓他們得心安；還沒有實證涅槃的人，我教令他們證得涅槃；不但今世能夠如實而知，後世也能如實而知。我是一切智慧的實證者，我是能見一切法的人，我是了知成佛之道的人，我是開闢成佛之道的人，我是演述成佛之道的人，你們天、人、阿修羅等大眾，都應該來到這裡，爲了聽我說法的緣故。』那時無數千萬億眾生，來到佛的所在而聽聞佛法。如來在這個時候，觀察這一些眾生們各種根性的差異以及他們根性是猛利或遲鈍，也觀察他們是否精進或者懈怠，然後隨著這一些眾生各自堪能接受的範圍，而爲這一些眾生說法；我所演說的法義有種種無量無邊的差別不同，都令這一些眾生們獲得歡喜，並且很快速獲得殊勝的善法中的利益。而這一些眾生們聽聞佛的說法以後，在現前這一世中獲得安隱無憂；後世也可以往生到善處之中，並且能夠以成佛之道而領受種種快樂，後世也可以繼續聽聞佛法。既已聽聞佛法之後，遠離了各種障礙，於各類法義之中，隨著他們的聰明智慧能力之所堪能，可以漸次進入佛法的成佛之道裡面；就如同那個大雲一樣，普遍下雨而霑潤了一切花卉樹木叢林以及種種藥草，各自如其種性同得霑潤而沒有不曾蒙受潤澤的，因此而能夠各得生長。」】

講義：這也就是說，如來就像那個遍覆三千大千世界的大雲一樣，無一處不霑潤；如來說法時的大音聲是沒有遮障的，只要願意聽聞，來到 如來說法時的所在，你坐在幾百公尺外，還是可以清晰地聽得見；不像我們現在還沒有那個威神力，得要靠麥克風、擴音機、喇叭來傳遞法音。不幸的是，偶爾這些器材都有了，假使線路出了問題也還是聽不見；所以 如來說法的音聲，因此就稱爲「大音聲」。而且 佛陀說法的時候，天界無有不聞，除非他們不想聽；只要想聽就能聽得到，修羅眾也是如此，所以 如來法音就好像「大雲遍覆三千大千國土」一樣。

眞正的如來出現於人間的時候，一定會對大眾宣稱：「我是如來，十號具足，未度者令度，未解者令解，未安者令安，未涅槃者令得涅槃，不但這一世如此，後世一樣可以如實了知。」這樣才能稱爲如來。這十號的內涵，我們就不再重新解釋，因爲前面講過了。必須能對大眾宣稱自己十號具足，才能夠說是眞正的如來。那一些附佛法外道個個自稱是活佛，他們敢宣稱十號具足嗎？老實說，他們連其中一號的實質都沒有。大家可以檢驗密宗那些依附佛法的外道法王們，看有哪一個法，他們曾經略通呢？不曾弄通過任何一法啊！所以這十號，他們有誰敢承擔出來說擁有其中的某一號？全都不敢。假使有人敢公開出來宣稱說，佛陀的十號之中他有其中一號的功德，我們就要破他，因爲他們顯然都沒有；你若不破斥，他們死前不懂得懺悔，死後就得要下地獄。你若是破了他們，使他們死前懂得懺悔，就不必下地獄；所以，爲了慈悲，你得要破斥他們。

「未度者令度」，這件事情他們能作得到嗎？單說聲聞菩提的斷我見，他們所有人，連自己都作不到了，何況能度什麼人？所以他們得要把 佛陀說的我見內容加以曲解，然後來說他們斷我見，那本質仍然是沒有斷我見的凡夫，宗喀巴在《廣論》中說的三士道，就是這樣扭曲來解釋，把五陰抱得緊緊地，強烈主張五陰的每一陰都是實有常住的法，竟還公然宣稱已經斷我見了。這就是密宗古今相承一貫不變的技倆，你佛法中有什麼，他們也都有；可是他們那個東西是換另一個東西來取代，套用你佛法中的名詞，只是名稱一樣而內容完全不同，根本不是佛法。因此，「未度者令度」，他們這第一個部分就作不通了。

那麼「未解者令解」，他們所有法王全都是佛法的門外漢，連自己都不能瞭解了，還能夠幫人家瞭解嗎？至於「未安者令安」，他們更不可能，爲什麼呢？當他們讀到《狂密與眞密》，讀到了《博愛》等書，一看：「哎呀！**我們將來可能要下地獄。**」自己心中都已不安了，還能安人？若是要談涅槃呢？那更荒唐，他們講的輪迴涅槃不二，講得好漂亮，那只是口號響亮，但是他們所謂的涅槃與輪迴不二是什麼呢？只是識陰的境界，根本觸及不到涅槃；不過是行淫境界中的離念靈知嘛！只是全心全意貪淫時的一念不生而已，竟說一念不生的時候，輪迴跟涅槃已經是不二。

他們公開說涅槃裡面也是覺知心一念不生的境界，眞的叫作胡扯！因爲涅槃裡面是十八界滅盡的，沒有意識也沒有法塵，哪來的意識一念不生境界？他們竟然還可以有意識住在涅槃裡面一念不生，那當然叫作胡扯啊！所以未得涅槃的人令證涅槃，是他們永遠無法想像的事；因爲他們連涅槃都誤會了，然後自己發明一個東西來說那就是佛陀講的涅槃。所以他們完全沒有佛法，連聲聞菩提都沒有，宗喀巴說的三士道，包括蓮花生和所有密宗祖師以及宗喀巴自己，連佛法中的下士道（編案：眞正佛法中的下士道是聲聞道，中士道是緣覺道，上士道是菩薩道，宗喀巴不懂而妄定三士道）斷我見、證初果，全都沒有實證，竟然敢說什麼即身成佛，全都是大妄語人。因此這個「未涅槃者令得涅槃」，更不是他們所能作得到的。那麼 世尊說的「今世後世如實知之」，今世他們就已經不知了，後世當然更是不知；因為他們後世已經不在人間，淪落到下方很深很深的地方去了，那可不只是水深火熱呵！所以，如來出世一定會向諸天這樣宣示：「我是如來，十號具足，未度者令度，」乃至「今世後世如實知之。」成佛了，若不知今世、後世而不能為人授記，還能叫作成佛？那只能叫作假佛，都是僭越法王的名號。佛陀曾說這樣的人叫作「自取誅滅」，好比是一個乞丐，結果卻穿著國王才能穿的服飾四處張揚說：「我是這一國的國王。」不久就要被抓去砍頭了，一定「自取誅滅」，因為他不是國王而冒用名器。

佛陀說：「我是一切知者、一切見者、知道者、開道者、說道者。」請問密宗那一些自稱成佛的人，當然包括釋印順，因為印順的傳記書名叫作《看見佛陀在人間》，而他生前自己同意使用這個書名，顯然他也是自稱成佛者；他如果成佛了，那麼證嚴、昭慧應該可以推定是等覺菩薩囉？對啊！因為她們這兩位是釋印順最重要的繼承人。但這些「等覺位」的大菩薩們能不能宣稱是「一切知者、一切見者」乃至「知道、開道、說道」?顯然不能，因為她們連斷我見、斷三縛結都不懂了，如何能為人演說成佛之道?連如來藏在哪裡都不知道，顯然不是個大乘見道的人;那麼釋證嚴怎麼能夠成就一切智而宣稱成佛?

等覺菩薩們是三大阿僧祇劫已經快圓滿了，竟然連三賢位中的第七住位菩薩所證如來藏都不懂，怎能夠為人演說成佛之道呢?我在十幾年前曾看見慈濟醫院門廳畫的佛陀探病圖，那尊佛陀所畫的是釋印順，而釋證嚴陪侍在側，顯然她認為自己是等覺菩薩了(編案:這是二〇一〇年所說。但釋證嚴被慈濟的信眾們尊奉為宇宙大覺者，應是已被尊稱為究竟佛了，而釋證嚴本人並未加以反對及撤除，似已默認成佛了。後來慈濟集團炒地皮事件爆發後，公開宣稱宇宙大覺者的雕像是釋迦如來，不是釋證嚴)，所以她才會用《心靈十境》那一本書從初地講到十地;問題是，這樣的佛竟然還沒有斷我見，連初果人斷三縛結的功德與見地都沒有，所以還在書中公開主張說「意識卻是不滅的」。她既然公開對佛陀唱反調說意識是不滅的，那麼她的意識應該就是從上一世移轉過來的，應該猶如昨天與今天的意識一樣，這可得請問她:知不知道自己上一世的來歷？先不說過去諸劫，光說上一世就好。請問證嚴法師：您上一世姓甚名誰？出生在哪裡？幹何行業？然後死沒生到這裡來？知不知道？全都不知。

上一世不知、此世不知，當然後世也是不知的。這個不知且就不問，再請問：聲聞初果是證什麼？要有什麼條件才能證初果？也不知。那不然，且問緣覺是悟個什麼？也不知。不然再問：菩薩悟個什麼？也不知。人間竟有一問三不知的等覺菩薩或究竟佛，好奇怪！有這樣的佛或等覺？啊！原來這就是慈濟宗的境界。慈濟如今已經創宗立派了，而慈濟宗這個宗旨竟然是如此，就是一問三不知啊！那麼這樣還能「開」出成佛之道，還能「示」人以成佛之道？還能助人「悟」得成佛之道？還能令人進「入」成佛之道？怪不得她說法的時候，天、人、阿修羅眾都不來聽。諸位去不去聽？一定不去啊！我明知道諸位不會去聽。像這樣一問三不知的人，也能開宗立派，未之有也！只能夠說現在叫作五濁、末法之世。

所以，如來能夠宣示三界一切眾生說：我是如來，我十號具足，我能夠幫助眾生如何如何，我能夠宣說成佛之道，可以「開、示」成佛之道而令眾生「悟、入」。然後說法時「觀是眾生諸根利鈍、精進懈怠，隨其所堪而為說法」，要以「種種無量」菩提妙法一一解說，要讓所有來聽聞 如來說法的有情，各自多少獲得利益，絕無一句無義語，令聞法四眾「皆令歡喜，快得善利」。這樣才能夠說祂眞的是如來，才能夠說祂已經成佛了。而一切眾生隨其根性前來聞法各得利益，乃至殺父害母的阿闍世王那樣暴烈的人，聞法之後都還可以獲得無根信，使他免除地獄業。所以，如來不是那麼容易當的，如來也不是可以隨隨便便就冒稱冒用的。假使沒有那個實質，縱使可以騙得了一時，眞的騙不了一世，因爲未來終有一天，菩薩會出來加以揭穿。雖然菩薩不是以惡心來揭穿，而是爲了救護眾生而不得不揭穿他，但畢竟還是被揭穿了。

所以，如果有眞正的如來出現在世間，學法的人沒有不得利益的，只是所得的利益多或少的差別。例如 世尊打算要開講《法華經》的時候，那退席的五千聲聞還是得到利益，因爲他們至少懂得應該信受聲聞菩提，這也是獲得利益，所以我說無不得利；因此，如果願意留下來聽聞如來說法，所得的利益就更巨大，由此而說：「是諸眾生聞是法已，現世安隱；後生善處，以道受樂，亦得聞法。」這就是後世得利，聽聞了正法以後，即使這一世沒有斷三縛結，後世緣熟了，還是會斷三縛結而證初果，並不是沒有這個可能。那麼這一世證初果，雖然還沒有辦法證得阿羅漢，後世生欲界天，也可能下一世來人間時就成為阿羅漢，或者也許再下一世生到色界天成為阿羅漢，就在天界般涅槃，這也有可能，這也是後世得利。假使在這裡斷了三縛結，成為最懈怠的初果人，在歷盡七次人天往返以後在人間成為阿羅漢，不也都是「後生善處，以道受樂」嗎？因為他生天再回來人間時，一定不會成為受惡報的人。即使是個最懈怠、最鈍根的初果人，七次人天往返之後，畢竟得出三界；那他這七次人天往返的受生，當然都生在善處，不會生在惡道中；而且必然世世「以道受樂」，也必然世世都有機會「亦得聞法」，「既聞法已」，當然就「離諸障礙」而得實證。

所以，只要願意接受 如來所說諸法，必得利益；怕的就是自作聰明，自以為是，老是要表現他高人一等，然後明明經中那樣說，他卻要提出自己的創見——自己新創說法，然後他就出問題了。我們說法從來都沒有創見，因為全都是經論中曾經說過的。只是我出來說法以前沒有人講過，失傳了，當我講出來時便成為當代學人的所未聞法，於是淺學之人便說：「那是蕭平實的創見，以前別人都沒有那樣講，就只有他一個人那樣講。」但是，如果追溯到古時候，全都有啊！後來我也印證古時候佛陀或者菩薩們已經講過了，所以我的說法仍然不是創見，但對那一些悟錯和寡聞少慧的人而言，可就成爲創見了。

其實佛法中不許有創見，必須要完全依循佛陀的所說。假使有人宣稱他所說的法是超越 佛陀的，是不同於 佛陀的，我說他那個創見一定會害他下墮，因爲這已表示他的法不是佛法，而是意識思惟情解想像所得的。也有人說：「經中明明講的不是那樣，就是你蕭平實自己那樣講。」我們剛出來弘法時就是這樣被指稱，常常被人這樣評論。然而，等我們把他們引述的經典文字章句加以闡釋的結果，卻又發覺經中說的跟我們講的一樣，而他們只是曲解或誤會了經典中的意思。我們十幾年來，就是在不斷地這樣證明：我們講的符合經典聖教量。

可是，佛陀說法的時候並沒有故意遮障：某一些人不許聽聞什麼法。佛陀是一味平等地宣說，就好像我們講堂說法時，也並沒有限制說：「我講經的時候，哪個山頭的人不許來聽，密宗的人也不許來聽。」我們沒有這樣限制，只要願意來聽就可以進來聽。那麼來聽聞的時候，猶如讀我的書是一樣的道理，隨著各人智慧力的不同、善根的不同，往世修學佛法以來時間久暫的差別，所以各人領受到我所說的法或我書中所寫的法，就會有各種差異；乃至等而下之，讀了我的書以後，竟然還來質疑我說：「你說意識是生滅的，那請問你寫書的時候，有沒有用到意識？」也有密宗的人這樣問啊！但我說意識是生滅法，並沒有說：「我寫書的時候，我的意識是斷滅的。」所以你看，密宗上師的智慧竟然低劣到那個地步。譬如說，有人講：「飯吃了，最後終歸於土。」並沒有叫人家說：「所以不許吃飯。」並沒有嘛！但愚癡人之中卻有人說：「你說，飯吃了最後消化了，還是不見了，所以不要吃飯。」他竟然可以這樣解釋啊！那你說，他們的智慧力是多麼粗淺！因為很粗淺，就只能夠得到一個印象說：「蕭平實說意識是生滅的。」他就只能得到這個印象，然而意識為什麼生滅，他就聽不懂、讀不懂了；雖然我說了那麼多，他還是不能懂啊！

這意思就是說，佛陀說了許多的法，然而於諸法中，「任力所能，漸得入道」。有的人當面聽聞佛陀說法，可是他入道可能要等到十世以後、百世以後乃至千世以後，甚至於最後要等到　彌勒尊佛成佛的時候，他才能在聲聞法中入道；當然也有可能那時一入道就成為阿羅漢，那時間就很長了，距離現在要五億多年。但是有的人不同，有的人聽聞佛法以後，回去好好思惟、好好觀行，全都如理，而他也具有見道以前應該具備的次法，那麼他也許就能證得初果。也許有的人，在　佛陀說法的當下，他就得法眼淨而成為初果人，也許有的人當下成為阿羅漢，各不相同，所以說「任力所能，漸得入道」。

但不可能每一個人一聽就成為阿羅漢，也不可能每一個人一聽就成為聲聞初果。所以　佛陀在世的時候，有聲聞法中的初果人，也有大乘法中的初果人。不許向　佛陀開口說：「佛陀！您不是教平等法嗎？您不是最平等的嗎？為什麼有菩薩悟了就變成五地菩薩？為什麼我悟了才只有第七住位？」不能這樣怪　佛陀啊！也不許去怪　佛陀說：「為什麼他聽聞佛陀您說法就可以開悟，我為什麼還是悟不了？」不能這樣講，因為那樣的要求是齊頭式的平等；可是真平等是要立足點平等，立足點平等就是說，在基礎上大家都一樣。佛陀說法時，大家都同時這樣子聽，並沒有說：「我這幾句話故意用神通讓你聽不見，也讓他聽不見。」沒有這樣子啊！

聞法的基礎是平等的，但是證量不會一樣，因爲每一個人往世修學佛法以來，有的人已是經過幾百劫、幾千劫、幾萬劫了，但是有的人才只有一劫、二劫，有的人則是這一世才剛聽聞佛法。如果是這一世才剛聽聞，他想要證初果是很困難的，因爲他沒有經過熏習；凡是還沒有「宿世善根」的熏習，這一世很難證果，所以要看個人的根性差別。如果根性好的人，表示他過去修學的時間已經很長了，往世很多劫以來就在修行而奉侍過很多佛了。如果是根性差的，表示他可能才剛修學一劫、二劫；如果根性更差的，可能是只有學法十世、百世，或者是這一世才剛接觸到，當然他一定沒有辦法入道。佛陀當年也沒有說讓所有跟隨他的人全部證初果或全都開悟，沒有啊！乃至有的人成爲阿羅漢了，佛陀也不讓他證悟如來藏，都依各人往世今世的因緣，以及依各人的根性而得度或不度，但是聞法時大家都一樣聽聞，並沒有限制，所以是「任力所能，漸得入道」，這一點是大家要注意的。

「如彼大雲，雨於一切卉木叢林及諸藥草，如其種性具足蒙潤，各得生長。」所以 世尊的佛法是一樣地傳布出去，但是讀了的人、聽聞的人，能獲得多少法益，都要看各人是否具足因緣以及根性的差別，不可能聞法以後大家的所得全都一樣。如果大家所得都一樣，就應該大家都來當親教師，那麼要誰來當學生？對啊！總得要有人當學生嘛！但這一世當學生，未來世你就可能當親教師了，一世一世就這樣往上提升。

今天如果讓諸位耳朵覺得有點難過，請大家海涵一下，因爲嗓子不舒服。《妙法蓮華經》上一週六十四頁，第一段講完了，今天要從第二段開始：

經文：【「如來說法一相一味，所謂解脫相、離相、滅相，究竟至於一切種智。其有眾生聞如來法，若持讀誦如說修行，所得功德不自覺知。所以者何？唯有如來知此眾生種相體性，念何事、思何事、修何事，云何念、云何思、云何修，以何法念、以何法思、以何法修，以何法得何法。眾生住於種種之地，唯有如來如實見之，明了無礙。如彼卉木叢林諸藥草等，而不自知上中下性。如來知是一相一味之法，所謂解脫相、離相、滅相、究竟涅槃常寂滅相，終歸於空。佛知是已，觀眾生心欲而將護之，是故不即爲說一切種智。汝等，迦葉！甚爲希有，能知如來隨宜說法，能信能受。所以者何？諸佛世尊隨宜說法，難解難知。」】

語譯：【佛陀又告訴迦葉等人說：

「如來說法的時候終究只有一相與一味，一相就是講解脱相，也就是離相與滅相，能夠使人究竟到達佛地智慧的一切種智。其中聞法的眾生如果有人聽聞了如來法，或者受持、或者讀誦、或者如同經中所說而修行，所獲得的功德自己並不能如實了知。爲何這麼說呢？因爲只有如來能夠了知這一些聞法眾生他們種性的法相，以及他們這些種性究竟是什麼樣的體性，也唯有如來能夠了知這一些聞法的眾生心中想的是什麼事情，思惟的是什麼事情，他們修的又是什麼事情，然後在這一些事相之中他們是如何憶念，如何思惟以及如何修行；在這個念、思、修之中又是用什麼樣的方法來憶念，用什麼方法來思惟，用什麼方法來實修，然後究竟是以什麼樣的法而證得什麼樣的法。眾生就住於種種不同的心性之中，唯有如來可以如實看見而沒有差錯。就如同那一些花卉的樹木叢林以及各種藥草等等，但是這一些植物並不自知自己是上根、中根或下根的體性。如來了知這個一相一味的法，也就是所說的解脱相、離相、滅相以及究竟涅槃的常寂滅相，終究歸於空性。諸佛知道這個道理以後，觀察眾生心中的欲想而將持、攝護他們，所以不會立即爲這些聞法眾生宣說最究竟法的一切種智。你們這些人啊！迦葉！實在是非常的希有，能夠知道如來的隨宜說法，而且聽聞之後能相信、能受持。為何我這麼說呢？因為諸佛世尊是隨順機宜而為眾生說法，所說的法難以理解、難以了知。」】

講義：這一段經文，一般無明眾生讀過了也許心裡面想：「如來又在自賣自誇了。」其實完全是如實語。有趣的是，有的人學佛之後在　佛陀面前發願，當他們發了願以後，其實都還不太相信自己真的願意依照所發的願去作，可是他們仍然在　佛前發願了，那到底是在騙誰？是騙　如來還是騙自己？對啦！是騙自己啦！因為騙不了　如來的。乃至等覺菩薩想什麼，如來都知道了；何況凡夫在想什麼，如來會不知道嗎？所以實際上　如來是誠實語者，從來不誑語。

《妙法蓮華經》諸位聽到今天，也聽出許多經文中好像沒有明白講出來的道理，但我們把它點出來，諸位聽清楚以後瞭解說：原來這經典裡的文字，看來好像我都知道，其實卻有很多是不知道的。那麼這一段經文裡面，世尊解釋時，把實際情況作個說明：如來說法的時候只有一相，也只有一味。換句話說，其實沒有三乘菩提，就只是唯一佛乘，但是眾生的根性與智慧沒辦法一開始便接受這麼勝妙的法，所以就把它分析成爲三乘菩提，由淺入深來次第宣說，這樣眾生才有辦法接受。這是如來的方便善巧，其實三乘菩提就只有唯一佛乘。

唯一佛乘的法是什麼？就是解脫相、離相、滅相。如來要教導給眾生的解脫，並不是阿羅漢、辟支佛的解脫，如來要給眾生的解脫其實就是如來地的解脫，這是究竟的解脫。那麼二乘的解脫，那是方便施設，因爲那不是究竟解脫；雖然同樣可以出離三界生死，但是沒有解脫於煩惱障的習氣種子隨眠，也沒有解脫於無始無明的籠罩而不離變易生死，這不是 如來下來人間降生想要給眾生的法。如來的本懷是要給眾生全部獲得將來可以成就大果，也就是成就如來果地的解脫，不是要給眾生二乘法中只能離開分段生死的解脫，這才是 如來的本懷。

所以 如來說法的時候，總是以「一相一味」來說。「一相」就是「解脫相、離相、滅相」。「解脫相」講的是究竟的解脫，不但解脫於三界的分段生死，也解脫於變易生死；不但解脫於生死，而且解脫於無明，所以不但遠離一念無明，也能遠離無始無明，不是只有解脫一法。這個「解脫相」與「離相」其實就是「滅相」，也就是解脫於蘊處界的繫縛，也解脫於無始無明的籠罩，才能得到如來地的無上智慧。但是這一切終歸是要滅盡，也就是滅盡三界諸法，並且滅盡無始無明所攝的一切上煩惱，然後轉依於佛地眞如而自在解脫，最後則是利樂眾生永無窮盡，這才是如來所說的「一相」。但是，這個「一相」修到究竟即是獲得「一切種智」，就是具足實證如來藏所含藏一切種子而圓滿的智慧，獲得這個「一切種智」才是眞的成佛了。所以「如來說法」之目的是要使弟子們經由「解脫相、離相、滅相」的了知，次第修行而成就「一切種智」究竟成佛。

如來所說的法無非就是這一些，如果有人不信，去把四阿含二千多部經典都請出來讀；其實從一開始讀到《長阿含經》的時候，就會發覺佛陀講的本來就是成佛之法，所以追溯到以前　毘婆尸如來的八相成道；《長阿含經》一開始就講這個，不是講　毘婆尸阿羅漢如何成就阿羅漢道。而這部經典卻是二乘聖人結集出來的經典，顯然　如來爲大家所說的法就是成佛之道，不迴心的阿羅漢們也知道這個意思，所以他們把《長阿含經》及其餘三種《阿含經》結集出來以後，就命名為阿笈摩，中文翻譯作阿含，阿含的意思就是成佛之道。所以，阿羅漢們也知道 釋迦如來在人間示現、演說的法，是演說成佛之道，不是演說成阿羅漢之道。

但問題是，四阿含諸經中終究沒有把如何悟入如來藏，然後進修成就佛地的過程與內容說出來，倒是把如何成就阿羅漢的法講得鉅細靡遺，而且有很多是不同地方重複宣說同一種法而記錄下來成為經典；因此四阿含諸經名為阿笈摩（阿含），名實不符。可是不迴心的四十位阿羅漢與其他三果以下的聲聞人，會把這四大部諸經命名為「阿含」成佛之道，顯然那些阿羅漢們心中的認知，是跟這段經文中講的一樣：如來為眾生說法就是「一相一味」，目的是要使眾生「究竟至於一切種智」，這才是 如來降生人間說法的主要內涵。所以四阿含諸經雖然沒有講出成佛之道的次第與內容，可是它的命名已經顯示 如來在人間示現說法，所說的本來就是成佛之道，不是成羅漢之道，這已經很分明顯示出來了。

然而成佛之道甚深難解、廣大難會，眾生如何能夠一開始便聽得懂、便能了知呢？於是 世尊觀察眾生的心性，就了知眾生的狀況了，因此 如來在演說每一部經的時候，其實主要都是在說成佛之道；但是說法時同時觀察眾生的根性；這一些聞法的眾生之中，聽到 如來說了成就如來地的法門以後，當然其中會有許多人願意「受持、讀誦」乃至「如說修行」，可是這些眾生畢竟不知道這樣作以後，能獲得什麼功德。

有一些人信受了日本的日蓮正宗，他們就是每天請出《法華經》來，有的人是拜經——一字一拜，有的人是專念《法華經》的經名；拜經的，是中國人比較多，這有沒有功德？有呵！又譬如說，有的人固定一部經典每天作早課，最短的是《心經》；較普通的誦《金剛經》，快的話可以二十七分鐘誦完；像我這樣口舌不便給，很努力很努力大概也要四十分鐘。有的人誦經速度好快，可是不管速度怎麼快，還是快不過我，因爲我誦《金剛經》眞的很快，我請起經本翻開、合起來之間也就誦完了。所以，以前有個人跟我炫耀，說他誦《金剛經》十分鐘就能誦完了，我不相信，除非他把錄音帶錄好了加倍速度來播放，但還是快不過我。

每一個人課誦佛經都有功德，只是課誦的人不知道他有什麼功德。拜經、稱唸經名也一樣都有功德，豈不聞《佛說觀無量壽佛經》說：誦唸一聲阿彌陀佛聖號，罪滅河沙。即使不能夠念佛，單單是把佛號講出來就行了。講出一句佛號時，心中不一定有念著佛，單單把佛號講出來，念念之中可滅多少罪？八十億劫之罪。這個人還沒有眞的念佛，只是講出佛號而已。《觀經》這一段經文是說：「彼人苦逼，不遑念佛。」善知識教他持誦 阿彌陀佛名號，他心裡因爲業力所逼，心中很痛苦、很驚慌，無法想著 阿彌陀佛了。無法想著佛就不是在念佛，所以經文中說：「善友告言：『汝若不能念彼佛者，應稱歸命無量壽佛。』」所以沒有問題，「你就看著我這善知識，我教你來持唸佛名，你跟著我唸：『歸命阿彌陀佛』。」他就跟著唸「歸命阿彌陀佛」。可是他都在看著善知識、想著善知識如何說，心中都沒有在想著 阿彌陀佛，所以那不是念佛，而是唸佛號。他只是嘴巴跟著講出來，只是唸出佛號而已，這樣都可以滅掉那麼多的罪。如果是《妙法蓮華經》，這是眾經之王，每天不斷地誦唸：「南無妙法蓮華經、南無妙法蓮華經……。」這樣每天一直誦，也有功德，因爲這是經王啊！

想想看，有一個典故：有一個老人家去祇園精舍想要出家，佛陀剛好不在精舍中，他找盡每一位阿羅漢，所有阿羅漢都說：「你沒有因緣出家。回去！」都不讓他出家。他覺得好痛苦：「人身難得，諸佛難遇，我終於遇見了，結果竟然不能出家。」所以一路哭哭啼啼走回家。老人家在路上哭哭啼啼就讓人覺得好奇怪，小孩子哭哭啼啼，人家可以不當一回事。這時剛好佛陀在回精舍的路上遇見了，問他說：「你哭什麼？」他說：「所有阿羅漢都不讓我出家，說我沒有因緣。」佛陀一看就說：「有！你有因緣。」結果是什麼？是無量劫前被老虎追趕，他爬到樹上去，大喊一聲「南無佛」，即使那一世被老虎殺了，但在無量劫後就有因緣出家修行、得解脫果。

在　佛陀座下出家，要當個凡夫還眞的難！還眞是難！通常至少都會證得初果。你想，他單單這麼一句「歸命佛」，超過八萬大劫以後就有這個功德，那麼如果「受持」《法華經》，或者受持如來所說的某一部經，受持之後甚至於每天「讀誦」，進而「如說修行」，不管是哪一種，都有大功德，只是這些功德自己不知道。譬如你們來到正覺講堂，在你們來之前有沒有誰是討厭《金剛經》的？有沒有？若是討厭《金剛經》的人，進不了正覺講堂的，討厭《心經》的人也進不來欸！這就是說，一部經有一部經的功德，那麼這一些持誦的人或者依照經文所說「如說修行」的人，都各有不同的功德，不是大家都一樣。同樣聽聞《阿彌陀經》、受持《阿彌陀經》，讀誦乃至如說修行《阿彌陀經》，每一個人的功德也各不相同；因爲根性不一樣，宿世的因緣也不相同，所以不可能大家都一樣。

如來善於「**觀眾生心欲而將護之**」，是說如來善觀眾生不同的根性，以不同的方便來攝受之。愚癡的人往往質問說：「**如來心不平等，爲什麼使他成爲阿羅漢，我同樣也在聞法，而我竟然還是凡夫。**」原則上，得法眼淨的人都不會質疑，只有凡夫才會質疑。可是他們都沒有想：自己跟別人往世的因緣是不是一樣？心性是不是一樣？他們都不這樣想。同樣的，我們打禪三時也一樣，有的同修老是坐在那邊看來看去。他都是在看我究竟在幹什麼，時時都在看著我，但我就全都不理他。我連走動時都不想靠近他，因爲這很分明顯示他的悟緣還沒有到；他的心都在攀緣，都沒有在用功參究，心是很散亂的，顯示他的基本功夫都還沒有。

這一類的老兄、老姊坐在位子上到處看來看去，根本就沒有在參禪，心中想的是天上掉下來的禮物。那這樣怎麼行呢？所以，這種人禪三結束以後，往往會抱怨：「**蕭老師都不理我，爲什麼人家來了可以開悟，我爲什麼**

就是悟不了？」悟不了的原因很多，他第一次來打三不用急；第二、他還年輕不急，第三、他功夫還不夠，第四、他的知見也還不夠。人家開悟的人，已經是來三次、來四次了，他憑什麼跟人家計較？人家很努力在為眾生作事，功夫也很好，也很專注在參禪，顯然證悟的條件遠勝過他，當然我就不要理他。我如果還來幫他，那還有天理嗎？在佛法中講「天理」是隨順世俗之說，因為根性好、功夫好、知見夠，也很努力去為眾生作事，積累了不少福德，若是我們不幫他，護法菩薩們看了就會說：「你這個蕭老師眞是糊塗蛋。」一定罵我糊塗。我如果是個糊塗蛋，可能就不護持我了，鬼神要怎麼搞就讓他們去搞了，那麼正覺不就垮了嗎？我當然不能這樣作。

這意思就是說，一切善知識都同樣要效法　如來，要觀察眾生他們的根性和因緣。可是，眾生在受持或者讀誦乃至進而如說修行的過程中，並不知道自己獲得什麼功德。就像那個老人無量劫前跑到樹上去，一心只想活命而已，他並不是想要出家修行才大喊「歸命佛」，是因為老虎要咬他，無奈之下不得不說「歸命佛」，看能不能獲得　佛的庇佑免死；但這樣也有功德，何況是聞經之後「若持讀誦如說修行」。可是眾生往往不自覺知，那麼誰能覺知呢？就只有 如來可以究竟了知這個功德。所有聞法的眾生之中，這一些眾生們的心行法相，都逃不過 如來的佛眼鑑照。

有的人想說：「我們計畫作一件世間事業賺大錢，但卻不是很如法。」這某甲說：「我們不要在佛前說，免得佛聽到了。」這叫作愚癡人，不管去到哪裡講，佛還會有聽不到的地方？所以眞正了知的人，心中的想法是說：「反正如來老爸知道我在想什麼。」老爸知道就會殺了你嗎？不會！因爲你是他的兒子。所以也沒有所謂遮掩可說，因爲反正自己想什麼，如來老爸都知道，不須要遮掩，那你只要把握一個好的方向與原則，一步一步去作就是了。對 如來沒什麼可以隱瞞的，重要的是不要犯錯就好了，所以眾生種種不同的心行法相，以及眾生種種不同的心態體性，如來無所不知；乃至眾生心中在想著的、掛念著的是什麼事情，接著又是在思惟著什麼事情，或是在修學什麼，如來全都知道。

不但如此，眾生諸子是怎麼憶念著事情，譬如有人今天突然想到要學佛。雖然有想要學佛，可是過一會兒就忘光光，到晚上要睡覺時才又想起來：「我今天沒有努力學佛。」或者整天都忘光光，只有吃早餐的時候想到，以及晚上睡覺前有想到。原來他掛念著學佛的事情，就是這樣子掛念的。「云何念？」他就這麼念。有的人就不是了，是每三餐就會想著要好好學佛，可是飯吃完以後又忘了，總比剛才那個早晚才念著要好一點。那麼，這是說，眾生對於佛法的憶念有各種不同的狀況。有的人是憶念佛法的時候多，憶念世間法的時候少。

有的人念佛，不管作什麼，他都把佛號帶在一起；比如有的人在作事情時，例如學佛的廚師在炒菜，每炒一下就唸一聲 阿彌陀佛，他就這樣念佛。有的人被好朋友拉著，不得不去跟他們辦活動，跳什麼土風舞，但他的腳每踩一下，心裡就一句「阿彌陀佛」，他就這樣念。所以眾生有各種不同的憶念，各人到底是怎麼樣念的，各有不同，如來老爸都了知。然後，如何去思惟說：「**我怎麼樣能把念佛的法門，修到淨念相繼？**」各人有各人不同的方法，如來也都知道。

大家在思惟，一個人思惟一個樣，各不相同。就好像學無相念佛，有很多人各有不同的方便善巧，各有不同的因緣，終於體會到原來無相念佛這個念是這樣；所以一個人一個樣，不會完全相同。那麼，實修的時候是應用怎麼樣的方便善巧去修，又各有不同了，如來也都知道。那麼，在憶念的時候是用什麼樣的方法來憶念著佛法呢？也是各有不同，所以法門八萬四千就是這麼來的。

那麼，用什麼方法來思惟？「思惟」時不是大家都一樣的，有的人從整體思惟，有的人攀枝捉葉，但有的人能夠全部整合起來，所以各人的思惟各不相同，有深淺不同、廣狹差別。那麼，思惟完了，如何付諸於實行，如何去達到斷結或者證悟佛菩提之目的，那些方法是怎麼修的，也是各不相同，如來也都知道。然後，哪一些人適合用什麼方法來得到什麼樣的法，那也各不相同。有的人要得到的只是斷三縛結的法，但是斷三縛結是每個人都一樣嗎？也不盡然！因爲各人的根性喜好各有差別，所以同樣一個斷三縛結的法，教導了以後，不同的人聽了，有不同的入手處，然後同樣去斷三縛結得到法眼淨而證初果。

可是，如果有的人是菩薩性，他的知見也很好，因此在修行的時候，他所聽到的佛法就成爲菩薩法。聲聞人在同一法會聽到的佛法，只知道是如何斷結的法，可是菩薩聽完了，他竟然證得如來藏，他跟聲聞人的所證不一樣。

有的聲聞人被教導了以後，也可以證得如來藏，可是心中完全沒有喜樂，一心想要入涅槃；也有這樣的聲聞人，最後捨報還是入涅槃去了。但是「應該以什麼法來證得什麼法」？對不同的根性，都不應該一樣，即使是一個證悟如來藏，也是有很多的差別。所以，我們有時候打禪三時，甚至於我會刻意指定某些人要打妄想；有時不但叫他打妄想，還叫他心裡面唱著歌，然後一面唱歌一面都只看別人；我只要他打妄想，不要參禪，最後他也是被印證了。好奇怪唷？對不對？打妄想也可以開悟？可以啊！有時候我會叫他玩遊戲，都不一定啊！這眞是聞所未聞，可以成爲天方夜譚再補上一夜的故事，因爲竟然打妄想可以開悟，從來沒想過吧？因爲所有道場都說要一念不生，我偏要叫他打妄想，因爲他適合打妄想；他若是不打妄想，還眞的沒辦法悟入。

所以，各人有各人不同的因緣，某一些人應該以什麼樣的方法來證得什麼法，各有差別。某一些人你是應該讓他用參禪的方式來斷三縛結，某一些人你可以叫他去思惟斷三縛結，然後他再來證悟如來藏；是以不同的法獲得相同的結果，或者以不同的法獲得不同的結果，或者以相同的法獲得不同的結果。像這樣的事情，如來無所不知。這是因爲眾生住在種種不同的境界相中，每一個人的心境都不一樣，可是只有 如來可以全部如實照見。如來能夠完全觀照，沒有一個眾生會遺漏。如來只要一見就知道，這個人因緣如何，沒有不知的。這不像大菩薩們，還要用神通去觀察。如來都不用，如來一看就知道。因爲 如來的第八識有這個功德，都可以照見任何眾生心中的一切種子；而且不必入定觀察，不必發起神通來觀察，如來直接就能了知，因爲如來有宿住隨念智力。

那麼，就如同樹林中那一些花卉樹木叢林以及各種藥草等等，它們並不知道自己是上根、中根、下根的心性。沉香木不會覺得自己很高貴，相思木不會覺得自己很粗賤，小草也不會覺得自己很微賤，所以「而不自知上中下性」，然而 如來都知道。並且 如來還知道這個「一相一味」的法，也就是「解脫相、離相、滅相」，乃至究竟佛地的「涅槃常寂滅相」，所有一切諸法最後終究歸於空性——妙法蓮華如來藏。因爲 如來能觀察眾生的「上中下性」，也知道「一相一味」之法，所以觀察眾生心究竟在想什麼，希望證得什麼，然後「將護之」。將，就是把他把持著，不讓他下墮，這叫作「將」，

「將」就是取或攝持的意思，攝持眾生並且保護他。就因爲這樣的緣故，如來不會在成佛之後，立即爲所有眾生宣說一切種智妙法；因爲一切種智太深妙了，如果一開始就講一切種智，沒有人能聽懂，那麼如來的僧團也就無法快速建立。

且不說如來剛成佛的時候，佛法還沒有宣揚，單說二千五百年後的今天，我們往前推二十年好了，那時候如果有人講一切種智，誰聽懂？莫說不懂，連一切種智這個名詞都沒聽過。有時候，偶然讀到人家在研究佛學的人，才會提到一切種智四個字，可是他們自己也不懂。這一切種智就是如來藏中所含藏的一切種子，已經有所了知而且最後具足了知而圓滿了，這樣的智慧才能稱爲「一切種智」。問題是，種子到底是什麼？以前沒有人知道；直到後來我們講經後在書本中寫出來了，佛教界終於知道種子是什麼。既說一切種子，那到底是多少種子？不知道！所以，以前有一位講唯識學的法師，在黑板（不叫黑板，因爲它是綠色，所以叫綠板）上面畫了好大一個圈圈，就指著斗大一個圈圈說：「這個是阿賴耶識，裡面有好多種子。」然後把粉筆在圈中一直點點點。喔！種子原來是有一點一點的。可是，他都不知道當他正在點的時候就已經是種子了；所以他連種子都不懂，這還是專講唯識學的大法師呢！

那麼，接著馬上就有一個問題是：種子在哪裡？譬如世人想要種子，當然得要在果實中找，種子當然含藏在果實裡，所以種子藏在如來藏中。那麼想要找到種子，當然要先找到如來藏。「那如來藏在哪裡？這個如來藏，聽說是外道神我。對嗎？」某一位大法師又說：「阿賴耶識是妄識，找到了還得一槌把祂搗碎。」有個教禪聞名的大法師在書中又說：「阿賴耶識是妄識，要把祂消滅掉。」喔！眾說紛紜。好啦！請問大法師：「你如果說，開悟就是要消滅阿賴耶識，請問你找到祂了沒？」不知道，連自己有沒有找到，他都不知道。所以一切種智難知難解啊！後來我們書上寫出來了：種子又名爲界，又名功能差別。喔！終於知道：原來種子不是一點一點、不是一顆一顆，原來是功能差別。那就是如來藏中含藏的無量功能差別。這一些如來藏的無量功能差別瞭解而且圓滿具足了，就是一切種智完成了，那才能叫作成佛。如今佛教界終於懂得說：「原來我連開悟都沒有，別說是成佛了。」所以後來大家都不敢再說自己開悟了，所以開悟的人竟然愈來愈少，現在公開宣稱開悟的大師竟然一個也沒有。好奇怪！應該是開悟的人愈來愈多才對啊！怎麼會愈來愈少？除非有人死了才會開始變少，對不對？他們又都沒死！原來是因爲知道自己以前悟錯了，所以才不敢再聲稱開悟了。

這就是說，如來示現成佛之後不能一開始就爲眾生宣說一切種智，因爲眾生聽不懂。假使我不是一開始就幫大家先明心開悟，然後聽懂我所說的般若、唯識諸法，那麼我想不必一年正覺講堂就要關門了。如果我只是講經，都不幫大家開悟，大家都聽不懂，一年就得關門了。這就好像說，你把一本微積分的書，送給一個小學六年級的學生看，他會看嗎？他一定丟在一邊：「這在講什麼？我看不懂啊！」怎麼讀都讀不懂啊！他當然把它丟了。所以一定要先演說眾生能夠理解的法，當他們能理解了，然後以這個爲基礎，次第往上提升而講下去，這樣眾生才能夠一步一步按部就班修證上來。如果一開始就講一切種智，不但眾生聽不懂，而且大家聽說要三大阿僧祇劫才能成就，心裡面馬上想：「釋迦牟尼佛！你是不是在騙我？」因爲三大阿僧祇劫後的事，現在根本無法求證。你必須先有現成的給他證實，所以必須要先施設淺的法、容易實證的法，來給眾生實證。

也許有人懷疑說：「不一定要如此吧？」我們就舉個例子來說好了，譬如一九九〇年，那時候我們在三個地方共修，我講什麼呢？我講《博山和尚參禪警語》。當時我講得興高采烈時，台下大家嘴巴張開，聽不懂我在講什麼。大家勉強聽了好幾週，終於忍不住說：「老師！您到底在講什麼？我們聽不懂啊！」後來也是沒辦法了，我說：「原來你們連參禪的功夫都沒有。你們在聞名的大寺院裡面努力學佛學了十幾年，竟然這個也聽不懂。」才知道原來他們修數息法，修了十幾年，始終沒有數到十，當然不會看話頭啊！那時我講《博山和尚參禪警語》，他們當然聽不懂。後來我想：「這樣不行，教你們怎樣實證看話頭的功夫好了，從無相念佛開始。」所以我才用三週的時間講無相念佛。從那個時候開始，共修時都不打坐了，大家拜佛作動中功夫。

你們可能不知道，我有一段時間，人數最少的時候只有這樣子（導師伸出手指比出六的手勢），多少人？六個人。不是六十個呵！那時我也說：「我講到沒有人要聽才會停講。只剩下一個人，我也講。」爲什麼人數會變成這樣少呢？因爲大家聽不懂。那時我講的已經是很淺的東西，可是大家聽不懂。後來教大家無相念佛，終於會念佛功夫了，回來再講《博山和尚參禪警語》，喔！大家興致來了，然後人數就一直增加，當時人數增加好快。這意思就是說，如果你都給他們聽不懂的，他們什麼都學不到，就像畫了一塊大餅，結果吃不到嘴，只能看，越看肚子越餓，後來他們就走了。

所以，你一定要給眾生能夠實得而不只是想像，當然不能一開始就講成佛之道；因爲成佛得要三大無量數劫，眾生怎麼能信？不能一開始就講佛地的一切種智，因此佛陀就施設方便，先講聲聞菩提，先讓某些人可以證得阿羅漢果，親自證實說：「我死後可以不再受生於三界中，眞的解脫生死了。原來外道好多人自稱是阿羅漢，他們都不是眞阿羅漢，都是假的，佛陀教我們證的這個才是眞的阿羅漢。」大家都有信心了，然後漸漸開始演說比較深的法，就是實相般若，一步一步誘引進入佛菩提道。所以，成佛之後不可以立即爲眾生演說一切種智，因爲眾生心裡面想的是怎樣解脫生死，這個才是最重要的；能解脫生死以後，成佛的事慢慢再來說。

譬如有一個人已經餓了一週，都快餓死了，而你竟然告訴他說：「你要有耐心一點，我三年後送滿漢大餐來給你。」那他會相信嗎？一定不信啊！

他都快死了，一定認爲你是消遣他。你如果現在先給他一大碗粥，他絕對信；因爲三年後的滿漢大餐不可期待，而這一碗粥雖然清淡沒什麼味道，可是吃了生命得存；這性命保存下來了，他就相信：「這個人可以幫助我。」那你就規劃著明天可以給他吃軟一點的乾飯，再過一個月可以給他吃香香的炒飯，然後一步一步增加，當他吃三個月的香飯上癮的時候，你告訴他：「繼續努力呵！三年後有滿漢大餐等著你呵！」那時他一定會信。你一定要以這樣方便善巧來作，不能夠直接說：「滿漢大餐，三年後就會來。」他想：「三年後干我何事？」因爲他無法想像三年後的事，能不能活到明天都不知道呢。所以說，成佛的境界太遙遠、太勝妙，也無法理解，眾生無法信受。因此必須要有次第施設，這些次第施設還要依照各種不同眾生的根性，以及他們過去世的因緣，再作各種不同的施設。

「汝等，迦葉！甚爲希有，能知如來隨宜說法，能信能受。所以者何？諸佛世尊隨宜說法，難解難知。」如今大迦葉他們都知道這個道理了，所以佛陀就說：「你們這些人啊！迦葉！你們眞的很希有啊！能夠知道如來是如何的隨宜說法，能夠信受如來的所說。爲什麼呢？因爲諸佛世尊隨宜說法，眞的難理解、很難了知，所以我才說迦葉你們非常的希有難得。」這就好像說，進了同修會，你可以一步一步往上走，只要你的能力夠，你就能走上去。如果自己放逸，加上福德差、根性差，當然就走不上去。如果自己努力去把實證時應該具備的條件先給具足了，當然就能走上去。可是你對自己有信心了，對同修會有信心了，有一天你想：「我這個好朋友，是青梅竹馬直到現在；他在不同的道場學佛，我得要幫忙他才行。」問題來了：不論你怎麼說，他都不信，你說乾了嘴、說破了嘴都沒用，他反正就是不信。甚至於你告訴他說：「如來藏眞的可以證，我眞的證了。」他說：「哎呀！你那個一定是假的，都什麼時代了還可以證如來藏？」這表示什麼呢？表示他往世修學大乘法的時劫還很短，此世實證的因緣還差很多，所以不能夠瞭解 如來的說法意趣所在。

這是很平常的，那一些專門研究佛學的教授們，不管是台灣級的、中國級的乃至世界級的都好，他們的專業就是研究佛學，在大學也是教授佛學，還有許多法師們跟著他們學；可是他們有讀懂經典嗎？如果讀懂了，至少是個聲聞初果吧！偏偏沒有。如果讀懂大乘經典了，至少是七住位菩薩，偏偏也沒有。那經典中的文字，他們都懂，那一些語句的意思他們也都懂，可是爲什麼始終悟不了？這表示　如來的說法眞的甚深難解，不是一般人所能知道。特別是在那一些字句表面之下，隱藏著什麼樣的法義、什麼樣的事實，並非一般人所能知道。所以講《法華經》的人不是很多嗎？注解《法華經》古來也不少啊！因此，還有很多的科判、著作寫了下來。問題是，那些科判分門別類有什麼用？《法華經》的眞義不能知道，終究還是白寫一場；讀的人當然也是白讀一場，最後就成爲「文字穀」；就好像在那邊吃文字的穀皮一樣，咬來咬去還是文字，其中的意思依舊弄不懂，這是事實。所以，迦葉能夠說出那個譬喻來，眞的不簡單，因爲這時他已經很清楚瞭解：自己所住的阿羅漢境界，跟佛地的境界是相差那麼遠。到底相差有多麼遠？這個〈藥草喻品〉裡面漸漸就會告訴我們了。接著來看下文怎麼說：

經文：【爾時世尊欲重宣此義，而說偈言：

破有法王出現世間，隨眾生欲種種說法。

如來尊重智慧深遠，久默斯要不務速說。

有智若聞則能信解，無智疑悔則為永失。
是故迦葉隨力為說，以種種緣令得正見。
迦葉當知譬如大雲，起於世間遍覆一切；
慧雲含潤電光晃曜，雷聲遠震令眾悅豫；
日光掩蔽地上清涼，靉靆垂布如可承攬。
其雨普等四方俱下，流澍無量率土充洽；
山川險谷幽邃所生，卉木藥草大小諸樹，
百穀苗稼甘蔗蒲桃，雨之所潤無不豐足，
乾地普洽藥木並茂。】

語譯：【世尊為了要重新宣示前面所說的那些開示，所以用偈這麼說：破除三界有的法王出現於世間，隨著眾生心中對於解脫的欲望而有種種不同的說法。

如來出現在人間是非常尊貴可重的，智慧是既深妙而且又高遠，但是成佛之後很長的時間都沉默而不急著為眾生來解說成佛之道。

有智慧的人如果聽聞了就能夠信受而且理解，沒有智慧的人心裡面懷疑或者悔恨，那就永遠失掉了實證上的利益。

由於這個緣故，迦葉！如來就這樣爲眾生，隨著眾生所堪能而爲他們說法，再以種種助緣而令眾生可以獲得正確的見解。

迦葉！你們大家應當知道，譬如有很大的雲，生起於世間而且遍覆了一切世間；

這個佛法智慧大雲含著法雨潤澤，當佛法的電光晃曜的時候，雷聲威震到非常遙遠的地方，這個法音可令大眾心中生起喜悅；

而日光雖然很炎熱，這時卻已經被智慧大雲掩蔽了，所以地上已經是清涼了，這時候智慧之雲就這樣子綿綿密密垂布著，就好像可以用手把它承攬下來一樣。

然後這個智慧之雲開始下起雨來，普遍平等地在世界東西南北四方同時灑下來，開始流布而使無量的大地泥土普遍充滿潤澤；

這時山川或者險谷中乃至幽邃而使人跡所不能到的地方，所生長的那一些花卉、樹木、藥草、大樹以及小樹等等，或者百種穀類的根苗稼穡，還有甘蔗、蒲桃等等，在這個慧雨的滋潤之下無不豐滿充足，這時所有乾枯的大

地，普遍都有雨水融洽著，所以藥草跟樹木也就同樣地茂盛了。】

講義：「破有法王出現世間，隨眾生欲種種說法。」這是說，法王出現於世間，目的正是專破三界有。如來出現於人間，以 釋迦佛為例，釋迦如來出現於人間之前，有好多的外道修行人；那時的外道都不叫作外道，因為那時還沒有內道，內明之道是 佛陀來人間成佛之後才說出來的。所以那時也還沒有佛教，當然就沒有外道這個名稱。外道這個名稱是 佛陀出現在人間以後，佛陀有時候會說某某外道、某某外道，那時候才有外道的名稱。可是 佛陀來人間之前，那一些外道們個個自稱阿羅漢，很少有人不自稱阿羅漢的。問題是，那些阿羅漢都不是眞的阿羅漢，那些阿羅漢都好像現在南洋的阿羅漢一樣，檢驗的結果都不是阿羅漢，因為他們都落在三界有中；有的落在欲界有，有的落在色界有、無色界有裡面，但都自稱證得涅槃，都自稱是阿羅漢了。當 釋迦如來出現在人間，是諸法之王卻是專門在破三界有。

所以，那時也有許多外道對 佛陀很不滿，因為人們對他們的供養變少了。以前大家都恭敬他們是阿羅漢，所以供養豐厚。後來人家聽了 佛陀說法，知道什麼才是眞正的阿羅漢，就知道那些外道們都沒有斷我見，連聲聞初果都沒證得，別說是阿羅漢了，所以他們供養就變少了，而他們以爲說：「佛陀來人間就是故意要跟我們爭供養。」佛陀哪裡需要來爭供養？佛陀根本不需要來人間的，當時的外道們不知道。但是 佛陀來人間有個很重要的目的，就是「破有」，要廣破三界有。爲什麼要破三界有？譬如有人說：「你們正覺講你們的法，我們講我們的法，大家河水不犯井水，這樣不是很好嗎？」可是我說不好，爲什麼不好呢？因爲我的井水清澈如水，他們的河水跟黃河水一樣。我不想招惹他們，結果他們一天到晚唆使好多徒弟們，拿了那個污濁的河水流進我這清澈的井水裡來，我可不能接受啊！

所以你們看，我們剛弘法初期，不曾講過誰的不對；在那最早的五年之中，不管人家問誰，我都讚歎：「好，很好，他的證量很高。」我都說「好」。「可不可以學？」「可以啊！」都「好」！全部都「好」！結果竟然「好」壞了！爲什麼「好」壞了？因爲人家說：「你都說人家的法正確，可是人家的法跟你的不一樣，那就是你的法錯了啊！」喔！有此一說，原來我想要當好人都不行欸！只有什麼情況下可以當好人？就是你跟他們一樣，當你把如來藏妙義收起來不弘傳了，只把離念靈知教給大家，這樣你就跟他們一樣，你就可以生存了，他們就不會再出來講你的法錯了。否則，你說他們對、說他們「好」，還眞的不行欸！因爲他們會反過來說你不對，這就是我們開始弘法的前五年經歷。後來我發覺我們的產品跟他們的產品確實不同啊！可是竟然同樣都叫作黃金，那怎麼辨？他們是用鉛、鐵電鍍成爲黃金，我們是裡外都是金；人家拿回去，一定不一樣，秤重或者切開，或者拿驗金石一磨，顯現出來的都不一樣啊！現在眞的黃金出現了，假的黃金矇不了大眾，他們當然要反過頭來說我們是假金，因此沒有辦法和平共存。那時我們一天到晚都在解釋什麼才是眞金，後來眞的解釋到煩了，乾脆寫書把假金與眞金的差異說清楚：「**你們自己讀好了。**」因爲多費口舌久了，眞的不厭其擾。

如來也是一樣，當時有那麼多的外道阿羅漢，結果後來大家才發覺只有佛陀是眞的阿羅漢；因爲大家學了以後發覺 佛陀眞的是阿羅漢，因爲學者都可以確定能出三界了，可是那一些外道假阿羅漢們都落在三界有裡面。當雙方完全不同的時候，如來要不要破斥外道們？要！所以，如來在人間不是當老好人，如來是一天到晚在破斥外道的，因此在這裡 世尊就說自己是「**破有法王出現世間**」。世尊直接說自己是「**破有法王**」，是專門破斥三界有；只要誰落在三界有裡面，世尊就會加以破斥。你們看：四阿含裡面不是一直在破外道嗎？就是在破三界有。然而「破有法王出現世間」，卻不能夠自己想要說什麼就說什麼，而是要「隨眾生欲種種說法」；一定要先隨順著眾生心中到底想要得什麼，然後再來爲眾生演說。當時眾生心中想的是什麼呢？是解脫，不想再輪迴生死。雖然那時也有關於「如來」的傳說，可是「如來的法」沒有人知道。解脫三界生死，大家多多少少還懂一點，問題只是弄錯了而已，所以那時的「眾生欲」就是解脫生死的痛苦，因此 釋迦如來「隨眾生欲種種說法」。

爲什麼要這樣呢？因爲「如來尊重智慧深遠」，而眾生的智慧是無法理解絲毫的，所以「久默斯要不務速說」。如來是非常尊重的，如來可不是一般的有情。一般眾生不懂得尊重 如來，一般眾生看到了說：「你們是佛教正覺同修會，那你們是拜什麼？」他們只會問說：「你們拜什麼？」不會問：「你們修什麼法？」當眾生只問你拜什麼的時候？你不能夠一開始就爲他們講什麼如來藏啊、眞如啊！你不能講，你要對他們說：「我們拜釋迦牟尼佛。」你就跟著他想要知道的，就只說禮拜的對象。要隨順他，這樣他聽得進去。

然後他會問：「人家拜阿彌陀佛，你們拜釋迦牟尼佛，那有什麼不同啊？」你才有機會慢慢講，你得先看他想要瞭解什麼。

同樣的道理，如來也是一樣，如來出現在人間是非常尊貴可重的，然而眾生並不瞭解，只有眞正懂得 如來有什麼內涵的人，才會知道 如來是怎麼樣的「尊重」。一般人不懂佛法，如果你說：「你這個房子，我把你租來當佛堂好了。」他們也許會說：「我不要租給你，你以後搬走的時候，你供奉的神到底有沒有請走？」他怕神留著不走。你說：「不是啦！我們供的是釋迦如來。」「那也一樣啊！如果這如來都不離開，那我怎麼辦？」（大眾笑⋯⋯）啊！我們心裡面心心念念想著說：「最好如來每天從早到晚都跟著我，都不要離開我。」不懂的眾生卻是怕 如來不離開。你看，差這麼多！懂與不懂之間相差很大，因爲他們不曉得諸佛如來的尊重；如來是如何的尊貴可重，他們完全不瞭解。

那麼應該如何讓他們瞭解呢？你得要從諸天說起，就從欲界六天開始說起，然後說明色界十八天、無色界四天，得從這裡說起。首先把人間的諸神說明，讓眾生知道人間的諸神不論是一神教或多神教，都只是欲界忉利天以下的有情；解說完了，然後再把阿羅漢帶進來說，就同時說明諸天天主都無法脫離三界生死，阿羅漢可以脫離三界生死，所以阿羅漢是「應供」。眾生就會想：「喔！這樣子，看來阿羅漢眞是不得了，比諸天天主還要厲害欸！」他心中就有一個概念了。你要先幫他建立這個概念作基礎，然後再來說明菩薩，說菩薩總共五十二個階位，菩薩在第七住位時可以開悟明心，他的智慧深妙，諸阿羅漢都還不懂。他就會說：「喔！菩薩這麼厲害呵？」

但你就不必對他說：「這七住菩薩還無法出離三界生死。」你暫時不用跟他講，要讓他知道說：「菩薩這麼厲害，才只是第七住位而已，還沒有到十住、十行、十迴向、十地、等覺、妙覺。但這第七住菩薩的智慧，阿羅漢們不懂。」他想：「喔！這菩薩好厲害！」可是，這菩薩如果很努力修行，要經過第十住，繼續修到初地、七地、九地、十地，還要到了等覺、妙覺以後，才能成佛。他這時才會懂得說：「原來如來是這麼尊貴、可重欸！」他終於有概念了。一般眾生不知道如來是如何的「尊重」，但是你一開始直接講如來，他們不懂的。你得要把諸天天主帶進來說，因爲他們認爲天主是最厲害的，可是天主根本不知道阿羅漢的解脫智慧，阿羅漢又不知道七住菩薩的智慧，而七住菩薩不知道十住，十住不知道十行、十迴向等等，乃至妙覺如來下一剎那即將成佛之前，都還不知道佛地。這樣來說明，他們才會知道：喔！如來這麼可貴。

所以諸佛如來眞的好「尊重」，可是沒有多少人知道如來的「尊重」，而且如來的智慧深奧而幽遠。深是無法探知，遠是廣大無邊。如來當然知道妙覺、等覺、諸十地乃至於三賢位的菩薩，當然更知道阿羅漢與凡夫的境界。如來這樣子觀察的結果，知道淺深之間相距很大，怎麼能夠爲眾生直接講如來地的一切種智妙法呢？眾生根本無法理解。所以，釋迦如來剛成佛的時候，起個念頭：「**成佛之道甚深難解，眾生根本不可能理解，不如入涅槃算了。**」這念頭一動，大梵天可著急了，爲什麼呢？因爲好不容易盼到 釋迦佛出世，怎麼可以就入涅槃？所以他就急急忙忙來到 佛陀面前，請 佛住世。你看，大梵天比人類更急，爲什麼呢？因爲人類不懂，大梵天卻是早就知道了，所以趕快來請 佛住世，請 佛轉法輪；因此 佛陀住世，才施設了三乘菩提，先度了憍陳如五個人，一步一步去作，所以 如來剛開始也只有五個徒弟。

有些人的想法不一樣：「我開悟了，我一出世弘法，徒眾們就是要黑鴉鴉的一大片。」如來可不是這樣，如來是先去度那五個人，然後一步一步來。可是這樣務實的作法，正是當時的天竺最適合，因爲你如果一開始就講成佛之道，人家都不相信。所以先讓他們可以出離三界生死，親身作證，然後眾生相信果然這是眞的，就這樣子一步一步來弘法，所以釋迦如來的智慧，眾生是無法臆測的。如果一開始就演說成佛之道的深妙法，眾生都沒有辦法實證，更無法信入，因此「久默斯要不務速說」。剛開始都不傳如來藏妙法，剛開始就是爲眾生演說世界悉檀，然後施設五陰、六入、十二處、十八界，讓大家容易觀行。可是雖然 如來的智慧是那麼深遠，眾生能否一聽就懂呢？如來就繼續說明：

「有智若聞則能信解，無智疑悔則爲永失。」假使有智慧的人聽聞了，他就能夠信解。例如什麼人呢？例如 如來初轉法輪時度了許多人成阿羅漢，但是菩薩們早就跟著 如來下生到人間來了，那些阿羅漢們跟在 如來身邊，有時菩薩上來請法，阿羅漢們聽不懂；但是菩薩們有智慧，所以一聽聞就能信解。如果是沒有智慧的人，聽到 佛陀所說深遠的成佛之道，他心中就懷疑，然後往往疑了還會加上一陣悔恨：「那到底是眞的、假的？我爲什麼都聽不懂？豈有此理！」那他就永遠失去了證悟佛菩提的機會。乃至於佛陀晚年演說《法華經》之前，那五千個聲聞凡夫都還當場退席，所以眾生不信是很平常的事情；將來你們成佛的時候，如果即將開講《法華經》時有三千個人退席，你就說：「這還是小兒科，釋迦如來時都有五千聲聞退席呢，所以這是正常的。」因爲這樣的緣故，所以 世尊告訴大迦葉：「是故迦葉！（我釋迦如來）隨力爲說，以種種緣令得正見。」如來隨著眾生各自不同的智慧力，也觀察眾生的信力、智力所能夠理解，而爲眾生隨宜說法，令眾生可以獲得正確的見解，而能信受與實證，眞是三根普被。所以大迦葉舉出大富長者遺失兒子的那個譬喻來讚歎 如來，眞是善說啊！

「迦葉當知譬如大雲，起於世間遍覆一切；慧雲含潤電光晃曜，雷聲遠震令眾悅豫；日光掩蔽地上清涼，靉靆垂布如可承攬。其雨普等四方俱下，流澍無量率土充洽；山川險谷幽邃所生，卉木藥草大小諸樹，百穀苗稼甘蔗蒲桃，雨之所潤無不豐足，乾地普洽藥木並茂。」那麼，接下來就開示說：「就好像很大的雲在世間生起，普遍遮覆了一切世間；同樣的道理，如來以智慧雲含著滋潤的法雨，藉著非常強烈光明的電光來照耀，還藉著強大的雷聲而把聲音擴散到很遠的地方，令大眾全部都能夠接受到這個慧雲所含潤的雨水滋潤，所以大眾都很歡悅；這時強烈酷熱的日光已經被如來的慧雲掩蔽了，所以地上已經清涼了，而如來的智慧之雲分布於四方所有的天空，是那麼眞實的存在，就好像可以用手把它承攬過來一樣。然後這一些慧雲中的雨水普遍在四方同時灑下來，把一切乾燥的泥土都給滋潤了，」沒有一處不被滋潤，當然這樣一來，「連同山上的河川乃至險谷人跡所不到的地方，所有地方出生的花卉樹木藥草大樹小樹，以及人們所種植的百穀苗稼甘蔗蒲桃，同樣被如來的慧雨所霑潤，都能獲得它們所需要的水分，所以乾燥的大地已經普遍融洽了，藥草樹木也都同樣地茂盛。」那麼接下來，如來又怎麼說呢？

（未完，詳續第七輯詳解。）

佛菩提二主要道次第概要表——二道並修，以外無別佛法

佛菩提道——大菩提道

遠波羅蜜多

十信位修集信心——一劫乃至一萬劫

資糧位

初住位修集布施功德（以財施為主）。
二住位修集持戒功德。
三住位修集忍辱功德。
四住位修集精進功德。
五住位修集禪定功德。
六住位修集般若功德（熏習般若中觀及斷我見，加行位也）。

外門廣修六度萬行

見道位

七住位明心般若正觀現前，親證本來自性清淨涅槃。
八住位起於一切法現觀般若中道。漸除性障。
十住位眼見佛性，世界如幻觀成就。

一至十行位，於廣行六度萬行中，依般若中道慧，現觀陰處界猶如陽焰，至第十行滿心位，陽焰觀成就。

一至十迴向位熏習一切種智；修除性障，唯留最後一分思惑不斷。第十迴向滿心位成就菩薩道如夢觀。

內門廣修六度萬行

初地：第十迴向位滿心時，成就道種智一分（八識心王一一親證後，領受五法、三自性、七種第一義、七種性自性、二種無我法）復由勇發十無盡願，成通達位菩薩。復又永伏性障而不具斷，能證慧解脫而不取證，由大願故留惑潤生。此地主修法施波羅蜜多及百法明門。證「猶如鏡像」現觀，故滿初地心。

二地：初地功德滿足以後，再成就道種智一分而入二地；主修戒波羅蜜多及一切種智。滿心位成就「猶如光影」現觀，戒行自然清淨。

解脫道：二乘菩提

← 斷三縛結，成初果解脫

← 薄貪瞋癡，成二果解脫

← 斷五下分結，成三果解脫

入地前的四加行令煩惱障現行悉斷，成四果解脫，留惑潤生。分段生死已斷，煩惱障習氣種子開始斷除，兼斷無始無明上煩惱。

近波羅蜜多

修道位

三地：二地滿心再證道種智一分，故入三地。此地主修忍波羅蜜多及四禪八定、四無量心、五神通。能成就俱解脫果而不取證，留惑潤生。滿心位成就「猶如谷響」現觀及無漏妙定意生身。

四地：由三地再證道種智一分故入四地。主修精進波羅蜜多，於此土及他方世界廣度有緣，無有疲倦。進修一切種智，滿心位成就「如水中月」現觀。

五地：由四地再證道種智一分故入五地。主修禪定波羅蜜多及一切種智，斷除下乘涅槃貪。滿心位成就「變化所成」現觀。

六地：由五地再證道種智一分故入六地。此地主修般若波羅蜜多——依道種智現觀十二因緣一一有支及意生身化身，皆自心眞如變化所現，「非有似有」，成就細相觀，不由加行而自然證得滅盡定，成俱解脫大乘無學。

七地：由六地「非有似有」現觀，再證道種智一分故入七地。此地主修一切種智及方便波羅蜜多，由重觀十二有支一一支中之流轉門及還滅門一切細相，成就方便善巧，念念隨入滅盡定。滿心位證得「如犍闥婆城」現觀。

七地滿心斷除故意保留之最後一分思惑時，煩惱障所攝色、受、想三陰有漏習氣種子全部斷盡。

大波羅蜜多

八地：由七地極細相觀成就故再證道種智一分而入八地。此地主修一切種智及願波羅蜜多。至滿心位純無相觀任運恆起，故於相土自在，滿心位復證「如實覺知諸法相意生身」故。

九地：由八地再證道種智一分故入九地。主修力波羅蜜多及一切種智，成就四無礙，滿心位證得「種類俱生無行作意生身」。

十地：由九地再證道種智一分故入此地。此地主修一切種智——智波羅蜜多。滿心位起大法智雲，及現起大法智雲所含藏種種功德，成受職菩薩。

等覺：由十地道種智成就故入此地。此地應修一切種智，圓滿等覺地無生法忍；於百劫中修集極廣大福德，以之圓滿三十二大人相及無量隨形好。

煩惱障所攝行、識二陰無漏習氣種子任運漸斷，所知障所攝上煩惱任運漸斷。

圓滿波羅蜜多

究竟位

妙覺：示現受生人間已斷盡煩惱障一切習氣種子，並斷盡所知障一切隨眠，永斷變易生死無明，成就大般涅槃，四智圓明。人間捨壽後，報身常住色究竟天利樂十方地上菩薩；以諸化身利樂有情，永無盡期，成就究竟佛道。

斷盡變易生死成就大般涅槃

圓滿成就究竟佛果

佛子蕭平實 謹製
（二〇〇九、〇二 修訂）
（二〇一二、〇二 增補）

佛教正覺同修會〈修學佛道次第表〉

第一階段
* 以憶佛及拜佛方式修習動中定力。
* 學第一義佛法及禪法知見。
* 無相拜佛功夫成就。
* 具備一念相續功夫—動靜中皆能看話頭。
* 努力培植福德資糧，勤修三福淨業。

第二階段
* 參話頭，參公案。
* 開悟明心，一片悟境。
* 鍛鍊功夫求見佛性。
* 眼見佛性〈餘五根亦如是〉親見世界如幻，成就如幻觀。
* 學習禪門差別智。
* 深入第一義經典。
* 修除性障及隨分修學禪定。
* 修證十行位陽焰觀。

第三階段
* 學一切種智真實正理—楞伽經、解深密經、成唯識論…。
* 參究末後句。
* 解悟末後句。
* 透牢關—親自體驗所悟末後句境界，親見實相，無得無失。
* 救護一切眾生迴向正道。護持了義正法，修證十迴向位如夢觀。
* 發十無盡願，修習百法明門，親證猶如鏡像現觀。
* 修除五蓋，發起禪定。持一切善法戒。親證猶如光影現觀。
* 進修四禪八定、四無量心、五神通。進修大乘種智，求證猶如谷響現觀。

佛教正覺同修會 共修現況 及 招生公告 2017/12/21

一、共修現況：（請在共修時間來電，以免無人接聽。）

台北正覺講堂 103 台北市承德路三段 277 號九樓 捷運淡水線圓山站旁
Tel..**總機** 02-25957295（晚上）（**分機：九樓**辦公室 10、11；知客櫃檯 12、13。 **十樓**知客櫃檯 15、16；書局櫃檯 14。 **五樓**辦公室 18；知客櫃檯 19。**二樓**辦公室 20；知客櫃檯 21。）
Fax..25954493

第一講堂 台北市承德路三段 277 號九樓

禪淨班：週一晚班、週三晚班、週四晚班、週五晚班、週六下午班、週六上午班（共修期間二年半，全程免費。皆須報名建立學籍後始可參加共修，欲報名者詳見本公告末頁。）

進階班：週一晚班、週三晚班、週四晚班、週五晚班（禪淨班結業後轉入共修）。

增上班：**瑜伽師地論詳解**：每月單數週之週末 17.50～20.50。平實導師講解，2003 年 2 月開講至今，預計 2019 年圓滿，僅限已明心之會員參加。

禪門差別智：每月第一週日全天　平實導師主講（事冗暫停）。

大法鼓經詳解　詳解末法時代大乘佛法修行之道。佛教正法消毒妙藥塗於大鼓而以擊之，凡有眾生聞之者，一切邪見鉅毒悉皆消殞；此經即是大法鼓之正義，凡聞之者，所有邪見之毒悉皆滅除，見道不難；亦能發起菩薩無量功德，是故諸大菩薩遠從諸方佛土來此娑婆聞修此經。平實導師主講，定於 2017 年 12 月底起，每逢周二晚上開講，第一至第六講堂都可同時聽聞，歡迎已發成佛大願的菩薩種性學人，攜眷共同參與此殊勝法會現場聞法，不限制聽講資格。本會學員憑上課證進入第一至第四講堂聽講，會外學人請以身分證件換證進入聽講（此為大樓管理處安全管理規定之要求，敬請諒解）；第五及第六講堂（B1、B2）對外開放，不需出示任何證件，請由大樓側門直接進入。

第二講堂 台北市承德路三段 267 號十樓。

禪淨班：週一晚上班。

進階班：週三晚班、週四晚班、週五晚班、週六下午班。禪淨班結業後轉入共修。

大法鼓經詳解：平實導師講解。每週二 18.50~20.50 影像音聲即時傳輸

第三講堂 台北市承德路三段 277 號五樓。

禪淨班：週六下午班。

進階班：週一晚班、週三晚班、週四晚班、週五晚班。

大法鼓經詳解：平實導師講解。每週二 18.50~20.50 影像音聲即時傳輸

第四講堂 台北市承德路三段 267 號二樓。

進階班：週一晚上班、週三晚上班、週四晚上班（禪淨班結業後轉入共修）。

大法鼓經詳解：平實導師講解。每週二 18.50~20.50 影像音聲即時傳輸

第五、第六講堂

念佛班　每週日晚上，第六講堂共修（B2），一切求生極樂世界的三寶弟子皆可參加，不限制共修資格。

進階班：週一晚班、週三晚班、週四晚班。

大法鼓經詳解：平實導師講解。每週二 18.50~20.50 影像音聲即時傳輸。第五、第六講堂爲**開放式講堂**，不需以身分證件換證即可進入聽講，台北市承德路三段 267 號地下一樓、地下二樓。每逢週二晚上講經時段開放給會外人士自由聽經，請由大樓側面梯階逕行進入聽講。**聽講者請尊重講者的著作權及肖像權，請勿錄音錄影，以免違法；若有錄音錄影被查獲者，將依法處理。**

正覺祖師堂　大溪鎮美華里信義路 650 巷坑底 5 之 6 號（台 3 號省道 34 公里處 妙法寺對面斜坡道進入）電話 03-3886110　傳眞 03-3881692 本堂供奉 克勤圓悟大師，專供會員每年四月、十月各三次精進禪三共修，兼作本會出家菩薩掛單常住之用。除禪三時間以外，每逢單月第一週之週日 9:00~17:00 開放會內、外人士參訪，當天並提供午齋結緣。教內共修團體或道場，得另申請其餘時間作團體參訪，務請事先與常住確定日期，以便安排常住菩薩接引導覽，亦免妨礙常住菩薩之日常作息及修行。

桃園正覺講堂（第一、第二講堂）：桃園市介壽路 286、288 號 10 樓（陽明運動公園對面）電話：03-3749363（請於共修時聯繫，或與台北聯繫）

禪淨班：週一晚上班（1）、週一晚上班（2）、週三晚上班、週四晚上班、週五晚上班。

進階班：週四晚班、週五晚班、週六上午班。

增上班：雙週六晚上班（增上重播班）。

大法鼓經詳解：平實導師講解。每週二晚上，以台北正覺講堂所錄 DVD 放映；歡迎會外學人共同聽講，不需出示身分證件。

新竹正覺講堂　新竹市東光路 55 號二樓之一　電話 03-5724297（晚上）

第一講堂：

禪淨班：週一晚上班、週五晚上班、週六上午班。

進階班：週三晚上班、週四晚上班（由禪淨班結業後轉入共修）。

增上班：單週六晚上班。雙週六晚上班（重播班）。

大法鼓經詳解：平實導師講解。每週二晚上，以台北正覺講堂所錄 DVD 放映。歡迎會外學人共同聽講，不需出示身分證件。

第二講堂：

禪淨班：週三晚上班、週四晚上班。

大法鼓經詳解：每週二晚上與第一講堂同時播放佛藏經詳解 DVD。

第三、第四講堂：裝修完畢，即將開放。

台中正覺講堂　04-23816090（晚上）

第一講堂　台中市南屯區五權西路二段 666 號 13 樓之四（國泰世華銀行樓上。鄰近縣市經第一高速公路前來者，由五權西路交流道可以快速到達，大樓旁有停車場，對面有素食館）。

禪淨班：週三晚上班、週四晚上班。

進階班：週一晚上班、週六上午班（由禪淨班結業後轉入共修）。

增上班：**增上班**：單週六晚上班。雙週六晚上班（重播班）。

大法鼓經詳解：平實導師講解。每週二晚上，以台北正覺講堂所錄 DVD 放映。歡迎會外學人共同聽講，不需出示身分證件。

第二講堂　台中市南屯區五權西路二段 666 號 4 樓

禪淨班：週一晚上班、週三晚上班、週六上午班。

進階班：週五晚上班（由禪淨班結業後轉入共修）。

大法鼓經詳解：每週二晚上與第一講堂同時播放佛藏經詳解 DVD。

第三講堂、第四講堂：台中市南屯區五權西路二段 666 號 4 樓。

嘉義正覺講堂　嘉義市友愛路 288 號八樓之一　電話：05-2318228

第一講堂：

禪淨班：週一晚上班、週四晚上班、週五晚上班、週六上午班。

進階班：週三晚上班（由禪淨班結業後轉入共修）。

增上班：單週六晚上班。雙週六晚上班（重播班）。

大法鼓經詳解：平實導師講解。每週二晚上，以台北正覺講堂所錄 DVD 放映。歡迎會外學人共同聽講，不需出示身分證件。

第二講堂　嘉義市友愛路 288 號八樓之二。

台南正覺講堂

第一講堂　台南市西門路四段 15 號 4 樓。06-2820541（晚上）

禪淨班：週一晚上班、週三晚上班、週四晚上班、週五晚上班、週六下午班。

增上班：**增上班**：單週六晚上班。雙週六晚上班（重播班）。

大法鼓經詳解：平實導師講解。每週二晚上，以台北正覺講堂所錄 DVD 放映。歡迎會外學人共同聽講，不需出示身分證件。

第二講堂　台南市西門路四段 15 號 3 樓。

大法鼓經詳解：每週二晚上與第一講堂同時播放佛藏經詳解 DVD。

第三講堂　台南市西門路四段 15 號 3 樓。

進階班：週三晚上班、週四晚上班、週六上午班（由禪淨班結業後轉入共修）。

大法鼓經詳解：每週二晚上與第一講堂同時播放佛藏經詳解 DVD。

高雄正覺講堂 高雄市新興區中正三路 45 號五樓 07-2234248（晚上）

第一講堂（五樓）：

禪淨班：週一晚班、週三晚班、週四晚班、週五晚班、週六上午班。

增上班：單週週末下午，以台北增上班課程錄成 DVD 放映之，限已明心之會員參加。

大法鼓經詳解：平實導師講解。每週二晚上，以台北正覺講堂所錄 DVD 放映。歡迎會外學人共同聽講，不需出示身分證件。

第二講堂（四樓）：

進階班：週三晚上班、週四晚上班、週六上午班（由禪淨班結業後轉入共修）。

大法鼓經詳解：每週二晚上與第一講堂同時播放佛藏經詳解 DVD。

第三講堂（三樓）：

進階班：週四晚班（由禪淨班結業後轉入共修）。

香港正覺講堂 ☆已遷移新址☆

九龍觀塘，成業街 10 號，電訊一代廣場 27 樓 E 室。

（觀塘地鐵站 B1 出口，步行約 4 分鐘）。電話：(852) 23262231

英文地址：Unit E，27th Floor, TG Place, 10 Shing Yip Street, Kwun Tong, Kowloon

禪淨班：雙週六下午班 14:30-17:30，已經額滿。
雙週日下午班 14:30-17:30。
單週六下午班 14:30-17:30，已經額滿。

進階班：雙週五晚上班（由禪淨班結業後轉入共修）。

增上班：單週週末上午，以台北增上班課程錄成 DVD 放映之。

增上重播班：雙週週末上午，以台北增上班課程錄成 DVD 放映之。

大法鼓經詳解：平實導師講解。雙週六 19:00-21:00，以台北正覺講堂所錄 DVD 放映；歡迎會外學人共同聽講，不需出示身分證件。

美國洛杉磯正覺講堂 ☆已遷移新址☆

825 S. Lemon Ave Diamond Bar, CA 91789 U.S.A.
Tel. (909) 595-5222（請於週六 9:00~18:00 之間聯繫）
Cell. (626) 454-0607

禪淨班：每逢週末 15：30~17：30 上課。

進階班：每逢週末上午 10：00~12：00 上課。

大法鼓經詳解：平實導師講解。每週六下午 13：00~15：00 以台北所錄 DVD 放映。歡迎各界人士共享第一義諦無上法益，不需報名。

二、招生公告　本會台北講堂及全省各講堂、香港講堂，每逢四月、十月下旬開新班，每週共修一次（每次二小時。開課日起三個月內仍可插班）；但美國洛杉磯共修處之禪淨班得隨時插班共修。各班共修期間皆為二年半，全程免費，欲參加者請向本會函索報名表（各共修處皆於共修時間方有人執事，非共修時間請勿電詢或前來洽詢、請書），或直接從本會官方網站(http://www.enlighten.org.tw/newsflash/class)或成佛之道網站下載報名表。共修期滿時，若經報名禪三審核通過者，可參加四天三夜之禪三精進共修，有機會明心、取證如來藏，發起般若實相智慧，成為實義菩薩，脫離凡夫菩薩位。

三、新春禮佛祈福 農曆年假期間停止共修：自農曆新年前七天起停止共修與弘法，正月 8 日起回復共修、弘法事務。新春期間正月初一～初七 9.00～17.00 開放台北講堂、正月初一~初三開放桃園、新竹、台中、嘉義、台南、高雄講堂，以及大溪禪三道場（正覺祖師堂），方便會員供佛、祈福及會外人士請書。美國洛杉磯共修處之休假時間，請逕詢該共修處。

密宗四大派修雙身法，是外道性力派的邪法；又以生滅的識陰作為常住法，是常見外道，是假的藏傳佛教。

西藏覺囊巴以他空見弘揚第八識如來藏勝法，才是真藏傳佛教

佛教正覺同修會　弘法行事表　2017/12/07

1、**禪淨班**　以無相念佛及拜佛方式修習動中定力，實證一心不亂功夫。傳授解脫道正理及第一義諦佛法，以及參禪知見。共修期間：二年六個月。每逢四月、十月開新班，詳見招生公告表。

2、**進階班**　禪淨班畢業後得轉入此班，進修更深入的佛法，期能證悟明心。各地講堂各有多班，繼續深入佛法、增長定力，悟後得轉入增上班修學道種智，期能證得無生法忍。

3、**增上班　瑜伽師地論**詳解　詳解論中所言凡夫地至佛地等 17 師之修證境界與理論，從凡夫地、聲聞地……宣演到諸地所證無生法忍、一切種智之眞實正理。由平實導師開講，每逢一、三、五週之週末晚上開示，僅限已明心之會員參加。2003 年二月開講至今，預定 2019 年講畢。

4、**大法鼓經**詳解　詳解末法時代大乘佛法修行之道。佛教正法消毒妙藥塗於大鼓而以擊之，凡有眾生聞之者，一切邪見鉅毒悉皆消殞；此經即是大法鼓之正義，凡聞之者，所有邪見之毒悉皆滅除，見道不難；亦能發起菩薩無量功德，是故諸大菩薩遠從諸方佛土來此娑婆聞修此經。平實導師主講。定於 2017 年 12 月底開講，歡迎已發成佛大願的菩薩種性學人，攜眷共同參與此殊勝法會聽講。

本經破「有」而顯涅槃，以此名爲眞實的「法」；眞法即是第八識如來藏，《金剛經》《法華經》中亦名之爲「此經」。若墮在「有」中，皆名「非法」，「有」即是五陰、六入、十二處、十八界及內我所、外我所，皆非眞實法。若人如是俱說「法」與「非法」而宣揚佛法，名爲擊大法鼓；如是依「法」而捨「非法」，據以建立山門而爲眾說法，方可名爲眞正的法鼓山。此經中說，以「此經」爲菩薩道之本，以證得「此經」之正知見及法門作爲度人之「法」，方名眞實佛法，否則盡名「非法」。本經中對法與非法、有與涅槃，有深入之闡釋，歡迎教界一切善信（不論初機或久學菩薩），一同親沐 如來聖教，共沾法喜。由平實導師詳解。不限制聽講資格。

5、**精進禪三**　主三和尚：平實導師。於四天三夜中，以克勤圓悟大師及大慧宗杲之禪風，施設機鋒與小參、公案密意之開示，幫助會員剋期取證，親證不生不滅之眞實心——人人本有之如來藏。每年四月、十月各舉辦二個梯次；平實導師主持。僅限本會會員參加禪淨班共修期滿，報名審核通過者，方可參加。並選擇會中定力、慧力、福德三條件皆已具足之已明心會員，給以指引，令得眼見自己無形無相之佛性遍布山河大地，眞實而無障礙，得以肉眼現觀世界身心悉皆如幻，具足成就如幻觀，圓滿十住菩薩之證境。

6、**不退轉法輪經**詳解　本經所說妙法極爲甚深難解，時至末法，已然無有知者；而其甚深絕妙之法，流傳至今依舊多人可證，顯示佛學眞是義學而非玄談，其中甚深極妙令人拍案稱絕之第一義諦妙義，平實導師將會加以解說。待《大法鼓經》宣講完畢時繼續宣講此經。

7、**阿含經**詳解　選擇重要之阿含部經典，依無餘涅槃之實際而加以詳解，令大眾得以現觀諸法緣起性空，亦復不墮斷滅見中，顯示經中所隱說之涅槃實際—如來藏—確實已於四阿含中隱說；令大眾得以聞後觀行，確實斷除我見乃至我執，證得**見到**眞現觀，乃至**身證**……等眞現觀；已得大乘或二乘見道者，亦可由此聞熏及聞後之觀行，除斷我所之貪著，成就慧解脫果。由平實導師詳解。不限制聽講資格。

8、**解深密經**詳解　重講本經之目的，在於令諸已悟之人明解大乘法道之成佛次第，以及悟後進修一切種智之內涵，確實證知三種自性性，並得據此證解七眞如、十眞如等正理。每逢週二 18.50~20.50 開示，由平實導師詳解。將於《大法鼓經》講畢後開講。不限制聽講資格。

9、**成唯識論**詳解　詳解一切種智眞實正理，詳細剖析一切種智之微細深妙廣大正理；並加以舉例說明，使已悟之會員深入體驗所證如來藏之微密行相；及證驗見分相分與所生一切法，皆由如來藏—阿賴耶識—直接或展轉而生，因此證知一切法無我，證知無餘涅槃之本際。將於增上班《瑜伽師地論》講畢後，由平實導師重講。僅限已明心之會員參加。

10、**精選如來藏系經典**詳解　精選如來藏系經典一部，詳細解說，以此完全印證會員所悟如來藏之眞實，得入不退轉住。另行擇期詳細解說之，由平實導師講解。僅限已明心之會員參加。

11、**禪門差別智**　藉禪宗公案之微細淆訛難知難解之處，加以宣說及剖析，以增進明心、見性之功德，啓發差別智，建立擇法眼。每月第一週日全天，由平實導師開示，僅限破參明心後，復又眼見佛性者參加（事冗暫停）。

12、**枯木禪**　先講智者大師的《小止觀》，後說《釋禪波羅蜜》，詳解四禪八定之修證理論與實修方法，細述一般學人修定之邪見與岔路，及對禪定證境之誤會，消除枉用功夫、浪費生命之現象。已悟般若者，可以藉此而實修初禪，進入大乘通教及聲聞教的三果心解脫境界，配合應有的大福德及後得無分別智、十無盡願，即可進入初地心中。親教師：平實導師。未來緣熟時將於正覺寺開講。不限制聽講資格。

註：本會例行年假，自 2004 年起，改爲每年農曆新年前七天開始停息弘法事務及共修課程，農曆正月 8 日回復所有共修及弘法事務。新春期間（每日 9.00~17.00）開放台北講堂，方便會員禮佛祈福及會外人士請書。大溪區的正覺祖師堂，開放參訪時間，詳見〈正覺電子報〉或成佛之道網站。本表得因時節因緣需要而隨時修改之，不另作通知。

佛教正覺同修會　贈閱書籍 目錄　2015/09/29

1.**無相念佛**　平實導師著　回郵 10 元
2.**念佛三昧修學次第**　平實導師述著　回郵 25 元
3.**正法眼藏—護法集**　平實導師述著　回郵 35 元
4.**真假開悟簡易辨正法＆佛子之省思**　平實導師著　回郵 3.5 元
5.**生命實相之辨正**　平實導師著　回郵 10 元
6.**如何契入念佛法門**（附：印順法師否定極樂世界）平實導師著　回郵 3.5 元
7.**平實書箋**—答元覽居士書　平實導師著　回郵 35 元
8.**三乘唯識**—如來藏系經律彙編　平實導師編　回郵 80 元
（精裝本　長 27 cm　寬 21 cm　高 7.5 cm　重 2.8 公斤）
9.**三時繫念全集**—修正本　回郵掛號 40 元（長 26.5 cm×寬 19 cm）
10.**明心與初地**　平實導師述　回郵 3.5 元
11.**邪見與佛法**　平實導師述著　回郵 20 元
12.**菩薩正道**—回應義雲高、釋性圓…等外道之邪見　正燦居士著 回郵 20 元
13.**甘露法雨**　平實導師述　回郵 20 元
14.**我與無我**　平實導師述　回郵 20 元
15.**學佛之心態**—修正錯誤之學佛心態始能與正法相應 孫正德老師著 回郵35元
附錄：平實導師著**《略說八、九識並存…等之過失》**
16.**大乘無我觀**—《悟前與悟後》別說　平實導師述著　回郵 20 元
17.**佛教之危機**—中國台灣地區現代佛教之真相（附錄：公案拈提六則）
平實導師著　回郵 25 元
18.**燈 影**—燈下黑（覆「求教後學」來函等）　平實導師著　回郵 35 元
19.**護法與毀法**—覆上平居士與徐恒志居士網站毀法二文
張正圜老師著　回郵 35 元
20.**淨土聖道**—兼評**選擇本願念佛**　正德老師著　**由正覺同修會購贈** 回郵 25 元
21.**辨唯識性相**—對「紫蓮心海《辯唯識性相》書中否定阿賴耶識」之回應
正覺同修會 台南共修處法義組 著　回郵 25 元
22.**假如來藏**—對法蓮法師《如來藏與阿賴耶識》書中否定阿賴耶識之回應
正覺同修會 台南共修處法義組 著　回郵 35 元
23.**入不二門**—公案拈提集錦 第一輯（於平實導師公案拈提諸書中選錄約二十則，
合輯爲一冊流通之）平實導師著　回郵 20 元
24.**真假邪說**—西藏密宗索達吉喇嘛《破除邪說論》真是邪說
釋正安法師著　回郵 35 元
25.**真假開悟**—真如、如來藏、阿賴耶識間之關係　平實導師述著　回郵 35 元
26.**真假禪和**—辨正釋傳聖之謗法謬說　孫正德老師著　回郵 30 元

27.**眼見佛性**—駁慧廣法師眼見佛性的含義文中謬說
游正光老師著　回郵 25 元
28.**普門自在**—公案拈提集錦 第二輯（於平實導師公案拈提諸書中選錄約二十則，合輯爲一冊流通之）平實導師著　回郵 25 元
29.**印順法師的悲哀**—以現代禪的質疑為線索　恒毓博士著　回郵 25 元
30.**識蘊真義**—現觀識蘊內涵、取證初果、親斷三縛結之具體行門。
—依《成唯識論》及《惟識述記》正義，略顯安慧《大乘廣五蘊論》之邪謬
平實導師著　回郵 35 元
31.**正覺電子報** 各期紙版本　免附回郵　每次最多函索三期或三本。
（已無存書之較早各期，不另增印贈閱）
32.**現代人應有的宗教觀**　蔡正禮老師 著　回郵3.5元
33.**遠惑趣道**—正覺電子報般若信箱問答錄　第一輯　回郵20元
34.**遠惑趣道**—正覺電子報般若信箱問答錄　第二輯　回郵20元
35.**確保您的權益**—器官捐贈應注意自我保護　游正光老師 著　回郵10元
36.**正覺教團電視弘法三乘菩提 DVD 光碟（一）**
由正覺教團多位親教師共同講述錄製 DVD 8 片，MP3 一片，共 9 片。有二大講題：一爲「三乘菩提之意涵」，二爲「學佛的正知見」。內容精闢，深入淺出，精彩絕倫，幫助大眾快速建立三乘法道的正知見，免被外道邪見所誤導。有志修學三乘佛法之學人不可不看。（製作工本費 100 元，回郵 25 元）
37.**正覺教團電視弘法 DVD 專輯（二）**
總有二大講題：一爲「三乘菩提之念佛法門」，一爲「學佛正知見（第二篇）」，由正覺教團多位親教師輪番講述，內容詳細闡述如何修學念佛法門、實證念佛三昧，以及學佛應具有的正確知見，可以幫助發願往生西方極樂淨土之學人，得以把握往生，更可令學人快速建立三乘法道的正知見，免於被外道邪見所誤導。有志修學三乘佛法之學人不可不看。（一套 17 片，工本費 160 元。回郵 35 元）
38.**佛藏經** 燙金精裝本　每冊回郵 20 元。正修佛法之道場欲大量索取者，請正式發函並蓋用大印寄來索取（2008.04.30 起開始敬贈）
39.**喇嘛性世界**—揭開假藏傳佛教譚崔瑜伽的面紗　張善思 等人合著
由正覺同修會購贈　回郵 20 元
40.**假藏傳佛教的神話**—性、謊言、喇嘛教　張正玄教授編著　回郵 20 元
由正覺同修會購贈　回郵 20 元
41.**隨 緣**—理隨緣與事隨緣　平實導師述　回郵 20 元。
42.**學佛的覺醒**　正枝居士 著　回郵 25 元
43.**導師之真實義**　蔡正禮老師 著　回郵 10 元
44.**淺談達賴喇嘛之雙身法**—兼論解讀「密續」之達文西密碼
吳明芷居士 著　回郵 10 元
45.**魔界轉世**　張正玄居士 著　回郵 10 元
46.**一貫道與開悟**　蔡正禮老師 著　回郵 10 元

47.**博愛**—愛盡天下女人　正覺教育基金會 編印　回郵10元

48.**意識虛妄經教彙編**—實證解脫道的關鍵經文　正覺同修會編印　回郵25元

49.**邪箭囈語**—破斥藏密外道多識仁波切《破魔金剛箭雨論》之邪說

陸正元老師著　上、下冊回郵各30元

50.**真假沙門**—依 佛聖教闡釋佛教僧寶之定義

蔡正禮老師著　俟正覺電子報連載後結集出版

51.**真假禪宗**—藉評論釋性廣《印順導師對變質禪法之批判

及對禪宗之肯定》以顯示真假禪宗

附論一：凡夫知見 無助於佛法之信解行證

附論二：世間與出世間一切法皆從如來藏實際而生而顯

余正偉老師著　俟正覺電子報連載後結集出版　回郵未定

52.**假鋒虛焰金剛乘**—揭示顯密正理，兼破索達吉師徒《般若鋒兮金剛焰》。

釋正安 法師著　俟正覺電子報連載後結集出版

★ 上列贈書之郵資，係台灣本島地區郵資，大陸、港、澳地區及外國地區，請另計酌增（大陸、港、澳、國外地區之郵票不許通用）。尚未出版之書，請勿先寄來郵資，以免增加作業煩擾。

★ 本目錄若有變動，唯於後印之書籍及「成佛之道」網站上修正公佈之，不另行個別通知。

函索書籍請寄：佛教正覺同修會　103台北市承德路3段277號9樓
台灣地區函索書籍者請附寄郵票，無時間購買郵票者可以等值現金抵用，但不接受郵政劃撥、支票、匯票。大陸地區得以人民幣計算，國外地區請以美元計算（請勿寄來當地郵票，在台灣地區不能使用）。欲以掛號寄遞者，請另附掛號郵資。

親自索閱：正覺同修會各共修處。　★請於共修時間前往取書，餘時無人在道場，請勿前往索取；共修時間與地點，詳見書末正覺同修會共修現況表（以近期之共修現況表為準）。

註：正智出版社發售之局版書，請向各大書局購閱。若書局之書架上已經售出而無陳列者，請向書局櫃台指定洽購；若書局不便代購者，請於正覺同修會共修時間前往各共修處請購，正智出版社已派人於共修時間送書前往各共修處流通。 郵政劃撥購書及 大陸地區 購書，請詳別頁正智出版社發售書籍目錄最後頁之說明。

成佛之道 網站：http://www.a202.idv.tw　正覺同修會已出版之結緣書籍，多已登載於 成佛之道 網站，若住外國、或住處遙遠，不便取得正覺同修會贈閱書籍者，可以從本網站閱讀及下載。　書局版之《宗通與說通》亦已上網，台灣讀者可向書局洽購，售價300元。《狂密與眞密》第一輯~第四輯，亦於 2003.5.1.全部於本網站登載完畢；台灣地區讀者請向書局洽購，每輯約400頁，售價300元（網站下載紙張費用較貴，容易散失，難以保存，亦較不精美）。

＊＊假藏傳佛教修雙身法，非佛教＊＊

正智出版社 籌募弘法基金發售書籍目錄　2018/05/13

1.**宗門正眼**—公案拈提 第一輯 重拈　平實導師著　500 元
因重寫內容大幅度增加故，字體必須改小，並增為 576 頁 主文 546 頁。比初版更精彩、更有內容。初版《禪門摩尼寶聚》之讀者，可寄回本公司免費調換新版書。免附回郵，亦無截止期限。（2007 年起，每冊附贈本公司精製公案拈提〈超意境〉CD 一片。市售價格 280 元，多購多贈。）

2.**禪淨圓融**　平實導師著　200 元（第一版舊書可換新版書。）

3.**真實如來藏**　平實導師著　400 元

4.**禪—悟前與悟後**　平實導師著　上、下冊，每冊 250 元

5.**宗門法眼**—公案拈提 第二輯　平實導師著　500 元
（2007 年起，每冊附贈本公司精製公案拈提〈超意境〉CD 一片）

6.**楞伽經詳解**　平實導師著　全套共 10 輯　每輯 250 元

7.**宗門道眼**—公案拈提 第三輯　平實導師著　500 元
（2007 年起，每冊附贈本公司精製公案拈提〈超意境〉CD 一片）

8.**宗門血脈**—公案拈提 第四輯　平實導師著　500 元
（2007 年起，每冊附贈本公司精製公案拈提〈超意境〉CD 一片）

9.**宗通與說通**—成佛之道 平實導師著 主文 381 頁 全書 400 頁售價 300 元

10.**宗門正道**—公案拈提 第五輯　平實導師著　500 元
（2007 年起，每冊附贈本公司精製公案拈提〈超意境〉CD 一片）

11.**狂密與真密 一～四輯**　平實導師著　西藏密宗是人間最邪淫的宗教，本質不是佛教，只是披著佛教外衣的印度教性力派流毒的喇嘛教。此書中將西藏密宗密傳之男女雙身合修樂空雙運所有祕密與修法，毫無保留完全公開，並將全部喇嘛們所不知道的部分也一併公開。內容比大辣出版社喧騰一時的《西藏慾經》更詳細。並且函蓋藏密的所有祕密及其錯誤的中觀見、如來藏見……等，藏密的所有法義都在書中詳述、分析、辨正。每輯主文三百餘頁　每輯全書約 400 頁　售價每輯 300 元

12.**宗門正義**—公案拈提 第六輯　平實導師著　500 元
（2007 年起，每冊附贈本公司精製公案拈提〈超意境〉CD 一片）

13.**心經密意**—心經與解脫道、佛菩提道、祖師公案之關係與密意　平實導師述　300 元

14.**宗門密意**—公案拈提 第七輯　平實導師著　500 元
（2007 年起，每冊附贈本公司精製公案拈提〈超意境〉CD 一片）

15.**淨土聖道**—兼評「選擇本願念佛」　正德老師著　200 元

16.**起信論講記**　平實導師述著　共六輯　每輯三百餘頁　售價各 250 元

17.**優婆塞戒經講記**　平實導師述著 共八輯 每輯三百餘頁 售價各 250 元

18.**真假活佛**—略論附佛外道盧勝彥之邪說（對前岳靈犀網站主張「盧勝彥是證悟者」之修正）　正犀居士（岳靈犀）著　流通價 140 元

19.**阿含正義**—唯識學探源　平實導師著　共七輯　每輯 300 元

20.**超意境** CD 以平實導師公案拈提書中超越意境之頌詞，加上曲風優美的旋律，錄成令人嚮往的超意境歌曲，其中包括正覺發願文及平實導師親自譜成的黃梅調歌曲一首。詞曲雋永，殊堪翫味，可供學禪者吟詠，有助於見道。內附設計精美的彩色小冊，解說每一首詞的背景本事。每片 280 元。【每購買公案拈提書籍一冊，即贈送一片。】

21.**菩薩底憂鬱** CD 將菩薩情懷及禪宗公案寫成新詞，並製作成超越意境的優美歌曲。 1.主題曲〈菩薩底憂鬱〉，描述地後菩薩能離三界生死而迴向繼續生在人間，但因尚未斷盡習氣種子而有極深沈之憂鬱，非三賢位菩薩及二乘聖者所知，此憂鬱在七地滿心位方才斷盡；本曲之詞中所說義理極深，昔來所未曾見；此曲係以優美的情歌風格寫詞及作曲，聞者得以激發嚮往諸地菩薩境界之大心，詞、曲都非常優美，難得一見；其中勝妙義理之解說，已印在附贈之彩色小冊中。 2.以各輯公案拈提中直示禪門入處之頌文，作成各種不同曲風之超意境歌曲，值得玩味、參究；聆聽公案拈提之優美歌曲時，請同時閱讀內附之印刷精美說明小冊，可以領會超越三界的證悟境界；未悟者可以因此引發求悟之意向及疑情，眞發菩提心而邁向求悟之途，乃至因此眞實悟入般若，成眞菩薩。 3.正覺總持咒新曲，總持佛法大意；總持咒之義理，已加以解說並印在隨附之小冊中。本 CD 共有十首歌曲，長達 63 分鐘。每盒各附贈二張購書優惠券。每片 280 元。

22.**禪意無限** CD 平實導師以公案拈提書中偈頌寫成不同風格曲子，與他人所寫不同風格曲子共同錄製出版，幫助參禪人進入禪門超越意識之境界。盒中附贈彩色印製的精美解說小冊，以供聆聽時閱讀，令參禪人得以發起參禪之疑情，即有機會證悟本來面目而發起實相智慧，實證大乘菩提般若，能如實證知般若經中的眞實意。本 CD 共有十首歌曲，長達 69 分鐘，每盒各附贈二張購書優惠券。每片 280 元。

23.**我的菩提路**第一輯　釋悟圓、釋善藏等人合著　售價 300 元

24.**我的菩提路**第二輯　郭正益、張志成等人合著　售價 300 元

25.**我的菩提路**第三輯　王美伶等人合著　售價 300 元

26.**我的菩提路**第四輯　陳晏平等人合著　售價 300 元

27.**鈍鳥與靈龜**—考證後代凡夫對大慧宗杲禪師的無根誹謗。

平實導師著 共 458 頁 售價 350 元

28.**維摩詰經講記** 平實導師述 共六輯 每輯三百餘頁 售價各 250 元

29.**真假外道**—破劉東亮、杜大威、釋證嚴常見外道見 正光老師著 200 元

30.**勝鬘經講記**—兼論印順《勝鬘經講記》對於《勝鬘經》之誤解。

平實導師述　共六輯　每輯三百餘頁　售價250 元

31.**楞嚴經講記** 平實導師述 共 **15** 輯，每輯三百餘頁 售價 300 元

32.**明心與眼見佛性**—駁慧廣〈蕭氏「眼見佛性」與「明心」之非〉文中謬說

正光老師著　共 448 頁　售價 300 元

33.**見性與看話頭** 黃正倖老師 著，本書是禪宗參禪的方法論。

內文 375 頁，全書 416 頁，售價 300 元。

34.**達賴真面目**—玩盡天下女人 白正偉老師 等著 中英對照彩色精裝大本 800 元

35.**喇嘛性世界**—揭開假藏傳佛教譚崔瑜伽的面紗　張善思 等人著　200 元

36.**假藏傳佛教的神話**—性、謊言、喇嘛教　正玄教授編著　200 元

37.**金剛經宗通**　平實導師述　共九輯　每輯售價 250 元。

38.**空行母**—性別、身分定位，以及藏傳佛教。

珍妮・坎貝爾著 呂艾倫 中譯 售價 250 元

39.**末代達賴**—性交教主的悲歌　張善思、呂艾倫、辛燕編著 售價 250 元

40.**霧峰無霧**—給哥哥的信　辨正釋印順對佛法的無量誤解

游宗明 老師著　售價 250 元

41.**第七意識與第八意識？**—穿越時空「超意識」

平實導師述　每冊 300 元

42.**黯淡的達賴**—失去光彩的諾貝爾和平獎

正覺教育基金會編著　每冊 250 元

43.**童女迦葉考**—論呂凱文〈佛教輪迴思想的論述分析〉之謬。

平實導師 著 定價 180 元

44.**人間佛教**—實證者必定不悖三乘菩提

平實導師 述，定價 400 元

45.**實相經宗通**　平實導師述　共八輯　每輯 250 元

46.**真心告訴您(一)**—達賴喇嘛在幹什麼？

正覺教育基金會編著　售價 250 元

47.**中觀金鑑**—詳述應成派中觀的起源與其破法本質

孫正德老師著　分爲上、中、下三冊，每冊 250 元

48.**藏傳佛教要義**—《狂密與真密》之簡體字版　平實導師 著 上、下冊

僅在大陸流通　每冊 300 元

49.**法華經講義**　平實導師述　共二十五輯　每輯 300 元

已於 2015/05/31 起開始出版，每二個月出版一輯

50.**西藏「活佛轉世」制度**—附佛、造神、世俗法

許正豐、張正玄老師合著　定價 150 元

51.**廣論三部曲**　郭正益老師著　定價 150 元

52.**真心告訴您(二)**—達賴喇嘛是佛教僧侶嗎？

—補祝達賴喇嘛八十大壽

正覺教育基金會編著　售價 300 元

53.**次法**—實證佛法前應有的條件

張善思居士著　分爲上、下二冊，每冊 250 元

54.**涅槃**—解說四種涅槃之實證及內涵　平實導師著 上下冊 各 350 元

預定 2018/09/30 出版上冊，11 月底出版下冊

55.**廣論之平議**—宗喀巴《菩提道次第廣論》之平議　正雄居士著

約二或三輯　俟正覺電子報連載後結集出版　書價未定

56.**末法導護**—對印順法師中心思想之綜合判攝　正慶老師著　書價未定

57.**菩薩學處**—菩薩四攝六度之要義　陸正元老師著　出版日期未定。
58.**八識規矩頌**詳解　○○居士 註解　出版日期另訂　書價未定。
59.**印度佛教史**—法義與考證。依法義史實評論印順《印度佛教思想史、佛教史地考論》之謬說　正偉老師著　出版日期未定　書價未定
60.**中國佛教史**—依中國佛教正法史實而論。○○老師 著　書價未定。
61.**中論正義**—釋龍樹菩薩《中論》頌正理。
孫正德老師著　出版日期未定　書價未定
62.**中觀正義**—註解平實導師《中論正義頌》。
○○法師（居士）著　出版日期未定　書價未定
63.**佛藏經講記**　平實導師述　出版日期未定　書價未定
64.**阿含經講記**—將選錄四阿含中數部重要經典全經講解之，講後整理出版。
平實導師述　約二輯　每輯300元　出版日期未定
65.**實積經講記**　平實導師述　每輯三百餘頁 優惠價300元 出版日期未定
66.**解深密經講記**　平實導師述 約四輯　將於重講後整理出版
67.**成唯識論略解**　平實導師著　五～六輯　每輯300元　出版日期未定
68.**修習止觀坐禪法要講記**　平實導師述　每輯三百餘頁
將於正覺寺建成後重講、以講記逐輯出版　出版日期未定
69.**無門關**—《無門關》公案拈提　平實導師著　出版日期未定
70.**中觀再論**—兼述印順《中觀今論》謬誤之平議。正光老師著 出版日期未定
71.**輪迴與超度**—佛教超度法會之真義。
○○法師（居士）著　出版日期未定　書價未定
72.**《釋摩訶衍論》平議**—對偽稱龍樹所造《釋摩訶衍論》之平議
○○法師（居士）著　出版日期未定　書價未定
73.**正覺發願文**註解—以真實大願為因 得證菩提
正德老師著　出版日期未定　書價未定
74.**正覺總持咒**—佛法之總持　正圜老師著　出版日期未定　書價未定
75.**三自性**—依四食、五蘊、十二因緣、十八界法，說三性三無性。
作者未定　出版日期未定
76.**道品**—從三自性說大小乘三十七道品　作者未定　出版日期未定
77.**大乘緣起觀**—依四聖諦七真如現觀十二緣起 作者未定　出版日期未定
78.**三德**—論解脫德、法身德、般若德。　作者未定　出版日期未定
79.**真假如來藏**—對印順《如來藏之研究》謬說之平議　作者未定 出版日期未定
80.**大乘道次第**　作者未定　出版日期未定　書價未定
81.**四緣**—依如來藏故有四緣。　作者未定　出版日期未定
82.**空之探究**—印順《空之探究》謬誤之平議　作者未定 出版日期未定
83.**十法義**—論阿含經中十法之正義　作者未定　出版日期未定
84.**外道見**—論述外道六十二見　作者未定　出版日期未定

正智出版社有限公司　書籍介紹

禪淨圓融：言淨土諸祖所未曾言，示諸宗祖師所未曾示；禪淨圓融，另闢成佛捷徑，兼顧自力他力，闡釋淨土門之速行易行道，亦同時揭櫫聖教門之速行易行道；令廣大淨土行者得免緩行難證之苦，亦令聖道門行者得以藉著淨土速行道而加快成佛之時劫。乃前無古人之超勝見地，非一般弘揚禪淨法門典籍也，先讀為快。平實導師著　200元。

宗門正眼—公案拈提第一輯：繼承克勤圜悟大師碧巖錄宗旨之禪門鉅作。先則舉示當代大法師之邪說，消弭當代禪門大師鄉愿之心態，摧破當今禪門「世俗禪」之妄談；次則旁通教法，表顯宗門正理；繼以道之次第，消弭古今狂禪；後藉言語及文字機鋒，直示宗門入處。悲智雙運，禪味十足，數百年來難得一睹之禪門鉅著也。平實導師著　500元（原初版書《禪門摩尼寶聚》，改版後補充為五百餘頁新書，總計多達二十四萬字，內容更精彩，並改名為《宗門正眼》，讀者原購初版《禪門摩尼寶聚》皆可寄回本公司免費換新，免附回郵，亦無截止期限）（2007年起，凡購買公案拈提第一輯至第七輯，每購一輯皆贈送本公司精製公案拈提〈超意境〉CD一片，市售價格280元，多購多贈）。

禪—悟前與悟後：本書能建立學人悟道之信心與正確知見，圓滿具足而有次第地詳述禪悟之功夫與禪悟之內容，指陳參禪中細微淆訛之處，能使學人明自真心、見自本性。若未能悟入，亦能以正確知見辨別古今中外一切大師究係真悟？或屬錯悟？便有能力揀擇，捨名師而選明師，後時必有悟道之緣。一旦悟道，遲者七次人天往返，便出三界，速者一生取辦。學人欲求開悟者，不可不讀。　平實導師著。上、下冊共500元，單冊250元。

眞實如來藏：如來藏眞實存在，乃宇宙萬有之本體，並非印順法師、達賴喇嘛等人所說之「唯有名相、無此心體」。如來藏是涅槃之本際，是一切有智之人竭盡心智、不斷探索而不能得之生命實相；是古今中外許多大師自以爲悟而當面錯過之生命實相。如來藏即是阿賴耶識，乃是一切有情本自具足、不生不滅之眞實心。當代中外大師於此書出版之前所未能言者，作者於本書中盡情流露、詳細闡釋。眞悟者讀之，必能增益悟境、智慧增上；錯悟者讀之，必能檢討自己之錯誤，免犯大妄語業；未悟者讀之，能知參禪之理路，亦能以之檢查一切名師是否眞悟。此書是一切哲學家、宗教家、學佛者及欲昇華心智之人必讀之鉅著。　平實導師著　售價400元。

宗門法眼—公案拈提第二輯：列舉實例，闡釋土城廣欽老和尚之悟處；並直示這位不識字的老和尚妙智橫生之根由，繼而剖析禪宗歷代大德之開悟公案，解析當代密宗高僧卡盧仁波切之錯悟證據，並例舉當代顯宗高僧、大居士之錯悟證據（凡健在者，爲免影響其名聞利養，皆隱其名）。藉辨正當代名師之邪見，向廣大佛子指陳禪悟之正道，彰顯宗門法眼。悲勇兼出，強捋虎鬚；慈智雙運，巧探驪龍；摩尼寶珠在手，直示宗門入處，禪味十足；若非大悟徹底，不能爲之。禪門精奇人物，允宜人手一冊，供作參究及悟後印證之圭臬。本書於2008年4月改版，增寫爲大約500頁篇幅，以利學人研讀參究時更易悟入宗門正法，以前所購初版首刷及初版二刷舊書，皆可免費換取新書。平實導師著　500元（2007年起，凡購買公案拈提第一輯至第七輯，每購一輯皆贈送本公司精製公案拈提〈超意境〉CD一片，市售價格280元，多購多贈）。

宗門道眼—公案拈提第三輯：繼宗門法眼之後，再以金剛之作略、慈悲之胸懷、犀利之筆觸，舉示寒山、拾得、布袋三大士之悟處，消弭當代錯悟者對於寒山大士……等之誤會及誹謗。　亦舉出民初以來與虛雲和尚齊名之蜀郡鹽亭袁煥仙夫子——南懷瑾老師之師，其「悟處」何在？並蒐羅許多眞悟祖師之證悟公案，顯示禪宗歷代祖師之睿智，指陳部分祖師、奧修及當代顯密大師之謬悟，作爲殷鑑，幫助禪子建立及修正參禪之方向及知見。假使讀者閱此書已，一時尚未能悟，亦可一面加功用行，一面以此宗門道眼辨別眞假善知識，避開錯誤之印證及歧路，可免大妄語業之長劫慘痛果報。欲修禪宗之禪者，務請細讀。平實導師著　售價500元（2007年起，凡購買公案拈提第一輯至第七輯，每購一輯皆贈送本公司精製公案拈提〈超意境〉CD一片，市售價格280元，多購多贈）。

楞伽經詳解：本經是禪宗見道者印證所悟眞僞之根本經典，亦是禪宗見道者悟後起修之依據經典；故達摩祖師於印證二祖慧可大師之後，將此經典連同佛鉢祖衣一併交付二祖，令其依此經典佛示金言、進入修道位，修學一切種智。由此可知此經對於眞悟之人修學佛道，是非常重要之一部經典。此經能破外道邪說，亦破佛門中錯悟名師之謬說，亦破禪宗部分祖師之狂禪：不讀經典、一向主張「一悟即成究竟佛」之謬執。並開示愚夫所行禪、觀察義禪、攀緣如禪、如來禪等差別，令行者對於三乘禪法差異有所分辨；亦糾正禪宗祖師古來對於如來禪之誤解，嗣後可免以訛傳訛之弊。此經亦是法相唯識宗之根本經典，禪者悟後欲修一切種智而入初地者，必須詳讀。平實導師著，全套共十輯，已全部出版完畢，每輯主文約320頁，每冊約352頁，定價250元。

宗門血脈—公案拈提第四輯：末法怪象—許多修行人自以爲悟，每將無念靈知認作眞實；崇尙二乘法諸師及其徒衆，則將外於如來藏之緣起性空—無因論之無常空、斷滅空、一切法空—錯認爲 佛所說之般若空性。這兩種現象已於當今海峽兩岸及美加地區顯密大師之中普遍存在；人人自以爲悟，心高氣壯，便敢寫書解釋祖師證悟之公案，大多出於意識思惟所得，言不及義，錯誤百出，因此誤導廣大佛子同陷大妄語之地獄業中而不能自知。彼等書中所說之悟處，其實處處違背第一義經典之聖言量。彼等諸人不論是否身披袈裟，都非佛法宗門血脈，或雖有禪宗法脈之傳承，亦只徒具形式；猶如螟蛉，非眞血脈，未悟得根本眞實故。禪子欲知 佛、祖之眞血脈者，請讀此書，便知分曉。平實導師著，主文452頁，全書464頁，定價500元（2007年起，凡購買公案拈提第一輯至第七輯，每購一輯皆贈送本公司精製公案拈提〈超意境〉CD一片，市售價格280元，多購多贈）。

宗通與說通：古今中外，錯誤之人如麻似粟，每以常見外道所說之靈知心，認作眞心；或妄想虛空之勝性能量爲眞如，或錯認物質四大元素藉冥性（靈知心本體）能成就吾人色身及知覺，或認初禪至四禪中之了知心爲不生不滅之涅槃心。此等皆非通宗者之見地。復有錯悟之人一向主張「宗門與教門不相干」，此即尙未通達宗門之人也。其實宗門與教門互通不二，宗門所證者乃是眞如與佛性，教門所說者乃說宗門證悟之眞如佛性，故教門與宗門不二。本書作者以宗教二門互通之見地，細說「宗通與說通」，從初見道至悟後起修之道、細說分明；並將諸宗諸派在整體佛教中之地位與次第，加以明確之教判，學人讀之即可了知佛法之梗概也。欲擇明師學法之前，允宜先讀。平實導師著，主文共381頁，全書392頁，只售成本價300元。

宗門正道—公案拈提第五輯：修學大乘佛法有二果須證—解脫果及大菩提果。二乘人不證大菩提果，唯證解脫果；此果之智慧，名爲聲聞菩提、緣覺菩提。大乘佛子所證二果之菩提果爲佛菩提，故名大菩提果，其慧名爲一切種智—函蓋二乘解脫果。然此大乘二果修證，須經由禪宗之宗門證悟方能相應。而宗門證悟極難，自古已然；其所以難者，咎在古今佛教界普遍存在三種邪見：1.以修定認作佛法，2.以無因論之緣起性空—否定涅槃本際如來藏以後之一切法空作爲佛法，3.以常見外道邪見（離語言妄念之靈知性）作爲佛法。如是邪見，或因自身正見未立所致，或因邪師之邪教導所致，或因無始劫來虛妄熏習所致。若不破除此三種邪見，永劫不悟宗門眞義、不入大乘正道，唯能外門廣修菩薩行。平實導師於此書中，有極爲詳細之說明，有志佛子欲摧邪見、入於內門修菩薩行者，當閱此書。主文共496頁，全書512頁。售價500元（2007年起，凡購買公案拈提第一輯至第七輯，每購一輯皆贈送本公司精製公案拈提〈超意境〉CD一片，市售價格280元，多購多贈）。

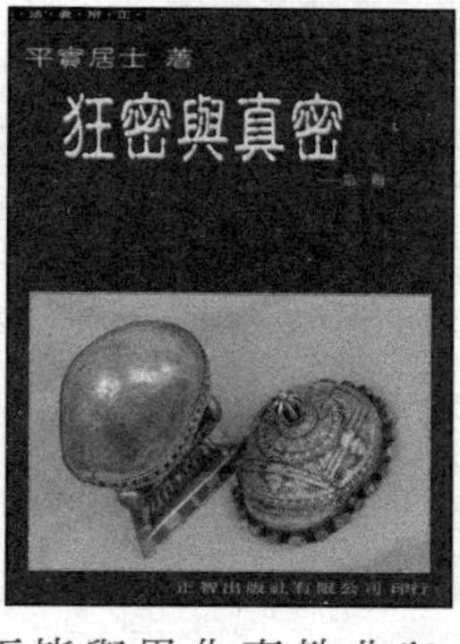

狂密與真密：密教之修學，皆由有相之觀行法門而入，其最終目標仍不離顯教經典所說第一義諦之修證；若離顯教第一義經典、或違背顯教第一義經典，即非佛教。西藏密教之觀行法，如灌頂、觀想、遷識法、寶瓶氣、大聖歡喜雙身修法、喜金剛、無上瑜伽、大樂光明、樂空雙運等，皆是印度教兩性生生不息思想之轉化，自始至終皆以如何能運用交合淫樂之法達到全身受樂爲其中心思想，純屬欲界五欲的貪愛，不能令人超出欲界輪迴，更不能令人斷除我見；何況大乘之明心與見性，更無論矣！故密宗之法絕非佛法也。而其明光大手印、大圓滿法教，又皆同以常見外道所說離語言妄念之無念靈知心錯認爲佛地之眞如，不能直指不生不滅之眞如。西藏密宗所有法王與徒衆，都尚未開頂門眼，不能辨別眞僞，以依人不依法、依密續不依經典故，不肯將其上師喇嘛所說對照第一義經典，純依密續之藏密祖師所說爲準，因此而誇大其證德與證量，動輒謂彼祖師上師爲究竟佛、爲地上菩薩；如今台海兩岸亦有自謂其師證量高於 釋迦文佛者，然觀其師所述，猶未見道，仍在觀行即佛階段，尚未到禪宗相似即佛、分證即佛階位，竟敢標榜爲究竟佛及地上法王，誑惑初機學人。凡此怪象皆是狂密，不同於眞密之修行者。近年狂密盛行，密宗行者被誤導者極衆，動輒自謂已證佛地眞如，自視爲究竟佛，陷於大妄語業中而不知自省，反謗顯宗眞修實證者之證量粗淺；或如義雲高與釋性圓…等人，於報紙上公然誹謗眞實證道者爲「騙子、無道人、人妖、癩蛤蟆…」等，造下誹謗大乘勝義僧之大惡業；或以外道法中有爲有作之甘露、魔術……等法，誑騙初機學人，狂言彼外道法爲眞佛法。如是怪象，在西藏密宗及附藏密之外道中，不一而足，舉之不盡，學人宜應愼思明辨，以免上當後又犯毀破菩薩戒之重罪。密宗學人若欲遠離邪知邪見者，請閱此書，即能了知密宗之邪謬，從此遠離邪見與邪修，轉入眞正之佛道。平實導師著 共四輯 每輯約400頁（主文約340頁）每輯售價300元。

宗門正義—公案拈提第六輯：佛教有六大危機，乃是藏密化、世俗化、膚淺化、學術化、宗門密意失傳、悟後進修諸地之次第混淆；其中尤以宗門密意之失傳，爲當代佛教最大之危機。由宗門密意失傳故，易令 世尊本懷普被錯解，易令 世尊正法被轉易爲外道法，以及加以淺化、世俗化，是故宗門密意之廣泛弘傳與具緣佛弟子，極爲重要。然而欲令宗門密意之廣泛弘傳予具緣之佛弟子者，必須同時配合錯誤知見之解析、普令佛弟子知之，然後輔以公案解析之直示入處，方能令具緣之佛弟子悟入。而此二者，皆須以公案拈提之方式爲之，方易成其功、竟其業，是故平實導師續作宗門正義一書，以利學人。 全書500餘頁，售價500元（2007年起，凡購買公案拈提第一輯至第七輯，每購一輯皆贈送本公司精製公案拈提〈超意境〉CD一片，市售價格280元，多購多贈）。

心經密意—心經與解脫道、佛菩提道、祖師公案之關係與密意。 二乘菩提所證之解脫道，實依第八識心之斷除煩惱障現行而立解脫之名；大乘菩提所證之佛菩提道，實依親證第八識如來藏之涅槃性、清淨自性、及其中道性而立般若之名；禪宗祖師公案所證之眞心，即是此第八識如來藏；是故三乘佛法所修所證之三乘菩提，皆依此如來藏心而立名也。此第八識心，即是《心經》所說之心也。證得此如來藏已，即能漸入大乘佛菩提道，亦可因證知此心而了知二乘無學所不能知之無餘涅槃本際，是故《心經》之密意，與三乘佛菩提之關係極爲密切、不可分割，三乘佛法皆依此心而立名故。今者平實導師以其所證解脫道之無生智及佛菩提之般若種智，將《心經》與解脫道、佛菩提道、祖師公案之關係與密意，以演講之方式，用淺顯之語句和盤托出，發前人所未言，呈三乘菩提之眞義，令人藉此《心經密意》一舉而窺三乘菩提之堂奧，迥異諸方言不及義之說；欲求眞實佛智者、不可不讀！ 主文317頁，連同跋文及序文…等共384頁，售價300元。

宗門密意—公案拈提第七輯：佛教之世俗化，將導致學人以信仰作爲學佛，則將以感應及世間法之庇祐，作爲學佛之主要目標，不能了知學佛之主要目標爲親證三乘菩提。大乘菩提則以般若實相智慧爲主要修習目標，以二乘菩提解脫道爲附帶修習之標的；是故學習大乘法者，應以禪宗之證悟爲要務，能親入大乘菩提之實相般若智慧中故，般若實相智慧非二乘聖人所能知故。此書則以台灣世俗化佛教之三大法師，說法似是而非之實例，配合眞悟祖師之公案解析，提示證悟般若之關節，令學人易得悟入。平實導師著，全書五百餘頁，售價500元（2007年起，凡購買公案拈提第一輯至第七輯，每購一輯皆贈送本公司精製公案拈提〈超意境〉CD一片，市售價格280元，多購多贈）。

淨土聖道—兼評選擇本願念佛：佛法甚深極廣，般若玄微，非諸二乘聖僧所能知之，一切凡夫更無論矣！所謂一切證量皆歸淨土是也！是故大乘法中「聖道之淨土、淨土之聖道」，其義甚深，難可了知；乃至眞悟之人，初心亦難知也。今有正德老師眞實證悟後，復能深探淨土與聖道之緊密關係，憐憫衆生之誤會淨土實義，亦欲利益廣大淨土行人同入聖道，同獲淨土中之聖道門要義，乃振奮心神、書以成文，今得刊行天下。主文279頁，連同序文等共301頁，總有十一萬六千餘字，正德老師著，成本價200元。

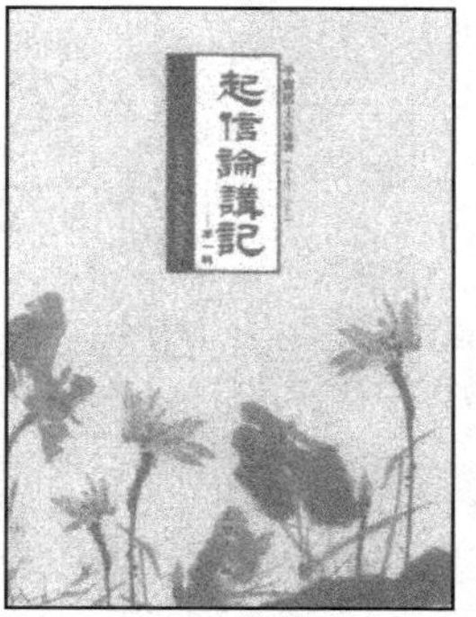

起信論講記：詳解大乘起信論心生滅門與心眞如門之眞實意旨，消除以往大師與學人對起信論所說心生滅門之誤解，由是而得了知眞心如來藏之非常非斷中道正理；亦因此一講解，令此論以往隱晦而被誤解之眞實義，得以如實顯示，令大乘佛菩提道之正理得以顯揚光大；初機學者亦可藉此正論所顯示之法義，對大乘法理生起正信，從此得以眞發菩提心，眞入大乘法中修學，世世常修菩薩正行。平實導師演述，共六輯，都已出版，每輯三百餘頁，售價各250元。

優婆塞戒經講記：本經詳述在家菩薩修學大乘佛法，應如何受持菩薩戒？對人間善行應如何看待？對三寶應如何護持？應如何正確地修集此世後世證法之福德？應如何修集後世「行菩薩道之資糧」？並詳述第一義諦之正義：五蘊非我非異我、自作自受、異作異受、不作不受……等深妙法義，乃是修學大乘佛法、行菩薩行之在家菩薩所應當了知者。出家菩薩今世或未來世登地已，捨報之後多數將如華嚴經中諸大菩薩，以在家菩薩身而修行菩薩行，故亦應以此經所述正理而修之，配合《楞伽經、解深密經、楞嚴經、華嚴經》等道次第正理，方得漸次成就佛道；故此經是一切大乘行者皆應證知之正法。平實導師講述，每輯三百餘頁，售價各250元；共八輯，已全部出版。

真假活佛—略論附佛外道盧勝彥之邪說：人人身中都有眞活佛，永生不滅而有大神用，但衆生都不了知，所以常被身外的西藏密宗假活佛籠罩欺瞞。本來就眞實存在的眞活佛，才是眞正的密宗無上密！諾那活佛因此而說禪宗是大密宗，但藏密的所有活佛都不知道、也不曾實證自身中的眞活佛。本書詳實宣示眞活佛的道理，舉證盧勝彥的「佛法」不是眞佛法，也顯示盧勝彥是假活佛，直接的闡釋第一義佛法見道的眞實正理。眞佛宗的所有上師與學人們，都應該詳細閱讀，包括盧勝彥個人在內。正犀居士著，優惠價140元。

阿含正義—唯識學探源：廣說四大部《阿含經》諸經中隱說之眞正義理，一一舉示佛陀本懷，令阿含時期初轉法輪根本經典之眞義，如實顯現於佛子眼前。並提示末法大師對於阿含眞義誤解之實例，一一比對之，證實唯識增上慧學確於原始佛法之阿含諸經中已隱覆密意而略說之，證實　世尊確於原始佛法中已曾密意而說第八識如來藏之總相；亦證實　世尊在四阿含中已說此藏識是名色十八界之因、之本—證明如來藏是能生萬法之根本心。佛子可據此修正以往受諸大師（譬如西藏密宗應成派中觀師：印順、昭慧、性廣、大願、達賴、宗喀巴、寂天、月稱、……等人）誤導之邪見，建立正見，轉入正道乃至親證初果而無困難；書中並詳說三果所證的心解脫，以及四果慧解脫的親證，都是如實可行的具體知見與行門。全書共七輯，已出版完畢。平實導師著，每輯三百餘頁，售價300元。

超意境CD：以平實導師公案拈提書中超越意境之頌詞，加上曲風優美的旋律，錄成令人嚮往的超意境歌曲，其中包括正覺發願文及平實導師親自譜成的黃梅調歌曲一首。詞曲雋永，殊堪翫味，可供學禪者吟詠，有助於見道。內附設計精美的彩色小冊，解說每一首詞的背景本事。每片280元。【每購買公案拈提書籍一冊，即贈送一片。】

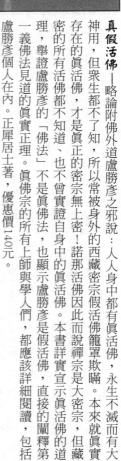

我的菩提路第一輯：凡夫及二乘聖人不能實證的佛菩提證悟，末法時代的今天仍然有人能得實證，由正覺同修會釋悟圓、釋善藏法師等二十餘位實證如來藏者所寫的見道報告，已為當代學人見證宗門正法之絲縷不絕，證明大乘義學的法脈仍然存在，為末法時代求悟般若之學人照耀出光明的坦途。由二十餘位大乘見道者所繕，敘述各種不同的學法、見道因緣與過程，參禪求悟者必讀。全書三百餘頁，售價300元。

我的菩提路第二輯：由郭正益老師等人合著，書中詳述彼等諸人歷經各處道場學法，一一修學而加以檢擇之不同過程以後，因閱讀正覺同修會、正智出版社書籍而發起抉擇分，轉入正覺同修會中修學；乃至學法及見道之過程，都一一詳述之。其中張志成等人係由前現代禪轉進正覺同修會，張志成原為現代禪副宗長，以前未閱本會書籍時，曾被人藉其名義著文評論 平實導師（詳見《宗通與說通》辨正及《眼見佛性》書末附錄…等）；後因偶然接觸正覺同修會書籍，深覺以前聽人評論平實導師之語不實，於是投入極多時間閱讀本會書籍、深入思辨，詳細探索中觀與唯識之關聯與異同，認為正覺之法義方是正法，深覺相應；亦解開多年來對佛法的迷雲，確定應依八識論正理修學方是正法。乃不顧面子，毅然前往正覺同修會面見平實導師懺悔，並正式學法求悟。今已與其同修王美伶（亦為前現代禪傳法老師），同樣證悟如來藏而證得法界實相，生起實相般若真智。此書中尚有七年來本會第一位眼見佛性者之見性報告一篇，一同供養大乘佛弟子。全書四百頁，售價300元。

我的菩提路第三輯：由王美伶老師等人合著。自從正覺同修會成立以來，每年夏初、冬初都舉辦精進禪三共修，藉以助益會中同修們得以證悟明心發起般若實相智慧；凡已實證而被平實導師印證者，皆書具見道報告用以證明佛法之真實可證而非玄學，證明佛法並非純屬思想、理論而無實質，是故每年都能有人證明正覺同修會的「實證佛教」主張並非虛語。特別是眼見佛性一法，自古以來中國禪宗祖師實證者極寡，較之明心開悟的證境更難令人信受；至2017年初，正覺同修會中的證悟明心者已近五百人，然而其中眼見佛性者至今唯十餘人爾，可謂難能可貴，是故明心後欲冀眼見佛性者實屬不易。黃正倖老師是懸絕七年無人見性後的第一人，她於2009年的見性報告刊於本書的第一輯中，為大眾證明佛性確實可以眼見；其後七年之中求見性者都屬解悟佛性而無人眼見，幸而又經七年後的2016冬初，以及2017夏初的禪三，復有三人眼見佛性，希冀鼓舞四眾佛子求見佛性之大心，今則具載一則於書末，顯示求見佛性之事實經歷，供養現代佛教界欲得見性之四眾弟子。全書四百頁，售價300元，預定2017年6月30日發行。

我的菩提路第四輯：由陳晏平等人著。中國禪宗祖師往往有所謂「見性」之言，所言多屬看見如來藏具有能令人發起成佛之自性，並非《大般涅槃經》中 如來所說之眼見佛性。眼見佛性者，於親見佛性之時，即能於山河大地眼見自己佛性，亦能於他人身上眼見自己佛性及對方之佛性，如是境界無法為尚未實證者解釋；勉強說之，縱使眞實明心證悟之人聞之，亦只能以自身明心之境界想像之，但不論如何想像多屬非量，能有正確之比量者亦是稀有，故說眼見佛性極為困難。眼見佛性之人若所見極分明時，在所見佛性之境界下所眼見之山河大地、自己五蘊身心皆是虛幻，自有異於明心者之解脫功德受用，此後永不思證二乘涅槃，必定邁向成佛之道而進入第十住位中，已超第一阿僧祇劫三分有一，可謂之為超劫精進也。今又有明心之後眼見佛性之人出於人間，將其明心及後來見性之報告，連同其餘證悟明心者之精彩報告一同收錄於此書中，供養眞求佛法實證之四眾佛子。全書380頁，售價300元，預定2018年6月30日發行。

鈍鳥與靈龜：鈍鳥及靈龜二物，被宗門證悟者說為二種人：前者是精修禪定而無智慧者，也是以定為禪的愚癡禪人；後者是或有禪定、或無禪定的宗門證悟者，凡已證悟者皆是靈龜。但後來被人虛造事實，用以嘲笑大慧宗杲禪師，說他雖是靈龜，卻不免被天童禪師預記「患背」痛苦而亡：「鈍鳥離巢易，靈龜脫殼難。」藉以貶低大慧宗杲的證量。同時將天童禪師實證如來藏的證量，曲解為意識境界的離念靈知。自從大慧禪師入滅以後，錯悟凡夫對他的不實毀謗就一直存在著，不曾止息，並且捏造的假事實也隨著年月的增加而越來越多，終至編成「鈍鳥與靈龜」的假公案、假故事。本書是考證大慧與天童之間的不朽情誼，顯現這件假公案的虛妄不實；更見大慧宗杲面對惡勢力時的正直不阿，亦顯示大慧對天童禪師的至情深義，將使後人對大慧宗杲的誣謗至此而止，不再有人誤犯毀謗賢聖的惡業。書中亦舉證宗門的所悟確以第八識如來藏為標的，詳讀之後必可改正以前被錯悟大師誤導的參禪知見，日後必定有助於實證禪宗的開悟境界，得階大乘眞見道位中，即是實證般若之賢聖。全書459頁，售價350元。

維摩詰經講記：本經係 世尊在世時，由等覺菩薩維摩詰居士藉疾病而演說之大乘菩提無上妙義，所說函蓋甚廣，然極簡略，是故今時諸方大師與學人讀之悉皆錯解，何況能知其中隱含之深妙正義，是故普遍無法為人解說；若強為人說，則成依文解義而有諸多過失。今由平實導師公開宣講之後，詳實解釋其中密意，令維摩詰菩薩所說大乘不可思議解脫之深妙正法得以正確宣流於人間，利益當代學人及與諸方大師。書中詳實演述大乘佛法深妙不共二乘之智慧境界，顯示諸法之中絕待之實相境界，建立大乘菩薩妙道於永遠不敗不壞之地，以此成就護法偉功，欲冀永利娑婆人天。已經宣講圓滿整理成書流通，以利諸方大師及諸學人。全書共六輯，每輯三百餘頁，售價各250元。

真假外道：本書具體舉證佛門中的常見外道知見實例，並加以教證及理證上的辨正，幫助讀者輕鬆而快速的了知常見外道的錯誤知見，進而遠離佛門內外的常見外道知見，因此即能改正修學方向而快速實證佛法。游正光老師著　。成本價200元。

勝鬘經講記：如來藏爲三乘菩提之所依，若離如來藏心體及其含藏之一切種子，即無三界有情及一切世間法，亦無二乘菩提緣起性空之出世間法；本經詳說無始無明、一念無明皆依如來藏而有之正理，藉著詳解煩惱障與所知障間之關係，令學人深入了知二乘菩提與佛菩提相異之妙理；聞後即可了知佛菩提之特勝處及三乘修道之方向與原理，邁向攝受正法而速成佛道的境界中。平實導師講述，共六輯，每輯三百餘頁，售價各250元。

楞嚴經講記：楞嚴經係密教部之重要經典，亦是顯教中普受重視之經典；經中宣說明心與見性之內涵極爲詳細，將一切法都會歸如來藏及佛性—妙眞如性；亦闡釋佛菩提道修學過程中之種種魔境，以及外道誤會涅槃之狀況，旁及三界世間之起源。然因言句深澀難解，法義亦復深妙寬廣，學人讀之普難通達，是故讀者大多誤會，不能如實理解佛所說之明心與見性內涵，亦因是故多有悟錯之人引爲開悟之證言，成就大妄語罪。今由平實導師詳細講解之後，整理成文，以易讀易懂之語體文刊行天下，以利學人。全書十五輯，全部出版完畢。每輯三百餘頁，售價每輯300元。

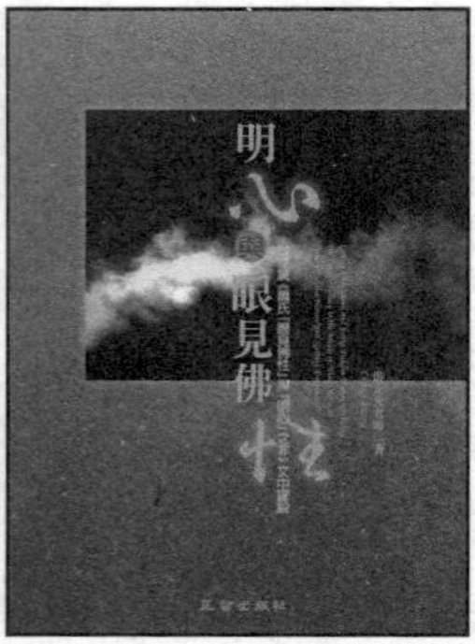

明心與眼見佛性：本書細述明心與眼見佛性之異同，同時顯示了中國禪宗破初參明心與重關眼見佛性二關之間的關聯；書中又藉法義辨正而旁述其他許多勝妙法義，讀後必能遠離佛門長久以來積非成是的錯誤知見，令讀者在佛法的實證上有極大助益。也藉慧廣法師的謬論來教導佛門學人回歸正知正見，遠離古今禪門錯悟者所墮的意識境界，非唯有助於斷我見，也對未來的開悟明心實證第八識如來藏有所助益，是故學禪者都應細讀之。游正光老師著　共448頁　售價300元。

菩薩底憂鬱CD：將菩薩情懷及禪宗公案寫成新詞，並製作成超越意境的優美歌曲。1.主題曲〈菩薩底憂鬱〉，描述地後菩薩能離三界生死而迴向繼續生在人間，但因尚未斷盡習氣種子而有極深沈之憂鬱，非三賢位菩薩及二乘聖者所知，此憂鬱在七地滿心位方才斷盡；本曲之詞中所說義理極深，昔來所未曾見；此曲係以優美的情歌風格寫詞及作曲，聞者得以激發嚮往諸地菩薩境界之大心，詞、曲都非常優美，難得一見；其中勝妙義理之解說，已印在附贈之彩色小冊中。2.以各輯公案拈提中直示禪門入處之頌文，作成各種不同曲風之超意境歌曲，值得玩味、參究；聆聽公案拈提之優美歌曲時，請同時閱讀內附之印刷精美說明小冊，可以領會超越三界的證悟境界；未悟者可以因此引發求悟之意向及疑情，真發菩提心而邁向求悟之途，乃至因此真實悟入般若，成真菩薩。3.正覺總持咒新曲，總持佛法大意；總持咒之義理，已加以解說並印在隨附之小冊中。本CD共有十首歌曲，長達63分鐘，附贈二張購書優惠券。每片280元。

禪意無限CD：平實導師以公案拈提書中偈頌寫成不同風格曲子，與他人所寫不同風格曲子共同錄製出版，幫助參禪人進入禪門超越意識之境界。盒中附贈彩色印製的精美解說小冊，以供聆聽時閱讀，令參禪人得以發起參禪之疑情，即有機會證悟本來面目，實證大乘菩提般若。本CD共有十首歌曲，長達69分鐘，每盒各附贈二張購書優惠券。每片280元。

金剛經宗通：三界唯心，萬法唯識，是成佛之修證內容，是諸地菩薩之所修；般若則是成佛之道（實證三界唯心、萬法唯識）的入門，若未證悟實相般若，即無成佛之可能，必將永在外門廣行菩薩六度，永在凡夫位中。然而實相般若的發起，全賴實證萬法的實相；若欲證知萬法的眞相，則必須探究萬法之所從來，則須實證自心如來—金剛心如來藏，然後現觀這個金剛心的金剛性、眞實性、如如性、清淨性、涅槃性、能生萬法的自性性、本住性，名爲證眞如；進而現觀三界六道唯是此金剛心所成，人間萬法須藉八識心王和合運作方能現起。如是實證《華嚴經》的「三界唯心、萬法唯識」以後，由此等現觀而發起實相般若智慧，繼續進修第十住位的如幻觀、第十行位的陽焰觀、第十迴向位的如夢觀，再生起增上意樂而勇發十無盡願，方能滿足三賢位的實證，轉入初地；自知成佛之道而無偏倚，從此按部就班、次第進修乃至成佛。第八識自心如來是般若智慧之所依，般若智慧的修證則要從實證金剛心自心如來開始；《金剛經》則是解說自心如來之經典，是一切三賢位菩薩所應進修之實相般若經典。這一套書，是將平實導師宣講的《金剛經宗通》內容，整理成文字而流通之；書中所說義理，迥異古今諸家依文解義之說，指出大乘見道方向與理路，有益於禪宗學人求開悟見道，及轉入內門廣修六度萬行。講述完畢後結集出版，總共9輯，每輯約三百餘頁，售價各250元。

空行母—性別、身分定位，以及藏傳佛教：本書作者爲蘇格蘭哲學家，因爲嚮往佛教深妙的哲學內涵，於是進入當年盛行於歐美的假藏傳佛教密宗，擔任卡盧仁波切的翻譯工作多年以後，被邀請成爲卡盧的空行母（又名佛母、明妃），開始了她在密宗裡的實修過程；後來發覺在密宗雙身法中的修行，其實無法使自己成佛，也發覺密宗對女性岐視而處處貶抑，並剝奪女性在雙身法中擔任一半角色時應有的身分定位。當她發覺自己只是雙身法中被喇嘛利用的工具，沒有獲得絲毫應有的尊重與基本定位時，發現了密宗的父權社會控制女性的本質；於是作者傷心地離開了卡盧仁波切與密宗，但是卻被恐嚇不許講出她在密宗裡的經歷，也不許她說出自己對密宗的教義與教制下對女性剝削的本質，否則將被咒殺死亡。後來她去加拿大定居，十餘年後方才擺脫這個恐嚇陰影，下定決心將親身經歷的實情及觀察到的事實寫下來並且出版，公諸於世。出版之後，她被流亡的達賴集團人士大力攻訐，誣指她爲精神狀態失常、說謊……等。但有智之士並未被達賴集團的政治操作及各國政府政治運作吹捧達賴的表相所欺，使她的書銷售無阻而又再版。正智出版社鑑於作者此書是親身經歷的事實，所說具有針對「藏傳佛教」而作學術研究的價值，也有使人認清假藏傳佛教剝削佛母、明妃的男性本位實質，因此洽請作者同意中譯而出版於華人地區。珍妮·坎貝爾女士著，呂艾倫 中譯，每冊250元。

霧峰無霧—給哥哥的信　本書作者藉兄弟之間信件往來論義，略述佛法大義；並以多篇短文辨義，舉出釋印順對佛法的無量誤解證據，並一一給予簡單而清晰的辨正，令人一讀即知。久讀、多讀之後即能認清楚釋印順的六識論見解，與眞實佛法之牴觸是多麼嚴重；於是在久讀、多讀之後，於不知不覺之間提升了對佛法的極深入理解，正知正見就在不知不覺間建立起來了。當三乘佛法的正知見建立起來之後，對於三乘菩提的見道條件便將隨之具足，於是聲聞解脫道的見道也就水到渠成；接著大乘見道的因緣也將次第成熟，未來自然也會有親見大乘菩提之道的因緣，悟入大乘實相般若也將自然成功，自能通達般若系列諸經而成實義菩薩。作者居住於南投縣霧峰鄉，自喻見道之後不復再見霧峰之霧，故鄉原野美景一一明見，於是立此書名爲《霧峰無霧》；讀者若欲撥霧見月，可以此書爲緣。游宗明 老師著　售價250元。

假藏傳佛教的神話—性、謊言、喇嘛教：本書編著者是由一首名叫「阿姊鼓」的歌曲爲緣起，展開了序幕，揭開假藏傳佛教—喇嘛教—的神秘面紗。其重點是蒐集、摘錄網路上質疑「喇嘛教」的帖子，以揭穿「假藏傳佛教的神話」爲主題，串聯成書，並附加彩色插圖以及說明，讓讀者們瞭解西藏密宗及相關人事如何被操作爲「神話」的過程，以及神話背後的眞相。作者：張正玄教授。售價200元。

達賴真面目—玩盡天下女人：假使您不想戴綠帽子，請記得詳細閱讀此書；假使您不想讓好朋友戴綠帽子，請您將此書介紹給您的好朋友。假使您想保護家中的女性，也想要保護好朋友的女眷，請記得將此書送給家中的女性和好友的女眷都來閱讀。本書爲印刷精美的大本彩色中英對照精裝本，爲您揭開達賴喇嘛的眞面目，內容精彩不容錯過，爲利益社會大衆，特別以優惠價格嘉惠所有讀者。編著者：白志偉等。大開版雪銅紙彩色精裝本。售價800元。

童女迦葉考—論呂凱文〈佛教輪迴思想的論述分析〉之謬：童女迦葉是佛世率領五百大比丘遊行於人間的歷史事實，是以童貞行而依止菩薩戒弘化於人間的大菩薩，不依別解脫戒（聲聞戒）來弘化於人間。這是大乘佛教與聲聞佛教同時存在於佛世的歷史明證，證明大乘佛教不是從聲聞法中分裂出來的部派佛教的產物，卻是聲聞佛教分裂出來的部派佛教聲聞凡夫僧所不樂見的史實；於是古今聲聞法中的凡夫都欲加以扭曲而作詭說，更是末法時代高聲大呼「大乘非佛說」的六識論聲聞凡夫極力想要扭曲的佛教史實之一，於是想方設法扭曲迦葉菩薩爲聲聞僧，以及扭曲迦葉童女爲比丘僧等荒謬不實之論著便陸續出現，古時聲聞僧寫作的《分別功德論》是最具體之事例，現代之代表作則是呂凱文先生的〈佛教輪迴思想的論述分析〉論文。鑑於如是假藉學術考證以籠罩大衆之不實謬論，未來仍將繼續造作及流竄於佛教界，繼續扼殺大乘佛教學人法身慧命，必須舉證辨正之，遂成此書。平實導師 著，每冊180元。

末代達賴—性交教主的悲歌：簡介從藏傳僞佛教（喇嘛教）的修行核心—性力派男女雙修，探討達賴喇嘛及藏傳僞佛教的修行內涵。書中引用外國知名學者著作、世界各地新聞報導，包含：歷代達賴喇嘛的祕史、達賴六世修雙身法的事蹟，以及《時輪續》中的性交灌頂儀式……等；達賴喇嘛書中開示的雙修法、達賴喇嘛的黑暗政治手段；達賴喇嘛所領導的寺院爆發喇嘛性侵兒童；新聞報導《西藏生死書》作者索甲仁波切性侵女信徒、澳洲喇嘛秋達公開道歉、美國最大假藏傳佛教組織領導人邱陽創巴仁波切的性氾濫，等等事件背後眞相的揭露。作者：張善思、呂艾倫、辛燕。售價250元。

黯淡的達賴—失去光彩的諾貝爾和平獎：本書舉出很多證據與論述，詳述達賴喇嘛不為世人所知的一面，顯示達賴喇嘛並不是真正的和平使者，而是假借諾貝爾和平獎的光環來欺騙世人；透過本書的說明與舉證，讀者可以更清楚的瞭解，達賴喇嘛是結合暴力、黑暗、淫欲於喇嘛教裡的集團首領，其政治行為與宗教主張，早已讓諾貝爾和平獎的光環染污了。　本書由財團法人正覺教育基金會寫作、編輯，由正覺出版社印行，每冊250元。

第七意識與第八意識？—穿越時空「超意識」：「三界唯心，萬法唯識」是佛教中應該實證的聖教，也是《華嚴經》中明載而可以實證的法界實相。唯心者，三界一切境界、一切諸法唯是一心所成就，即是每一個有情的第八識如來藏，不是意識心。唯識者，即是人類各各都具足的八識心王——眼識、耳鼻舌身意識、意根、阿賴耶識，第八阿賴耶識又名如來藏，人類五陰相應的萬法，莫不由八識心王共同運作而成就，故說萬法唯識。依聖教量及現量、比量，都可以證明意識是二法因緣生，是由第八識藉意根與法塵二法為因緣而出生，又是夜夜斷滅不存之生滅心，即無可能反過來出生第七識意根、第八識如來藏，當知不可能從生滅性的意識心中，細分出恆審思量的第七識意根，更無可能細分出恆而不審的第八識如來藏。本書是將演講內容整理成文字，細說如是內容，並已在《正覺電子報》連載完畢，今彙集成書以廣流通，欲幫助佛門有緣人斷除意識我見，跳脫於識陰之外而取證聲聞初果；嗣後修學禪宗時即得不墮外道神我之中，得以求證第八識金剛心而發起般若實智。平實導師 述，每冊300元。

中觀金鑑—詳述應成派中觀的起源與其破法本質：學佛人往往迷於中觀學派之不同學說，被應成派與自續派所迷惑；修學般若中觀二十年後自以為實證般若中觀了，卻仍不曾入門，甫聞實證般若中觀者之所說，則茫無所知，迷惑不解；隨後信心盡失，不知如何實證佛法；凡此，皆因惑於這二派中觀學說所致。自續派中觀所說同於常見，以意識境界立為第八識如來藏之境界，應成派所說則同於斷見，但又同立意識為常住法，故亦具足斷常二見。今者孫正德老師有鑑於此，乃將起源於密宗的應成派中觀學說，追本溯源，詳考其來源之外，亦一一舉證其立論內容，詳加辨正，令密宗雙身法祖師以識陰境界而造之應成派中觀學說本質，詳細呈現於學人眼前，令其維護雙身法之目的無所遁形。若欲遠離密宗此二大派中觀謬說，欲於三乘菩提有所進道者，允宜具足閱讀並細加思惟，反覆讀之以後將可捨棄邪道返歸正道，則於般若之實證即有可能，證後自能現觀如來藏之中道境界而成就中觀。本書分上、中、下三冊，每冊250元，全部出版完畢。

人間佛教—實證者必定不悖三乘菩提：「大乘非佛說」的講法似乎流傳已久，卻只是日本人企圖擺脫中國正統佛教的影響，而在明治維新時期才開始提出來的說法；台灣佛教、大陸佛教的淺學無智之人，由於未曾實證佛法而迷信日本人錯誤的學術考證，錯認為這些別有用心的日本佛學考證的講法為天竺佛教的眞實歷史；甚至還有更激進的反對佛教者提出「釋迦牟尼佛並非眞實存在，只是後人捏造的假歷史人物」，竟然也有少數人願意跟著「學術」的假光環而信受不疑，於是開始有一些佛教界人士造作了反對中國佛教而推崇南洋小乘佛教的行為，使佛教的信仰者難以檢擇，導致一般大陸人士開始轉入基督教的盲目迷信中。在這些佛教及外教人士之中，也就有一分人根據此邪說而大聲主張「大乘非佛說」的謬論，這些人以「人間佛教」的名義來抵制中國正統佛教，公然宣稱中國的大乘佛教是由聲聞部派佛教的凡夫僧所創造出來的。這樣的說法流傳於台灣及大陸佛教界凡夫僧之中已久，卻非眞正的佛教歷史中曾經發生過的事，只是繼承六識論的聲聞法中凡夫僧依自己的意識境界立場，純憑臆想而編造出來的妄想說法，卻已經影響許多無智之凡夫僧俗信受不移。本書則是從佛教的經藏法義實質及實證的現量內涵本質立論，證明大乘佛法本是佛說，是從《阿含正義》尚未說過的不同面向來討論「人間佛教」的議題，證明「大乘眞佛說」。閱讀本書可以斷除六識論邪見，迴入三乘菩提正道發起實證的因緣；也能斷除禪宗學人學禪時普遍存在之錯誤知見，對於建立參禪時的正知見有很深的著墨。平實導師 述，內文488頁，全書528頁，定價400元。

喇嘛性世界—揭開假藏傳佛教譚崔瑜伽的面紗：這個世界中的喇嘛，號稱來自世外桃源的香格里拉，穿著或紅或黃的喇嘛長袍，散布於我們的身邊傳教灌頂，吸引了無數的人嚮往學習；這些喇嘛虔誠地為大眾祈福，手中拿著寶杵（金剛）與寶鈴（蓮花），口中唸著咒語：「唵．嘛呢．叭咪．吽……」，咒語的意思是說：「我至誠歸命金剛杵上的寶珠伸向蓮花寶穴之中」！ 「喇嘛性世界」是什麼樣的「世界」呢？ 本書將為您呈現喇嘛世界的面貌。當您發現眞相以後，您將會唸：「噢！喇嘛．性．世界，譚崔性交嘛！」作者：張善思、呂艾倫。售價200元。

見性與看話頭：黃正倖老師的《見性與看話頭》於《正覺電子報》連載完畢，今結集出版。書中詳說禪宗看話頭的詳細方法，並細說看話頭與眼見佛性的關係，以及眼見佛性者求見佛性前必須具備的條件。本書是禪宗實修者追求明心開悟時參禪的方法書，也是求見佛性者作功夫時必讀的方法書，內容兼顧眼見佛性的理論與實修之方法，是依實修之體驗配合理論而詳述，條理分明而且極爲詳實、周全、深入。本書內文375頁，全書416頁，售價300元。

實相經宗通：學佛之目的在於實證一切法界背後之實相，禪宗稱之爲本來面目或本地風光，佛菩提道中稱之爲實相法界；此實相法界即是金剛藏，又名佛法之祕密藏，即是能生有情五陰、十八界及宇宙萬有（山河大地、諸天、三惡道世間）的第八識如來藏，又名阿賴耶識心，即是禪宗祖師所說的眞如心，此心即是三界萬有背後的實相。證得此第八識心時，自能瞭解般若諸經中隱說的種種密意，即得發起實相般若——實相智慧。每見學佛人修學佛法二十年後仍對實相般若茫然無知，亦不知如何入門，茫無所趣；更因不知三乘菩提的互異互同，是故越是久學者對佛法越覺茫然，都肇因於尚未瞭解佛法的全貌，亦未瞭解佛法的修證內容即是第八識心所致。本書對於修學佛法者所應實證的實相境界提出明確解析，並提示趣入佛菩提道的入手處，有心親證實相般若的佛法實修者，宜詳讀之，於佛菩提道之實證即有下手處。平實導師述著，共八輯，已全部出版完畢，每輯成本價250元。

眞心告訴您（一）——達賴喇嘛在幹什麼？這是一本報導篇章的選集，更是「破邪顯正」的暮鼓晨鐘。「破邪」是戳破假象，說明達賴喇嘛及其所率領的密宗四大派法王、喇嘛們，弘傳的佛法是仿冒的佛法；他們是假藏傳佛教，是坦特羅（譚崔性交）外道法和藏地崇奉鬼神的苯教混合成的「喇嘛教」，推廣的是以所謂「無上瑜伽」的男女雙身法冒充佛法的假佛教，詐財騙色誤導眾生，常常造成信徒家庭破碎、家中兒少失怙的嚴重後果。「顯正」是揭櫫眞相，指出眞正的藏傳佛教只有一個，就是覺囊巴，傳的是　釋迦牟尼佛演繹的第八識如來藏妙法，稱爲他空見大中觀。正覺教育基金會即以此古今輝映的如來藏正法正知見，在眞心新聞網中逐次報導出來，將箇中原委「眞心告訴您」，如今結集成書，與想要知道密宗眞相的您分享。售價250元。

法華經講義：此書爲平實導師始從2009/7/21演述至2014/1/14之講經錄音整理所成。世尊一代時教，總分五時三教，即是華嚴時、聲聞緣覺教、般若教、種智唯識教、法華時；依此五時三教區分爲藏、通、別、圓四教。本經是最後一時的圓教經典，圓滿收攝一切法教於本經中，是故最後的圓教聖訓中，特地指出無有三乘菩提，其實唯有一佛乘；皆因眾生愚迷故，方便區分爲三乘菩提以助眾生證道。世尊於此經中特地說明如來示現於人間的唯一大事因緣，便是爲有緣眾生「開、示、悟、入」諸佛的所知所見——第八識如來藏妙眞如心，並於諸品中隱說「妙法蓮花」如來藏心的密意。然因此經所說甚深難解，眞義隱晦，古來難得有人能窺堂奧；平實導師以知如是密意故，特爲末法佛門四眾演述《妙法蓮華經》中各品蘊含之密意，使古來未曾被古德註解出來的「此經」密意，如實顯示於當代學人眼前。乃至〈藥王菩薩本事品〉、〈妙音菩薩品〉、〈觀世音菩薩普門品〉、〈普賢菩薩勸發品〉中的微細密意，亦皆一併詳述之，開前人所未曾言之密意，示前人所未見之妙法。最後乃至以〈法華大意〉而總其成，全經妙旨貫通始終，而依佛旨圓攝於一心如來藏妙心，厥爲曠古未有之大說也。平實導師述　已於2015/5/31起開始出版，每二個月出版一輯，共25輯。每輯300元。

西藏「活佛轉世」制度——附佛、造神、世俗法：歷來關於喇嘛教活佛轉世的研究，多針對歷史及文化兩部分，於其所以成立的理論基礎，較少系統化的探討。尤其是此制度是否依據「佛法」而施設？是否合乎佛法眞實義？現有的文獻大多含糊其詞，或人云亦云，不曾有明確的闡釋與如實的見解。因此本文先從活佛轉世的由來，探索此制度的起源、背景與功能，並進而從活佛的尋訪與認證之過程，發掘活佛轉世的特徵，以確認「活佛轉世」在佛法中應具足何種果德。定價150元。

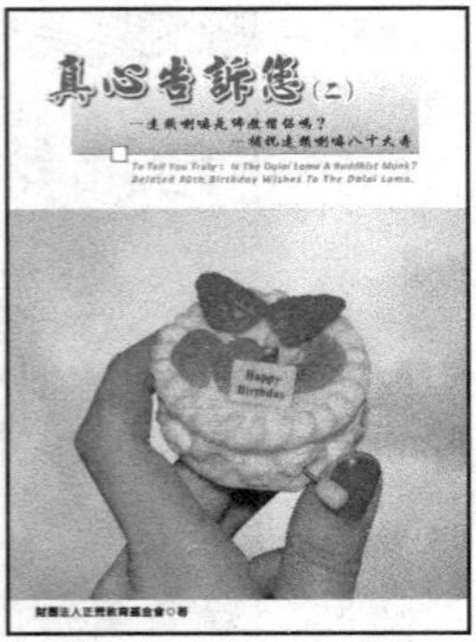

真心告訴您(二)——達賴喇嘛是佛教僧侶嗎？補祝達賴喇嘛八十大壽：這是一本針對當今達賴喇嘛所領導的喇嘛教，冒用佛教名相、於師徒間或師兄姊間，實修男女邪淫，而從佛法三乘菩提的現量與聖教量，揭發其謊言與邪術，證明達賴及其喇嘛教是仿冒佛教的外道，是「假藏傳佛教」。藏密四大派教義雖有「八識論」與「六識論」的表面差異，然其實修之內容，皆共許「無上瑜伽」四部灌頂爲究竟「成佛」之法門，也就是共以男女雙修之邪淫法爲「即身成佛」之密要，雖美其名曰「欲貪爲道」之「金剛乘」，並誇稱其成就超越於（應身佛）釋迦牟尼佛所傳之顯教般若乘之上；然詳考其理論，則或以意識離念時之粗細心爲第八識如來藏，或以中脈裡的明點爲第八識如來藏，或如宗喀巴與達賴堅決主張第六意識爲常恆不變之眞心者，分別墮於外道之常見與斷見中；全然違背 佛說能生五蘊之如來藏的實質。售價300元。

涅槃：眞正學佛之人，首要即是見道，由見道故方有涅槃之實證，證涅槃者方能出生死，但涅槃有四種：二乘聖者的有餘涅槃、無餘涅槃，以及大乘聖者的本來自性清淨涅槃、佛地的無住處涅槃。大乘聖者實證本來自性清淨涅槃，入地前再取證二乘涅槃，然後起惑潤生捨離二乘涅槃，繼續進修而在七地心前斷盡三界愛之習氣種子，依七地無生法忍之具足而證得念念入滅盡定；八地後進斷異熟生死，直至妙覺地下生人間成佛，具足四種涅槃，方是眞正成佛。此理古來少人言，以致誤會涅槃正理者比比皆是，今於此書中廣說四種涅槃、如何實證之理、實證前應有之條件，實屬本世紀佛教界極重要之著作，令人對涅槃有正確無訛之認識，然後可以依之實行而得實證。本書共有上下二冊，每冊各四百餘頁，對涅槃詳加解說，每冊各350元。預定2018/9出版上冊，2018/11出版下冊。

修習止觀坐禪法要講記：修學四禪八定之人，往往錯會禪定之修學知見，欲以無止盡之坐禪而證禪定境界，卻不知修除性障之行門才是修證四禪八定不可或缺之要素，故智者大師云「性障初禪」；性障不除，初禪永不現前，云何修證二禪等？又：行者學定，若唯知數息，而不解六妙門之方便善巧者，欲求一心入定，未到地定極難可得，智者大師名之爲「事障未來」：障礙未到地定之修證。又禪定之修證，不可違背二乘菩提及第一義法，否則縱使具足四禪八定，亦不能實證涅槃而出三界。此諸知見，智者大師於《修習止觀坐禪法要》中皆有闡釋。作者平實導師以其第一義之見地及禪定之實證證量，曾加以詳細解析。將俟正覺寺竣工啓用後重講，不限制聽講者資格；講後將以語體文整理出版。欲修習世間定及增上定之學者，宜細讀之。平實導師述著。

解深密經講記：本經係 世尊晚年第三轉法輪，宣說地上菩薩所應熏修之唯識正義經典，經中所說義理乃是大乘一切種智增上慧學，以阿陀那識—如來藏—阿賴耶識爲主體。禪宗之證悟者，若欲修證初地無生法忍乃至八地無生法忍者，必須修學《楞伽經、解深密經》所說之八識心王一切種智；此二經所說正法，方是眞正成佛之道；印順法師否定第八識如來藏之後所說萬法緣起性空之法，是以誤會後之二乘解脫道取代大乘眞正成佛之道，尚且不符二乘解脫道正理，亦已墮於斷滅見中，不可謂爲成佛之道也。平實導師曾於本會郭故理事長往生時，於喪宅中從首七開始宣講，於每一七各宣講三小時，至第十七而快速略講圓滿，作爲郭老之往生佛事功德，迴向郭老早證八地、速返娑婆住持正法。茲爲今時後世學人故，將擇期重講《解深密經》，以淺顯之語句講畢後，將會整理成文，用供證悟者進道；亦令諸方未悟者，據此經中佛語正義，修正邪見，依之速能入道。平實導師述著，全書輯數未定，每輯三百餘頁，將於未來重講完畢後逐輯出版。

阿含經講記—小乘解脫道之修證：數百年來，南傳佛法所說證果之不實，所說解脫道之虛妄，所弘解脫道法義之世俗化，皆已少人知之；從南洋傳入台灣與大陸之後，所說法義虛謬之事，亦復少人知之；今時台灣全島印順系統之法師居士，多不知南傳佛法數百年來所說解脫道之義理已然偏斜、已然世俗化、已非眞正之二乘解脫正道，猶極力推崇與弘揚。彼等南傳佛法近代所謂之證果者多非眞實證果者，譬如阿迦曼、葛印卡、帕奧禪師、一行禪師……等人，悉皆未斷我見故。近年更有台灣南部大願法師，高抬南傳佛法之二乘修證行門爲「捷徑究竟解脫之道」者，然而南傳佛法縱使眞修實證，得成阿羅漢，至高唯是二乘菩提解脫之道，絕非究竟解脫，無餘涅槃中之實際尚未得證故，法界之實相尚未了知故，習氣種子待除故，一切種智未實證故，焉得謂爲「究竟解脫」？即使南傳佛法近代眞有實證之阿羅漢，尚且不及三賢位中之七住明心菩薩本來自性清淨涅槃智慧境界，則不能知此賢位菩薩所證之無餘涅槃實際，仍非大乘佛法中之見道者，何況普未實證聲聞果乃至未斷我見之人？謬充證果已屬逾越，更何況是誤會二乘菩提之後，以未斷我見之凡夫知見所說之二乘菩提解脫偏斜法道，焉可高抬爲「究竟解脫」？而且自稱「捷徑之道」？又妄言解脫之道即是成佛之道，完全否定般若實智、否定三乘菩提所依之如來藏心體，此理大大不通也！平實導師爲令修學二乘菩提欲證解脫果者，普得迴入二乘菩提正見、正道中，是故選錄四阿含諸經中，對於二乘解脫道法義有具足圓滿說明之經典，預定未來十年內將會加以詳細講解，令學佛人得以了知二乘解脫道之修證理路與行門，庶免被人誤導之後，未證言證，干犯道禁，成大妄語，欲升反墮。本書首重斷除我見，以助行者斷除我見而實證初果爲著眼之目標，若能根據此書內容，配合平實導師所著《識蘊眞義》《阿含正義》內涵而作實地觀行，實證初果非爲難事，行者可以藉此三書自行確認聲聞初果爲實際可得現觀成就之事。此書中除依二乘經典所說加以宣示外，亦依斷除我見等之證量，及大乘法中道種智之證量，對於意識心之體性加以細述，令諸二乘學人必定得斷我見、常見，免除三縛結之繫縛。次則宣示斷除我執之理，欲令升進而得薄貪瞋痴，乃至斷五下分結……等。平實導師述，共二冊，每冊三百餘頁。每輯300元。

＊喇嘛教修外道雙身法，墮識陰境界，非佛教＊

＊弘揚如來藏他空見的覺囊派才是真正藏傳佛教＊

總經銷： 飛鴻 國際行銷股份有限公司

231 新北市新店市中正路 501 之 9 號 2 樓

Tel.02－82186688（五線代表號） Fax.02-82186458、82186459

零售：1.**全台連鎖經銷書局：**

三民書局、誠品書局、何嘉仁書店

敦煌書店、紀伊國屋、金石堂書局、建宏書局

諾貝爾圖書城、墊腳石圖書文化廣場

2.**台北市：**佛化人生 **大安區**羅斯福路 3 段 325 號 6 樓之 4 台電大樓對面

3.**新北市：**春大地書店 **蘆洲區**中正路 117 號

4.**桃園市：**御書堂 **龍潭區**中正路 123 號

5.**新竹市：**大學書局 **東區**建功路 10 號

6.**台中市：**瑞成書局 **東區**雙十路 1 段 4 之 33 號

佛教詠春書局 **南屯區**永春東路 884 號

文春書店 **霧峰區**中正路 1087 號

7.**彰化市：**心泉佛教文化中心 南瑤路 286 號

8.**高雄市：**政大書城 **苓雅區**光華路 148-83 號

明儀書局 **三民區**明福街 2 號\

青年書局 **苓雅區**青年一路 141 號

9.**宜蘭市：**金隆書局 中山路 3 段 43 號

10.**台東市：**東普佛教文物流通處 博愛路 282 號

11.**其餘鄉鎮市經銷書局：**請電詢總經銷**飛鴻**公司。

12.**大陸地區請洽：**

香港：樂文書店

旺角店 :香港九龍旺角西洋菜街 62 號 3 樓

電話 : (852) 2390 3723 email: luckwinbooks@gmail.com

銅鑼灣店 :香港銅鑼灣駱克道 506 號 2 樓

電話 : (852) 2881 1150 email: luckwinbs@gmail.com

廈門：廈門外圖臺灣書店有限公司

地址：廈門市思明區湖濱南路809 號 廈門外圖書城3 樓 郵編：361004

電話：0592-5061658（臺灣地區請撥打 86-592-5061658）

E-mail：JKB118＠188.COM

13.**美國：世界日報圖書部：**紐約圖書部 電話 7187468889#6262

洛杉磯圖書部 電話 3232616972#202

14.**國內外地區網路購書：**

正智出版社 書香園地 http://books.enlighten.org.tw/

（書籍簡介、經銷書局可直接聯結下列網路書局購書）

三民 網路書局 http://www.sanmin.com.tw

誠品 網路書局 http://www.eslitebooks.com

博客來 網路書局　http://www.books.com.tw
金石堂 網路書局　http://www.kingstone.com.tw
飛鴻 網路書局　http://fh6688.com.tw

附註：1.請儘量向各經銷書局購買：郵政劃撥需要八天才能寄到（本公司在您劃撥後第四天才能接到劃撥單，次日寄出後第二天您才能收到書籍，此六天中可能會遇到週休二日，是故共需八天才能收到書籍）若想要早日收到書籍者，請劃撥完畢後，將劃撥收據貼在紙上，旁邊寫上您的姓名、住址、郵區、電話、買書詳細內容，直接傳真到本公司 02-28344822，並來電 02-28316727、28327495 確認是否已收到您的傳真，即可提前收到書籍。 2.因台灣每月皆有五十餘種宗教類書籍上架，書局書架空間有限，故唯有新書方有機會上架，通常每次只能有一本新書上架；本公司出版新書，大多上架不久便已售出，若書局未再叫貨補充者，書架上即無新書陳列，則請直接向書局櫃台訂購。 3.若書局不便代購時，可於晚上共修時間向正覺同修會各共修處請購（共修時間及地點，詳閱**共修現況表**。每年例行年假期間請勿前往請書，年假期間請見共修現況表）。 4.郵購：郵政劃撥帳號 19068241。 5.正覺同修會會員購書都以八折計價（戶籍台北市者為一般會員，外縣市為護持會員）都可獲得優待，欲一次購買全部書籍者，可以考慮入會，節省書費。入會費一千元（第一年初加入時才需要繳），年費二千元。**6.尚未出版之書籍，請勿預先郵寄書款與本公司，謝謝您！** 7.若欲一次購齊本公司書籍，或同時取得正覺同修會贈閱之全部書籍者，請於正覺同修會共修時間，親到各共修處請購及索取；**台北市讀者**請洽：103 台北市承德路三段 267 號 10 樓（捷運淡水線 圓山站旁）請書時間：週一至週五為 18.00~21.00，第一、三、五週週六為 10.00~21.00，雙週之週六為 10.00~18.00 請購處專線電話：25957295-分機 14（於請書時間方有人接聽）。

敬告大陸讀者：

大陸讀者購書、索書捷徑（尚未在大陸出版的書籍，以下二個途徑都可以購得，電子書另包括結緣書籍）：

1.廈門外國圖書公司：廈門市思明區湖濱南路 809 號 廈門外圖書城 3F
郵編：361004 電話：0592-5061658 網址：http://www.xibc.com.cn/

2.電子書：正智出版社有限公司及正覺同修會在台灣印行的各種局版書、結緣書，已有『**正覺電子書**』陸續上線中，提供讀者於手機、平板電腦上購書、下載、閱讀正智出版社、正覺同修會及正覺教育基金會所出版之電子書，詳細訊息敬請參閱『正覺電子書』專頁：http://books.enlighten.org.tw/ebook

關於平實導師的書訊，請上網查閱：
成佛之道 http://www.a202.idv.tw
正智出版社 書香園地 http://books.enlighten.org.tw/

中國網採訪佛教正覺同修會、正覺教育基金會訊息：

http://big5.china.com.cn/gate/big5/fangtan.china.com.cn/2014-06/19/content_32714638.htm

http://pinpai.china.com.cn/

★ 正智出版社有限公司售書之稅後盈餘，全部捐助財團法人正覺寺籌備處、佛教正覺同修會、正覺教育基金會，供作弘法及購建道場之用；懇請諸方大德支持，功德無量。

★ 聲 明 ★

本社於 2015/01/01 開始調整本目錄中部分書籍之售價，以因應各項成本的持續增加。

＊ 喇嘛教修外道雙身法、墮識陰境界，非佛教 ＊

＊ 弘揚如來藏他空見的覺囊派才是真正藏傳佛教 ＊

售後服務—換書啓事（免附回郵） 2017/12/05

《楞伽經詳解》第三輯初版免費調換新書啓事：茲因 平實導師弘法早期尚未回復往世全部證量，有些法義接受他人的說法，寫書當時並未察覺而有二處（同一種法義）跟著誤說，如今發現已將之修正。茲爲顧及讀者權益，已開始免費調換新書；敬請所有讀者將以前所購第三輯（不論第幾刷），攜回或寄回本公司免費換新；郵寄者之回郵由本公司負擔，不需寄來郵票。因此而造成讀者閱讀、以及換書的不便，在此向所有讀者致上萬分的歉意，祈請讀者大眾見諒！

《楞嚴經講記》第 14 輯初版首刷本免費調換新書啓事：本講記第 14 輯出版前因 平實導師諸事繁忙，未將之重新閱讀而只改正校對時發現的錯別字，故未能發覺十年前所說法義有部分錯誤，於第 15 輯付印前重閱時才發覺第 14 輯中有部分錯誤尚未改正。今已重新審閱修改並已重印完成，煩請所有讀者將以前所購第 14 輯初版首刷本，寄回本公司免費換新（初版二刷本無錯誤），本公司將於寄回新書時同時附上您寄書來換新時的郵資，並在此向所有讀者致上最誠懇的歉意。

《心經密意》初版書免費調換二版新書啓事：本書係演講錄音整理成書，講時因時間所限，省略部分段落未講。後於再版時補寫增加 13 頁，維持原價流通之。茲爲顧及初版讀者權益，自 2003/9/30 開始免費調換新書，原有初版一刷、二刷書籍，皆可寄來本公司換書。

《宗門法眼》已經增寫改版爲 464 頁新書，2008 年 6 月中旬出版。讀者原有初版之第一刷、第二刷書本，都可以寄回本公司免費調換改版新書。改版後之公案及錯悟事例維持不變，但將內容加以增說，較改版前更具有廣度與深度，將更能助益讀者參究實相。

換書者**免附回郵**，亦無截止期限；舊書請寄：111 台北郵政 73-151 號信箱 或 103 台北市承德路三段 267 號 10 樓 正智出版社有限公司。舊書若有塗鴨、殘缺、破損者，仍可換取新書；但缺頁之舊書至少應仍有五分之三頁數，方可換書。所有讀者不必顧念本公司是否有盈餘之問題，都請踴躍寄來換書；本公司成立之目的不是營利，只要能眞實利益學人，即已達到成立及運作之目的。若以郵寄方式換書者，免附回郵；並於寄回新書時，由本公司附上您寄來書籍時耗用的郵資。造成您不便之處，再次致上萬分的歉意。

正智出版社有限公司 啓

換書及道歉公告

《法華經講義》第十三輯，因謄稿、印製等相關人員作業疏失，導致該書中的經文及內文用字將「**親近**」誤植成「清淨」。茲爲顧及讀者權益，自 2017/8/30 開始免費調換新書；敬請所有讀者將以前所購第十三輯初版首刷及二刷本，攜回或寄回本社免費換新，或請自行更正其中的錯誤之處；郵寄者之回郵由本社負擔，不需寄來郵票。同時對因此而造成讀者閱讀、以及換書的困擾及不便，在此向所有讀者致上最誠懇的歉意，祈請讀者大眾見諒！錯誤更正說明如下：

一、第 256 頁第 10 行~第 14 行：【就是先要具備「**法親近處**」、「**眾生親近處**」；法**親近**處就是在實相之法有所實證，如果在實相法上有所實證，他在二乘菩提中自然也能有所實證，以這個作爲第一個**親近**處——第一個基礎。然後還要有第二個基礎，就是瞭解應該如何善待眾生；對於眾生不要有排斥或者是貪取之心，平等觀待而攝受、親近一切有情。以這兩個**親近**處作爲基礎，來實行其他三個安樂行法。】。

二、第 268 頁第 13 行：【具足了那兩個「**親近處**」，使你能夠在末法時代，如實而圓滿的演述《法華經》時，那麼你作這個夢，它就是如理作意的，完全符合邏輯去完成這個過程，就表示你那個晚上，在那短短的一場夢中，已經度了不少眾生了。】

正智出版社有限公司 敬啓

國家圖書館出版品預行編目(CIP)資料

法華經講義 / 平實導師述. -- 初版. -
- 臺北市 : 正智, 2015.05 面 ; 公分
ISBN 978-986-56553-0-3 (第一輯：平裝)
ISBN 978-986-56554-6-4 (第二輯：平裝)
ISBN 978-986-56555-6-3 (第三輯：平裝)
ISBN 978-986-56556-1-7 (第四輯：平裝)
ISBN 978-986-56556-9-3 (第五輯：平裝)
ISBN 978-986-56557-9-2 (第六輯：平裝)
ISBN 978-986-56558-2-2 (第七輯：平裝)
ISBN 978-986-56558-9-1 (第八輯：平裝)
ISBN 978-986-56559-8-3 (第九輯：平裝)
ISBN 978-986-93725-2-7 (第十輯：平裝)
ISBN 978-986-93725-4-1 (第十一輯：平裝)
ISBN 978-986-93725-6-5 (第十二輯：平裝)
ISBN 978-986-93725-7-2 (第十三輯：平裝)
ISBN 978-986-94970-3-9 (第十四輯：平裝)
ISBN 978-986-94970-7-7 (第十五輯：平裝)
ISBN 978-986-94970-9-1 (第十六輯：平裝)
ISBN 978-986-95830-1-5 (第十七輯：平裝)
ISBN 978-986-95830-4-6 (第十八輯：平裝)
ISBN 978-986-95830-9-1 (第十九輯：平裝)
1. 法華部
221.5 104004638

法華經講義——第六輯

著　　述　者：平實導師
音文轉換：章乃鈞 高惠齡 劉惠莉 蔡正利 黃昇金
校　　　對：章乃鈞 陳介源 孫淑貞 傅素嫻 王美伶
出　版　者：正智出版社有限公司
電話：○二 28327495 28316727（白天）
傳眞：○二 28344822
111 台北郵政 73-151 號信箱
郵政劃撥帳號：一九○六八二四一
正覺講堂：總機○二 25957295（夜間）
總　經　銷：飛鴻國際行銷股份有限公司
231 新北市新店區中正路 501-9 號 2 樓
電話：○二 82186688（五線代表號）
傳眞：○二 82186458 82186459
初版首刷：二○一六年三月三十一日 二千冊
初版四刷：二○一八年六月 二千冊
定　　價：三○○元